디디에 드록바 자서전: 헌신

* 이 책의 수익금 중 드록바의 인세는

디디에 드록바 파운데이션에 기부됩니다.

COMMITMENT

헌신

DIDIER
DROGBA

디디에 드록바 자서전

디디에 드록바, 데비 베커만 지음 | 이성모 옮김

한스미디어

이 책을 내가 뛰었던 모든 팀의 팬들과
나의 부모님, 아내, 그리고 아이들을 위해 바칩니다.
여러분 없이는 저도 없었을 것입니다.

걸음마를 배우던 시절의 나, 아비장의 집에서.

프랑스의 학교에서, 그림을 그리고 있는 나.

나의 어머니, 클로틸데.

나의 아버지, 알버트.

프랑스에 있는 삼촌과 숙모의 집 앞에서 사촌 케빈, 마를렌과 함께.

축구 선수로 활동한 나의 삼촌, 미셸 고바.

내가 처음 축구 선수생활을 한 됭케르크 FC에서. 나는 뒷줄에 서 있다.

1993~1997년, 파리 외곽에 있는 르발루아 스포르팅 클럽에서 뛰던 당시의 모습. 그들은 후에 경기장의 이름을 내 이름을 따서 '디디에 드록바 스타디움'이라고 변경했다. 나에겐 아주 큰 영광이다.

1999년, 21세의 나이로 처음 프로 계약을 맺은 후 르망에서 뛰던 시절의 내 모습.

나의 선수생활 초기에 아주 큰 도움을 줬던 르망의 마크 베스터로프 감독.

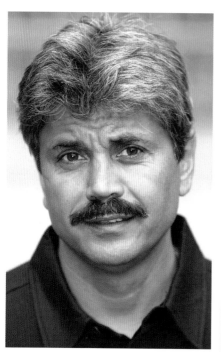

나는 갱강의 기 라콤브 감독과 처음부터 마음이 잘
맞았고, 그의 믿음에 보답하기 위해 최선을 다했다.

나의 가까운 친구, 플로랑 말루다와 함께한 갱강 시절.

갱강 시절이었던 2003년 2월 22일, PSG를 상대로 환상적인 3 대 2 승리를 거둔 경기에서 득점을 올린 후 하킴 사치, 리오넬 바와
함께 기뻐하고 있는 나.

2003년 7월 16일. 올림피크 마르세유와 계약을 한 후 행복하게 웃고 있는 내 모습.

2003년 8월 2일. 전 갱강 선수이자 친구인 블라시에 쿠아시와 만나서 인사를 나누고 있는 모습. 마르세유에서 가진 나의 첫 경기는 전 소속 팀과의 경기였다.

2003년 10월, 마르세유 대 포르투. 내가 무리뉴 감독을 처음 만난 날.

내가 마르세유에 입단하는 데 큰 역할을 한 알랭 페린 감독.　　마르세유 항구 앞에서.

2004년 3월 11일, 리버풀의 홈 안필드에서 가진 UEFA컵 4라운드 도중 나의 모습. 이날 나의 골은 프랑스 팀이 27년 만에 안필드에서 넣은 골이었다. 그리고 이날은 나의 생일이었다.

마르세유 동료들과 훈련 중에. 왼쪽부터 실비앙 은디아예,
파비앙 바르테즈, 로랑 바스티예.

2004년 5월 6일, 뉴캐슬과의 UEFA컵 준결승 2차전에서.
팀의 두 번째 골을 터뜨린 후 감독 호세 아니고와 기쁨을
나누고 있는 나.

2004년 5월 6일, 뉴캐슬전에서 나의 첫 번째 골 직후 기뻐하고 있는 팬들.

2004년 5월 19일, 예텐보리. 발렌시아와의 UEFA컵 결승전. 우리 팀의 골키퍼 파비앙 바르테즈를 퇴장시키고 있는 피에르루이지 콜리나 주심.

같은 경기. 팀 동료 압둘라예 메이테, 데메트리우스 페레이라와 함께 주심의 결정에 대해 항의하고 있는 나. 그의 결정은 사실상 그날의 경기를 결정지어 버렸다.

2004년 7월 19일, 마르세유 회장 크리스토프 부셰와 함께 마르세유를 떠난다는 사실을 발표하고 있는 나. 나에겐 정말 힘든 날이었다.

2005년 10월, 사상 최초로 2006 독일 월드컵 본선 진출을 확정 지은 후 코트디부아르 대통령 로랑 그바그보와 만나고 있는 나.

2005년 10월, 대통령과의 미팅이 끝난 후 아비장의 대통령궁 밖에서 어머니 클로틸데와 함께.

2006년 2월, 카메룬과의 아프리카 네이션스컵 8강전. 승부차기에서
12 대 11로 우리의 승리를 확정 짓는 슈팅을 하고 있는 나(왼쪽).

2006년 2월, 카이로에서 열린 결승전에서 패한 후 마르세유 동료
미도에게 위로를 받고 있는 나(위).

2006년 2월, 준결승전에서 우리가 나이지리아를 꺾었다는 소식에 거리에 나와 기뻐하고 있는 코트디부아르 팬들.

2007년 3월, 코트디부아르 전통의상을 입고
아프리카 올해의 선수상을 받은 나.

2007년 6월, 내가 아주 사랑하는 할머니 엘렌을
만나고 있는 나와 다른 가족들.

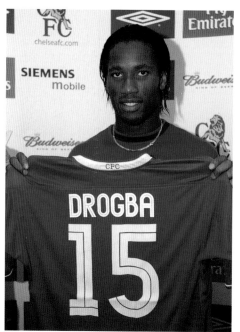

2004년 7월 22일, 내가 첼시에 입단한 날. 당시 등번호 11번은 이미 다른 선수가 쓰고 있었기 때문에 나는 나의 아들 이삭의 생일인 15번을 선택했다.

2005년 2월, 카디프의 밀레니엄 스타디움에서. 우리는 리버풀을 꺾으며 우승을 차지했고 그 우승은 내가 첼시에서 차지한 첫 우승이자, 프로 선수로서 차지한 첫 우승이었다.

설명이 필요 없는 사진.

2005년 7월, 미국 프리시즌 투어 도중. 왼쪽부터 윌리엄 갈라스, 클로드 마케렐레, 숀 라이트필립스, 나, 제레미, 라사나 디아라, 칼튼 콜.

2006년 4월 29일. 스탬포드 브릿지에서 맨유를 상대로 승리하고 2년 연속 리그 우승을 확정 지은 후. 왼쪽부터 윌리엄 갈라스, 에르난 크레스포, 제레미.

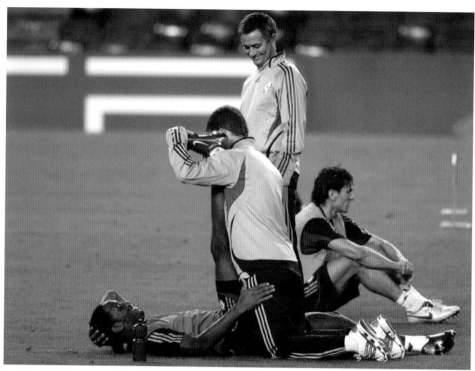

2006년 10월, 챔피언스리그 바르셀로나전을 앞두고 몸을 풀고 있는 나. 무리뉴 감독이 옆에서 지켜보고 있다.

안드레이 셰브첸코와 함께. 그는 진정한 신사였고 그와 함께 뛴 것은 영광스러운 일이었다.

2007년 5월 19일, 새로 개장한 웸블리 스타디움에서 열린
첫 FA컵 결승전. 상대는 맨유. 경기가 시작되기 전 영국의
윌리엄 왕자와 악수를 나누고 있는 나와 동료들(위).

나의 친구이자 동료인 클로드 마케렐레와 함께
FA컵 우승을 기뻐하고 있는 나(오른쪽).

2007년 FA컵 결승전. 내가 웸블리에서 터뜨린 많은 골 중
첫 번째 골을 터뜨리고 있는 나(아래).

2007년 FA컵 우승 후 마이클 에시앙과 함께 춤을 추며 기뻐하고 있는 나.

2007년 FA컵 우승 뒤. 첼시 인수 후 처음으로 FA컵에서 우승한 것을 기뻐하고 있는 로만 아브라모비치 구단주와 함께.

"얘가 넣었어요!" 늘 뒤에서 나를 도와준 남자와 함께.

2008년 5월 21일. 모스크바에서 열린 맨유와의 챔피언스리그 결승전에서. 그날은 나에게 악몽 같은 날이었고 내가 늘 말하듯. 우리는 우승할 운명이 아니었다.

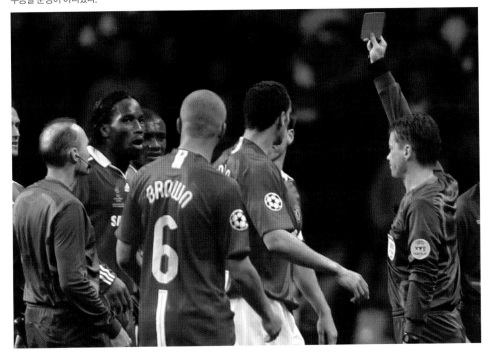

2009년 5월, 에버튼을 꺾고 FA컵 우승을 차지한 후 기뻐하고 있는 나와 동료들.

2009년 11월, 카를로 안첼로티 감독과 함께. 그는 내가 첼시에서 나의 최고의 시즌을 보내는 데 큰 도움을 줬다.

2009년 11월 25일, 챔피언스리그 포르투전에서 득점을 올린 나의 친한 친구 아넬카와 함께.

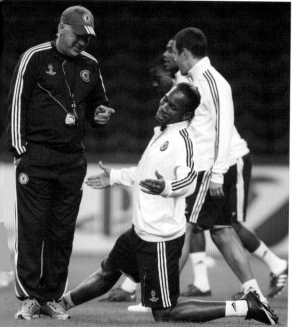

2010년 5월 9일, 위건을 상대로 한 8 대 0 승리에서 팀의 다섯 번째 골을 넣고 있는 나. 이 경기에서의 승리로 우리는 리그 우승을 확정 지었다.

2010년 5월. 첼시 지역에서 가진 퍼레이드에서 테리, 램파드, 체흐와 함께 리그 우승 트로피와 FA컵 우승 트로피를 들어 올리며.

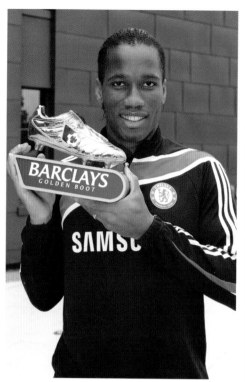

2010년 5월, 두 번째로 프리미어리그 득점왕을 차지한 후 기념사진을 촬영한 나. 첫 번째는 2007년이었다(위 왼쪽).

훈련 중에는 늘 새로운 시도를 한다. 경기 중에 그 기술을 쓸 수 있도록(위 오른쪽).

잡지 표지 모델이 되는 것은 늘 즐거운 일이다. 특히 〈배니티 페어〉 같은 잡지일 경우에는. 이날의 사진작가는 애니 레이보비츠였다.

2010년 6월 4일, 월드컵을 앞두고 가진 친선전에서 일본의 타나카(왼쪽)와 심한 충돌을 한 후 피치를 떠나고 있는 나. 나는 그 순간 나의 월드컵 진출이 끝난 것은 아닌지 두려웠다.

2010 남아프리카공화국 월드컵에서 포르투갈과 0 대 0으로 비기고 있는 중 교체 투입되는 나.

2012년 2월, 아프리카 네이션스컵에 출전한 나와 동료들. 윗줄 왼쪽부터 콜로 투레, 제르비뉴, 솔 밤바, 야야 투레, 살로몬 칼루. 아랫줄 왼쪽부터 부바카르 배리, 시아카 티에네, 디디에 조코라, 나, 장자크 고소, 셰이크 티오테. 내가 뛰어본 가장 훌륭한 코트디부아르 팀 중 하나. 그러나 우리는 대회 내내 한 골도 내주지 않고도 우승을 차지하지 못했다.

챔피언스리그 발렌시아전을 위해 이동하던 중 첼시의 오랜 동료들과 함께.

플로랑 말루다와 나는 축구계의 밑바닥에서부터 시작해 첼시에서 다시 만났다. 그 세월을 그와 함께할 수 있었던 것은 참 감사한 일이었다.

2012년 3월. 챔피언스리그 8강 나폴리전에서 승리한 후 로베르토 디 마테오 감독과 함께.

2012년 4월 24일, 바르셀로나와의 챔피언스리그 준결승 2차전. 우리는 챔피언스리그 결승전 진출을 위해 우리의 모든 것을 바쳐서 뛰었다.

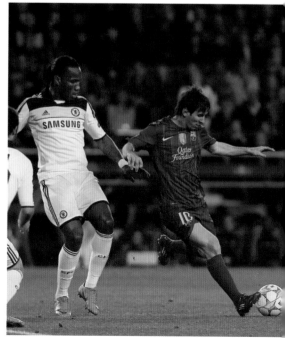

2012년 5월 19일, 바이에른 뮌헨과의 챔피언스리그 결승전. 나는 승부차기 내내 기도를 올렸다. 왼쪽부터 게리 케이힐, 애슐리 콜, 페르난도 토레스, 플로랑 말루다, 존 오비 미켈.

2012년 챔피언스리그 결승전 승부차기를 보기 위해 G8 정상회담을 잠시 멈추고 경기를 지켜보고 있는 세계의 지도자들.

마침내 챔피언스리그 우승을 차지한 후 나의 형제들과 함께.

2012년 5월 20일, 밤새 우승을 축하하고 있는 나. 그날 뮌헨은 우리의 것이었다.

챔피언스리그 우승을 차지한 후 나의 자랑스러운 가족과 함께. 나는 운이 매우 좋은 사람이다.

내 인생의 가장 자랑스러운 순간 중 하나. 2009년 넬슨 만델라와 함께.

나의 자선단체 기부금 모금행사에서, 아름다운 아내 랄라와 함께.

2012년 5월, 내가 첼시에서 차지한 우승 트로피들과 함께. 왼쪽부터 FA컵, 리그컵, 챔피언스리그, FA 커뮤니티 실드, 그리고 프리미어리그 우승 트로피.

나와 함께 챔피언스리그 우승을 차지한 모든 선수에게 내가 선물한 기념반지.

첼시 '삼총사'들.

2012년 10월, 상하이에서 즐겁게 훈련을 하고 있는 나.

2013년 5월, 갈라타사라이에서 팀의 19번째 리그 우승을 차지한 후에 동료들과 함께 기뻐하고 있는 나.

2013년 4월 9일, 레알 마드리드와의 챔피언스리그 8강 2차전에서 골을 넣은 후 세리머니를 하고 있는 나.

2013년 8월. 터키 슈퍼컵 우승을 차지한 후 베슬리 스네이더와 함께. 이 경기에서 우리는 페네르바체를 상대로 경기 시간 99분에 결승골을 터뜨리며 우승을 차지했다.

2014년 3월. 첼시를 상대로 가진 챔피언스리그 경기에서 나의 아들 이삭과 함께. 스탬포드 브릿지로 돌아온 것은 내게 감동적인 순간이었다.

2015년 5월 24일, 첼시에서의 마지막 경기에서 주장 완장을 차고 나의 아이들 이삭, 아이만, 케이런과 함께 걸어가고 있는 나. 내 옆에 있는 체흐와 테리는 2004년 나와 함께 뛰었던 선수들 중 유일하게 그때까지 첼시에 남아 있는 선수들이었다.

2015년 5월 24일, 첼시 VS 선더랜드. 나의 네 번째 프리미어리그 우승이자 또 한 번의 우승을 기념하고 있는 나와 동료들.

2007년 1월, 제네바. UN 친선대사로 임명된 후.

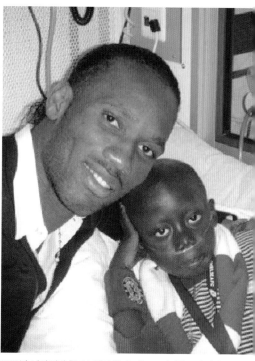

2009년, 나의 어린 친구 노벨과 함께. 나는 그 아이를 보며 나의 자선단체를 공식적으로 운영하기로 결심했다.

2011년 12월, UN에서 개최한 '가난을 극복하기 위한 경기'에서 지단, 호나우두, 파비앙 바르테즈와 함께.

2012년 3월, 런던에서 열린 나의 자선단체 기부금 모금행사에서.

2012년 3월, 위 행사에서 나의 전 동료들과 함께. 왼쪽부터 라울 메이렐레스, 로멜루 루카쿠, 살로몬 칼루, 조세 보싱와.

2015년 7월, 나를 환영하기 위해 공항까지 나온 몬트리올 팬들(위).

자선단체를 운영한 이후 현재까지 가장 보람찬 날 중 하루. 코트디부아르의 어린이들을 위해 연 크리스마스 파티에서(가운데).

나의 가장 중요하고 아름다운 목표. 아비장에 병원을 세우는 것(아래).

디디에 드록바 자서전은 재미있다
– 신이라고 불린 선수의 인간적인 이야기

　한국의 축구팬들에게 '드록신'이라고 불리며 널리 사랑받았던 디디에 드록바. 신이라고 불린 한 축구 선수의 인간적인 면모를 담은 이 책은 일단 재미있다. 다른 것은 모두 둘째치고 우선 시원시원하고 재미가 있다. 그래서 이 책을 한마디로 말하자면 '디디에 드록바 자서전은 재미있다'가 될 것 같다.

　이 책은 내가 지금까지 영어 원문 혹은 국문으로 읽거나 직접 옮겼던 많은 축구 선수들의 자서전 중 축구팬들이 가장 기대하는 '자서전'의 성격에 부합하는 책이라고 생각한다(그런 면에서는 즐라탄 자서전과 유사한 면이 있다고 하겠다). 드록바는 이 책에서 자신에 대해 알려지지 않은 부분들을 소개하는 것은 물론, 자신의 커리어 전체를 통틀어서 그가 마주했던 모든 논란적인 상황에 대해서도 솔직한 의견을 밝히고 있다. 그가 그라운드 위에서 보여줬던 용감하고 감정에 솔직한 모습답게 그는 이 책에서 어느 한 상황도 피해 가지 않는다.

　바로 그 부분에 이 책을 읽는 묘미가 들어 있다. 독자들은 이 책을 통해 대부분의 자서전이 그렇듯, 그 선수와 팀의 알려지지 않았던 비하인드 스토리를 새로 알게 되는 경험 외에도 과거에 그가 논란을 빚었던 상황과 앞으로도 (다른 선수에게도) 발생할 수 있는 무수히 유사한 상황들에 대해 진지하게 생각해볼 기회를 얻게 될 것이다.

예를 들어 드록바는 이 책에서 바르셀로나와의 챔피언스리그 경기에서 나온 오심에 대한 불만으로 TV에 욕설을 했던 장면에 대해, 또 맨유와의 챔피언스리그 경기(심지어 결승전에서 승부차기를 눈앞에 두고)에서 상대 수비수인 비디치의 뺨을 때렸던 그 상황의 배경에 있었던 일들에 대해, 또 자신을 둘러싸고 불거졌던 '다이빙 논란'과 본인의 잔류 의지에도 불구하고 마르세유를 떠나 첼시로 이적해야만 했던 상황에 대해 '아주 솔직하게' 설명하고 있다.

솔직히 고백하자면, 나 역시 드록바의 설명으로 인해 그 모든 상황이 납득이 되는 것은 아니었다. 그 부분이 이 책을 옮기면서 가장 고민한 부분이기도 했고, 돌아보면 재미있는 부분이기도 했다. 책을 옮기는 사람으로서, 책을 쓰거나 자신의 이야기를 하는 사람의 말이 이해는 되지만 일부 납득이 안 되는데도 불구하고 옮기고 있는 상황이 말이다. 그러나 그 상황에서 나는 원문과 화자의 이야기를 최대한 있는 그대로 옮기는 선택을 했고, 그 화두를 독자들의 몫으로 넘기기로 했다. 옮긴이는 독자들이 이 책을 통해 드록바라는 인물의 스토리를 감상하는 것에 더해 그가 겪었던 축구계의 논란적 상황들에 대해서도 자신만의 의견을 재정립해보는 기회를 얻길 바란다.

추가적으로 디디에 드록바의 비상한 '솔직함' 덕분에 이 책에는 말 그대로 그의 모든 커리어와 그가 전성기를 보냈던 첼시의 황금기 및 프랑스, 중국, 터키 등의 축구 문화가 고스란히 담겨 있다. 그런 점까지 고려해볼 때 이 책은 드록바의 전성기를 두 눈으로 직접 본 축구팬들은 물론, 그의 모습을 직접 보지 못했으나 첼시라는 팀에 관심을 갖고 있는 모든 축구팬들이 반드시 읽어봐야 할 책이라고 할 수 있을 것이다.

2017년 2월
이성모

● 감사의 글 ●

지금까지 나를 지도해준, 오늘의 나라는 선수를 만들어준 모든 감독에게 감사를 전한다. 그리고 나에게 영감을 준, 또 영향을 준 모든 사람들에게 고마움을 전하고 싶다. 그들 모두의 이름을 기재할 수는 없다(그러려면 나는 책을 한 권 더 써야 할 것이다). 그동안 내가 함께 뛰었던 모든 동료들(나는 정말 많은, 뛰어난 재능을 가진 선수들과 함께 뛰었다)에게도 감사하다. 나는 그들과 함께 뛸 수 있었다는 점에, 또 그들과 친구가 될 수 있었던 점에 늘 감사하고 있다.

나를 가르쳐주신 부모님과 삼촌 미셸 고바에게 감사를 전한다. 삼촌 덕분에 나는 축구 선수라는 꿈을 갖고 그것을 현실로 이뤄낼 수 있었다.

르발루아에서 나를 지도해준 모든 감독들, 그리고 나의 첫 프로 생활에 많은 조언을 해준 마크 베스터로프와 알랭 파스칼루에게도 고마움을 전한다. 나를 믿어준 가이 라콤브 감독에게도 고맙다. '스페셜 원' 조세 무리뉴 감독과 로만 아브라모비치 구단주에게도 고맙다. 이미 두 사람에게 말한 것이지만, 당신들 덕분에 나의 인생과 나의 가족의 인생이 바뀌었다. 나는 언제까지나 당신들에게 감사할 것이다.

스테판 르노, 캐롤린 맥어티어와 스포츠 PR 컴퍼니의 모든 사람들에게 고맙다. XL 스포츠의 티에르노, 피에르, 마티아스와 파페 디우프에게도 감사의 인사를 전한다.

그리고 이 책을 펴내는 데 도움을 준 데비 베커만, 데이비드 룩스톤, 로디 블룸필드와 출판사 호더 & 스투턴의 모든 사람들에게 고맙다.

CONTENTS

Au revoir

나는 나의 마지막 첼시 경기를 스탬포드 브릿지에서 뛰고 싶었다.
또 마지막 경기 전에 모든 사람이 미리 그 사실을 알기를 바랐다. 그
래서 나는 리그 마지막 경기가 있기 몇 시간 전에 그 사실을 미리 발
표했다. 우리는 경기 후에 프리미어리그 우승 트로피를 들고 우승을
축하했고 나는 내가 원했던 방법대로 팬들과 작별인사를 할 수 있었
다. 그것은 사람들이 상상하는 이상으로 나에게 큰 의미가 있었다.
나를 잘 아는 사람들은 그렇게 첼시와 작별하는 것이 나에게 얼마나
중요한 일인지를 잘 알고 있었다.

일생 동안 나는 내가 사랑하는 곳과 사랑하는 사람들을 떠나면서
살아왔다. 그중에는 너무나도 갑작스러운 순간도 있었고, 결코 내가
원하지 않았지만 작별해야만 하는 순간도 있었다. 그러나 이번에는
(마침내) 달랐다. 이번에는 내가 떠나기로 결정한 사람이었고 내가
먼저 'Au revoir'라고 말하는 사람이었다(그 말은 프랑스어로 '또 만나
요'라는 의미다). 이번에는 헤어지는 것이 아주 다르게 느껴졌다. 킥오
프 전에 몇몇 준비 과정이 있었고, 무리뉴 감독은 내가 경기장에 도
착하기 전에 테리와 대화를 나누고 나에게 주장 완장을 차고 경기를
뛸 기회를 만들어줬다. 나는 그들의 그런 제스처에 큰 감동을 받았

다. 그들에겐 전혀 그렇게 할 필요가 없었으므로. 또 그날 만약 페널티킥 상황이 생길 경우, 내가 페널티킥을 차기로 결정이 됐다. 마지막 하나의 계획은 조세 무리뉴 감독과 당시 선더랜드 감독이었던 딕 아드보카트가 합의한 것으로 나를 제외한 모든 선수는 미리 알고 있었던 일이었다.

　그 경기는 아주 치열한 경기였다. 작별인사를 하기 위한 보여주기용 경기라거나 친선경기가 아니었다. 전반전 30분이 지난 후에 나는 한동안 계속됐던 무릎 부상 문제로 더 이상 뛸 수 없었다. 막 교체되어 나오려는 순간, 팀 동료 전원이 나를 둘러싸고 존 오비 미켈과 브라니슬라프 이바노비치가 내 몸을 들어 올렸다. 나는 그 순간 너무 놀라서, 또 몸이 불편해서 웃음을 터뜨리고 말았다. 나는 다른 사람들을 재밌게 만드는 것을 좋아하는 사람이지만, 한편으로 부끄러움이 많아서 내가 스스로 무언가를 하지 않는 이상 다른 사람들이 모두 나를 쳐다보는 그런 상황을 그리 좋아하지 않는다. 물론 내 동료들도 그 사실을 알았다. 그리고 나도 처음에는 저항했지만, 곧 그렇게 할 필요가 없다는 것을 깨달았다. 나는 또 내가 열정적이고 감정적인 사람이라는 것을 잘 아는 동료들이 날 울게 만들려고 한다는 것 역시 깨달았다. 결국 나는 울지 않았다! 그렇게 피치를 빠져나오는 나를 보며 스탬포드 브릿지에 모인 모든 팬이 손뼉을 치고 환호했고 나도 그들에게 손을 흔들어 인사를 보냈다. 내게 그 순간은 행복한 순간이지 슬픈 순간이 아니었다.

　우리는 그 경기에서 승리를 거뒀고 경기가 끝난 후부터 그 순간을 즐기기 시작했다. 우선 우승 트로피를 팬들에게 공개했다. 나는 어떤 대회라도 우승을 차지하는 것을 가볍거나 당연하게 생각하지 않는다. 사실 나는 축구가 아니라 그 외의 어떤 것에 대해서도 마찬가지다. 내가 살아온 삶이 나를 그렇게 만들었다. 오늘 어떤 성과를 거두고 그것이 내년에도 마찬가지일 것이라고 생각하는 때가 있다. 그러나 현실에선 바로 다음 해에 다른 팀으로 팀을 옮기게 되거나, 팀 자체가 바뀌기도 한다. 어떨 때는 다시 우승을 차지하기 위해 5년이 걸릴 때도 있다(첼시가 그랬듯이). 그래서 나는 늘 모든 우승을 마치 그것이 나의 마지막인 것처럼 즐기는 것이 중요하다고 생각한다. 어쩌면 실제로 그렇게 될 수도 있기 때문이다.

나는 미니 캠코더를 가지고 나와서 가능한 많은 일을 녹화하려고 했다. 그날에 대한 추억은 늘 내 머리와 가슴속에 남을 것이지만 나는 내 가족과 아이들을 위해 그 장면을 남겨두고 싶었다. 그래서 그들이 언제까지나 그 장면을 기억할 수 있도록. 또 나 역시 종종 그 영상을 보며 동료들의 행복한 얼굴을 보고 싶었다.

그날 경기가 끝난 후 스탬포드 브릿지에서는 정말 행복한 순간이 많았다. 무리뉴 감독이 리그 우승 트로피에 있는 왕관을 꺼내서 내 머리에 올려놓았던 순간(마치 그가 나를 스탬포드 브릿지의 왕으로 임명하기라도 하듯이), 내가 우승 트로피를 들고 경기장을 돌며 팬들에게 인사를 했던 순간(팬들 없이 우리는 아무것도 아니다), 그리고 팬들로 가득 찬 경기장에서 내가 작별연설을 했던 순간 등.

그 모든 순간은 내겐 아주 행복한(한편으로는 힘들었지만) 순간이었다. 내가 마침내 오랫동안 나를 지지해줬던 팬들 앞에서 정식으로 인사를 할 수 있는 순간이었기 때문에. 나는 처음으로 로만 아브라모비치 구단주에게 그가 첼시를 위해 한 모든 것에 대해 고맙다는 인사를 할 수 있었다. 그의 후한 마음과 지원 덕분에 우리는 가능한 모든 대회에서 우승을 차지할 수 있었다. 그리고 나는 내겐 정말로 '스페셜 원'이었던 조세 무리뉴 감독에게도 인사의 말을 전했다. 나는 그 때문에 첼시에 왔고, 그 덕분에 첼시로 다시 돌아올 수 있었다. 또 나는 나의 모든 이전 동료 중 프랭크 램파드에게 고맙다는 인사를 남겼다. 그는 정말 특별한 존재이며 그의 도움 없이는 나의 많은 골도, 우리의 우승 트로피도 없었을 것이다. 램파드는 그 자신 역시 그날 잉글랜드에서 마지막 경기를 치렀고 이타적인, 그다운 방식으로 그날 아침에 나와 첼시의 동료들(또는 형제들)에게 우승을 축하한다는 메시지를 보냈다.

드레싱룸에서 우리는 더 즐거운 시간을 보냈다. 노래하고 춤추고 샴페인을 터뜨리면서. 나는 그날 내가 뿌린 샴페인에 맞지 않은 선수가 한 명도 없었던 것으로 기억한다. 그러던 중 아브라모비치 구단주는(솔직히 말하자면, 그에게는 샴페인을 뿌리지 않았다) 내가 다른 선수들에게 샴페인을 뿌리느라 정작 나는 한 방울도 맞지 않은 것을 알고 다른 선수를 시켜서 내게 샴페인을 뿌리게 하기도 했다. 그날 나는 마지막으로 드레싱룸을 나왔다. 나는 그곳에서의 마지막 순간을 즐기고 싶었고 그곳의 모습과 냄새를 내 머릿속의 하드 드라이브로 보내 저장해두고 그곳에서 새로운 역사를 만들 수 있었던 것이 얼마나 큰 영광이었는지를 영원히 잊지 않고 싶었다.

몇몇 사람들은 놀랄지도 모르겠지만, 나는 눈물을 흘리지 않았다. 2012년, 첼시를 처음 떠났을 때 나는 정말 감정적이 됐다. 우리는 이제 막 챔피언스리그 우승을 차지했고, 나는 그 시즌 힘들게 시즌을 시작했지만 나와 동료들은 함께 점점 더 강해져서 아주 오랫동안 염원했던 챔피언스리그 우승을 달성해냈다. 그 당시 나는 첼시를 떠나고 싶지 않았고, 그래서 나는 정말 슬펐다. 나는 내가 다시는 첼시로 돌아오지 못할 거라고 믿었다.

이번에는 달랐다. 나는 내가 언젠가 돌아올 것이라는 걸 알았다. 이번 작별은 나와 첼시의 영원한 이별이 아니었다. 그로부터 며칠 전에 나는 첼시로부터 선수생활을 은퇴하자마자 첼시로 돌아오라는 말을 들었다. 그것이 첼시가 원했던 일이었고 나 역시 원한 길이었다.

거의 모든 사람이 떠난 후에 무리뉴 감독이 나를 보러 드레싱룸으로 찾아왔다. 우리는 특별한 관계를 갖고 있으며 서로를 아주 잘 이해한다. 그도 나도 감정적인 사람이기에 우리 사이에는 많은 말이 필요 없었다. 그는 그저 미소를 지으며 나를 꼭 안은 후에 말했다. 그의 말은 아주아주 간단했다.

"가라. 그리고 돌아와라."

고향을 떠나다

| DIDIER DROGBA |

다섯 살까지 나는 아무 걱정이나 근심 없는 삶을 살았다. 우리 가족이 살고 있던 집은 늘 많은 사람과 웃음, 삶의 활기로 가득했다. 우리가 산 지역은 코트디부아르의 남동부 해안가에 자리한 최대 도시 아비장이었다. 우리는 결코 부유하진 않았지만, 나와 형제들은 부족함을 모르고 자랐다.

나의 아버지 알버트는 나와 달리 매우 어려운 환경에서 자랐다. 아버지는 아주 어린 소년이었을 때 혼자 집안 식구를 먹여 살리던 할아버지를 여의었다. 그러나 아버지는 강한 의지를 갖고 독학해서 아비장 시내에 있는 지역의 주 은행인 BICICI에서 일자리를 구하게 됐다. 덕분에 아버지는 어머니를 경제적으로 도울 수 있었고 내가 태어난 1978년 3월 11일 무렵에는 한 가족 전체를 책임질 수 있게 됐다.

할아버지가 돌아가신 후로 아버지는 가족 전체의 기둥이 됐다. 나와 형제들, 어머니뿐 아니라 아버지의 여동생과 그 가족까지 책임져야 했다는 뜻이다. 아프리카에서는 집안의 가장이 가족 전체에 대해 책임을 갖는 것이 당연하게 받아들여진다. 나의 두 고모는 각자의 남편, 또 그들의 아이들과 함께 우리와 같은 집에서 지냈다. 그 결과 나는 수많은 사촌, 고모, 삼촌들에 둘러싸여 자라게 됐다. 그건 내겐 아주 좋은 환경이었다. 그런 환경에서는 누구 하나 이기적으로

굴 수가 없기 때문이다. 음식이든, 재산이든 가족끼리 함께 나누고 공유하는 것은 우리의 문화 속에 뿌리박혀 있는 것이다. 예를 들면 식사시간에 우리는 식사를 시작하기 전에 혹시 누가 이 자리에 없는 사람은 없는지, 누가 밥을 못 먹은 사람은 없는지를 가장 먼저 생각했다. 나는 그렇게 다른 사람들을 신경 쓰고 배려하는 것이 당연한 집안에서 자랐다. 특히 나보다 형편이 어려운 사람들에 대해서. 아버지와 내 가정환경에서 나는 아주 어릴 때부터 그런 마음가짐을 배웠고, 그것은 내 인생 전체에 아주 큰 영향을 미쳤다.

집 앞에는 우리 가족이 같이 식사를 하고 어린이들이 뛰어노는 뜰이 있었다. 그 뜰은 다른 집과도 연결되어 있어서 우리 이웃 사이에는 공동체라는 유대감이 있었다. 모두가 서로를 알고 또 존중했다. 그 대가족의 생활과 이웃들과의 유대관계가 다섯 살까지 내 생활의 전부였다. 아버지의 동생이었던 삼촌 미셸 고바가 매년 한 번씩 우리 가족을 방문했던 것도 생각난다. 삼촌은 프랑스에서 살고 있었고 프로축구 선수였다. 프랑스에서 살고 있다는 것만으로도 삼촌은 나와 내 가족에게 신과 같은 존재였다.

삼촌은 아주 먼 나라의 신기한 것들을 잔뜩 사서 우리를 찾아오곤 했다. 그중에서도 나에게 가장 행복했던 선물은 해외의 유명 축구팀 유니폼이었다. 언젠가 한번은 삼촌의 짐 속에서 아르헨티나 국가대표팀 유니폼이 나오는 것을 보고 뛸 듯이 기뻐했던 생각이 난다. 그 유니폼은 삼촌이 1982 스페인 월드컵 때 구해 온 것이었는데 나는 그 유니폼을 아주 소중히 여겼고 현재까지도 보관하고 있다.

삼촌은 내게 자신의 프랑스 생활과 축구 선수로서의 삶에 대해 들려주곤 했다. 나는 삼촌의 이야기에 흠뻑 빠졌다. 삼촌의 생활에 대한 이야기는 내가 잘 이해할 수 없었지만 축구에 관한 이야기는 분명히 이해할 수 있었다. 아주 어린 시절부터 나는 온통 축구밖에 모르는 소년이었다. 물론 다른 장난감도 있었지만, 솔직히 말하자면 내가 바란 것은 오직 축구뿐이었다. 삼촌은 프랑스 북서부 브르타뉴 출신의 아내 프레데릭과 함께 우리 집을 찾아오곤 했는데, 나는 숙모를 무척 좋아했다. 두 사람 사이에는 아이가 없어서 숙모는 나와 몇 시간이고 같이 놀아주곤 했다. 나는 숙모 역시 나를 좋아하셨다고 생각한다.

어느 날 나는 두 사람이 돌아가려는 모습을 보고 두 분을 따라가고 싶다고 조르기 시작했다. 결국 삼촌이 부모님께 나를 데리고 프랑스로 가면 안 되겠느냐고 물었다. "우리 아들처럼 돌볼게요." 삼촌은 말했다. 당시 부모님은 나와 아직 아기였던 여동생 다니엘레 두 자녀를 갖고 있었다. 나의 어머니 클로틸데는 아버지처럼 공부를 마치면 은행에서 일할 계획이었다. 부모님은 나를 프랑스로 보내는 것이 나에게 더 좋은 환경을 안겨줄 것이라는 걸 이해하고 계셨다. 부모님은 코트디부아르에서의 삶이 어떤 것인지, 심지어 부모님처럼 공부를 한 사람들에게도 마찬가지라는 것을 알고 있었다. 그래서 부모님은 다른 많은 아프리카의 부모들처럼 당신의 자녀가 더 좋은 환경에서 자랄 수 있게 하려고 나를 프랑스로 보내는 데 동의하셨다. 그 결정이 당신들에겐 아주 가슴 아픈 일이었음에도. 그러나 그들은 프랑스로 가는 것이 나에게 얼마나 큰 도움이 될지를 잘 이해하고 계셨다(아프리카에서는 그렇게 자식을 유럽의 친척에게 보내는 것이 아주 일반적인 일이다). 나는 프랑스에서 좋은 교육을 받을 수 있고 나를 사랑하는 삼촌과 숙모 밑에서 화목한 생활을 할 수 있을 것이다.

나는 프랑스로 떠날 생각에 들떠 있었다. 나에게 그것이 어떤 의미인지를 현실적으로 깨닫게 되는 순간까지는. 몇 주일 후에 공항으로 가는 차 안에서 나는 마침내 내가 나의 부모님을 떠나는 중이고 내가 어디로 가서 살게 될지도, 언제 다시 부모님을 보게 될지도 전혀 알 수 없다는 것을 깨달았다. 그 순간의 느낌은 정말 심각한 것이었다. 나는 부모님과 작별인사를 하는 순간이 영원히 오지 않기를 빌었다. 그 공항까지 가는 길은 어린 내겐 정말, 정말로 힘든 것이었다.

장남이자 집안의 유일한 아들이었던 나는 세상에서 가장 자상하고 다정했던 어머니와 아주 가깝게 지냈다. 그 시절 어머니는 나를 당신이 존경했던 유고슬라비아 지도자의 이름을 따서 '티토'라는 별명으로 불렀다. 어머니는 나를 애지중지하셨고 그런 어머니에게 나를 당신이 잘 알지도 못하는 곳으로 떠나보내는 것은 극도로 힘든 일이었다. 마침내 부모님과 작별인사를 한 나는 프랑스로 향하는 비행기에 혼자 올라타서 내가 아꼈던 이불을 뒤집어쓰고 여섯 시간의 비행시간 내내 눈물을 흘렸다. 이따금 비행기 승무원이 나에게 다가와서 괜찮냐고 물어보기도 했다(대답이 어떤지는 명백한 것이었지만). 중간에 잠깐 잠이 들긴 했지만 프랑스로 가는 비행기는 마치 영원처럼 느껴졌고 보르도에 도착해서 삼촌, 숙모와 만난 후에야 나는 안심할 수 있었다.

그때 일을 돌아보면 나는 그 일이 결국은 내게 아주 큰 도움이 된 동시에 아주 큰 영향을 미쳤다는 것을 느끼게 된다. 고향을 떠나서 산다는 것은 그것이 아무리 본인이 원했던 일이라고 하더라도 그 사람에게 큰 영향을 주게 마련이다. 특히 그 일을 겪은 사람이 겨우 다섯 살에 불과한 소년이라면, 다섯 살의 나이에 어머니, 아버지, 가족,

집, 이웃을 떠나 새로운 삶을 살게 된 것이라면 그 경험은 그 소년의 삶을 좌우할 만큼 큰 것이다. 나는 고향을 떠나서 자랐지만 나의 고향을 절대 잊은 적이 없고 언젠가는 내가 떠나온 나라로 돌아가고 싶다는 강한 의지를 갖고 있었다. 프랑스에서 삼촌과 숙모가 아무리 날 잘 보살펴줬다고 하더라도 내가 태어난 곳을 영원히 잃어버렸다는 느낌은 나에게 지울 수 없는 큰 영향을 남겼다.

그 후로 10년 동안 나에게 생긴 일들을 생각해보면, 다섯 살에 내가 겪은 경험은 나를 항상 사랑에 목마르고 소속감을 갈구하는, 안정적인 환경을 만들고자 노력하는 사람으로 만들었다. 프랑스에서 내가 지낸 첫 집은 브레스트에 있었다. 삼촌과 숙모는 시내의 번화가에서 지냈지만 아비장에서 지낸 나에게 브레스트는 거의 문화 충격을 느낄 만한 곳이었다. 브레스트는 훨씬 더 어두웠고 조용했다. 또 나는 교실에서 유일한 흑인 학생이었던 탓에 첫날부터 모두의 눈에 띄었다. 다행히도 나는 모국어가 프랑스어였기 때문에 언어를 새로 공부할 필요는 없었다. 그것을 제외하면 모든 것이 달랐다. 나는 새로운 친구를 사귀어야 했고 새로운 음식을 먹고 새 환경에 빠르게 적응해야 했다.

그러나 1년도 채 되기 전에 브레스트에서 선수생활을 하던 삼촌이 다른 팀으로 이적하게 됐다. 그래서 우리는 프랑스 서부 샤랑트 주의 주도인 앙굴렘에서 지내게 됐다. 앙굴렘은 보르도로부터 120km 정도 북서쪽에 자리한 살기 좋은 지방도시로, 프랑스에서는 매년 열리는 앙굴렘 국제 만화 축제로 유명한 곳이다. 새로운 도시에서 새로운 친구와 사귀고 새로운 환경에 적응하는 일이 다시 한번 시작된 것이다.

그 시절에 나는 선생님들과 따로 노는 시간을 보내야 했다. 아무도 나와 놀아주는 소년들이 없었기 때문이다. 그들에게 나는 외국에서 온 아웃사이더였다. 그 소년들 사이에는 무의식적으로 인종차별과는 다른(나는 그렇게 생각하고 싶지 않다) 상대를 무시하는 감정에서 비롯된 배타적인 분위기가 있었다. 나는 피부 색깔부터 다른 소년들과 달랐고, 그들은 나와 친구가 되고 싶은 마음이 전혀 없었다. 어떤 소년 중에는 내 피부가 정말 검은색인지를 확인해보겠다며 내 살을 문질러보는 친구들도 있었다. 그것은 그들이 몰랐기 때문에 발생한 일이므로 나는 그들을 더 이상 원망하거나 비판하지 않지만 그와 같은 상황은 내가 학교를 옮길 때마다 발생했다.

그 후로 몇 주가 지나면서 내 상황은 점점 좋아지기 시작했고 나는 친구들을 사귀기 시작했다. 그러나 학교를 옮길 때마다 처음에는 '특이한 소년'이 되어 같은 어려움을 겪었다. 그럴 때마다 자리에서 일어나 자기소개를 하는 것은 몹시 괴로운 일이었다. 다른 모든 소년처럼 나는 그저 친구를 사귀고 친구들과 함께 어울리고 싶은 마음뿐이었으나 새로 만난 친구들과의 장벽이 사라지는 데는 시간이 필요했다. 그러다가 마침내 이제 적응한 것처럼 느껴질 때면 나는 또 다른 곳으로 떠나야 했다.

당시 나의 가장 큰 문제는 새 친구를 사귀는 것이 아니었다. 나는 어떻게든 그것은 곧잘 해내곤 했다. 더 큰 문제는 그 친구들과의 관계를 지키는 것이었다. 새 친구를 사귈 때마다 그들을 떠나야 했기 때문이다. 그걸 매년 새롭게 해야 한다는 것을 스스로 알고 있다는 것이 나에겐 참 힘든 일이었다.

더욱이 나는 곧 우리가 이사를 하는 거의 모든 장소에서 우리가 특이한 사람 취급을 받는다는 것을 깨닫게 됐다. 삼촌과 함께 길을 걷고 있으면 사람들이 커튼을 확 닫는다거나 우리를 뚫어져라 쳐다보는 일이 다반사였다. 심할 때는 우리를 보고 가게 문을 닫는다거나 거리에서 우리를 노려보는 사람도 만난 적이 있다. 그래서 우리가 그 사람을 쳐다보면, 그들은 재빠르게 고개를 돌리곤 했다. 당시 우리는 이웃들 사이의 이야깃거리였다. 지금 생각해보면 그 일들에 웃음이 나지만 그 당시에는 결코 쉽지 않은 일이었다.

내가 프랑스에 도착한 후로 삼촌과 숙모는 곧바로 나의 법률적인 후견인이 되기 위해 지원서류를 제출했지만 그 절차는 정말 까다롭고 오랜 시간이 걸리는 것이었다. 결국 나는 프랑스에 더 이상 머물 수 없어서 코트디부아르에 돌아가게 됐다. 처음에는 1985년 여름에 휴가차 잠시 돌아간 것으로 알았으나 머지않아 나는 내가 고향에서 오래 머물러야 한다는 것을 알게 됐다. 마침내 가족과 함께 고향에서 지내게 됐다는 생각에 나는 정말 행복했다.

프랑스에서 지내던 시절, 나에겐 정말 외롭고 슬픈 순간들이 있었다. 그럴 때면 나는 부모님께 비싼 국제전화를 하면서 외로움을 달래곤 했다. 그러나 어머니의 목소리를 듣고 나면 특히 전화를 끊을 때마다 괴로웠다. 나는 방으로 돌아가서 침대에 누워 한참을 울곤 했다. 어머니가 너무 그리워서.

코트디부아르에 돌아갔을 무렵, 아버지는 아비장에서 북쪽으로 100km 정도 떨어진 코트디부아르의 수도 야무수크로에서 일하는 중이었다. 아비장의 인구가 450만 명인 것에 비해 야무수크로의 인구는 20만 명도 채 되지 않았다. 그러나 나는 그런 것에는 별로 신경을 쓰지 않았다. 나는 그저 코트디부아르로 돌아와서 가족, 형제, 친구들과 함께 지낼 수 있다는 것이 행복했다. 실제로 내 기억 속에는 그해가 어린 시절 중 가장 행복했던 시절로 남아 있다. 그해 나는 거리에서 맨발로 축구를 하며 다시 한 번 근심·걱정 없는 시간을 보냈다.

가끔 사촌들과 함께 축구대회에 나가기도 했는데 맨발로 뛰다가 부상을 당하기도 했다. 그럴 때마다 아버지는 화를 내곤 하셨지만, 맨발로 축구를 했다는 것 자체가 당시 내가 얼마나 자유롭게 지냈는지를 보여주는 것이었다. 우리는 우리가 직접 초콜릿을 채워 넣어서 만든 트로피를 차지하기 위해 몇 시간이고 축구를 하며 시간을 보내곤 했다. 저마다 자기의 축구 우상을 따라 하면서. 나의 우상은 마라도나였다.

이상하게도 혹은 어쩌면 내가 프랑스에서 겪은 일들 때문에 나는 코트디부아르로 돌아간 후에 새 환경에 적응하는 데 아무런 어려움을 겪지 않았다. 내가 돌아가서 만난 사람 중에는 사실 그 전에 전혀 만나본 적 없는 사촌들도 있었다. 그럼에도 나는 그들과 즉시 잘 어울릴 수 있었다. 이제 우리 가족에는 여동생 다니엘레 외에도 그보다 두 살이 더 어린 나디아, 그리고 내가 돌아가서 얼마 지나지 않아 만난 조엘이 있었다.

한 가지 전보다 덜 즐거웠던 점이 있다면 아버지가 내 성적에 훨씬 더 많은 관심을 가지게 됐다는 점이었다. 아버지는 엄격한 분이었고 특히 나의 교육에 대해서는 일정 수준 이상의 기대를 갖고 있었다. 덕분에 나는 내가 반에서 5등 이하의 성적을 받아올 때마다 아버지에게 혼나곤 했다. 반면 어머니는 늘 나를 보호해주셨다. 나는 나의 부모님께 가장 이상적인 교육을 받았다고 생각한다. 아버지의 엄격함과 어머니의 무조건적인 사랑을 동시에 받았기 때문이다. 그리고 어릴 때부터 타지에서 살아본 경험은 나에게 두 가지의 핵심적인 가치를 배우게 해줬다. 다른 사람에 대한 존중과 근면의 중요성이다.

코트디부아르에서 1년을 보낸 후에 나는 삼촌으로부터 마침내 프랑스에서 살 수 있는 서류 절차가 모두 완료되었고 다시 프랑스에서 지낼 수 있다는 말을 듣게 됐다. 물론 나는 프랑스로 돌아가고 싶지 않았다. 처음 프랑스로 떠났던 시절에 나는 고향을 떠나 프랑스에서 산다는 것이 어떤 뜻인지 제대로 알지 못했다. 그러나 이번에는 그것이 어떤 의미인지, 그리고 이번에 프랑스로 돌아가게 되면 내가 언제 다시 가족을 만날 수 있을지 알 수 없다는 것도 알고 있었다. 또 삼촌과 숙모가 나를 아무리 가족처럼 대해주시더라도, 그것이 내가 태어나고 자란 집에서의 생활과는 같지 않다는 것도. 지난번보다 긍정적인 점이 하나 있다면, 삼촌과 숙모의 두 어린아이인 마를렌과 케빈이 마치 나와 친형제처럼 가까워서 그들을 돌봐주며 많은 시간을 함께 보낼 수 있다는 점이었다.

이번에 프랑스로 돌아가서 지내게 된 곳은 프랑스 북부에 있는 도시 됭케르크였다. 내가 처음으로 아홉 살의 나이에 축구 선수로서 등록되어 정식 축구팀에서 뛰게 된 곳도 바로 그곳이었다. 나는 내가 아주 자랑스러웠고 마치 프로축구 선수가 된 것처럼 느껴졌다. 내가 뛴 유소년팀은 삼촌이 뛰고 있는 1군 팀과 같은 유니폼을 입고 뛰었기 때문이다. 삼촌은 공격수였고 나에게 아주 많은 것을 가르쳐 줬다. 삼촌과 함께한 시절을 돌아보면 나는 항상 됭케르크에서 주말마다 바닷가에 삼촌과 함께 갔던 것이 생각난다.

삼촌은 나에게 모든 종류의 기술을 알려줬다. 예를 들면 어떻게 수비수를 등지는 플레이를 하는지, 어떻게 정확한 타이밍에 점프를 하는지 등등이다. 삼촌이 공중볼을 처리하기 위해 점프를 할 때마다 나는 마치 삼촌이 영원히 공중에 떠 있는 게 아닌지, 저러다가 날기 라도 하는 건 아닌지 생각했다. 나는 삼촌의 모든 것을 따라 하고 배우고 싶었는데 돌아보면 성인이 된 후 내가 삼촌과 같은 포지션에서 뛰고, 수비수 앞에서 등지는 플레이를 하고, 공중볼에 능숙하게 된 것은 결코 우연이 아닐 것이다. 나는 삼촌의 1군 팀 경기마다 찾아가서 삼촌이 팬들로 가득한 경기장에서 파워 넘치는 플레이를 펼치는 것을 지켜봤고, 그러면서 축구에 대한 나의 열정을 더 키워갔다. 간단히 말하자면, 삼촌은 곧 나의 아이돌이었다. 그리고 삼촌이 아니었다면, 나는 결코 오늘의 내가 될 수 없었을 것이다.

1989년, 우리의 다음 거주지는 아브빌이었다. 나는 중학교에 입학했고 아무도 아는 사람이 없는 학교로 전학을 해 여전히 친구들과 다른 피부를 갖고 있었음에도 처음에는 힘들었지만 어떻게든 잘 적응하게 됐다.

그러나 그로부터 1년이 되지 않아서 우리는 또 이사를 하게 됐다. 이번에는 내가 지내본 모든 곳 중 가장 어려웠고 나에게 가장 힘든 기억을 남긴 도시, 투르쿠앵이었다. 그곳은 릴 인근에 있는 작은 도시였다. 그곳에선 친구를 사귀는 것도 힘들었을 뿐 아니라 나는 이제 막 사춘기를 경험하고 있었다. 그곳에선 심지어 축구를 할 때에도 내 피부색에 대한 사람들의 말을 들어야 했다. 그건 아주 고통스러운 일이었다. 결국 나는 그곳에서도 새 친구를 사귀었지만 그들 중 일부처럼 방과 후에 도둑질을 하거나 담배를 피우거나 하는 데는 아무 관심이 없었다.

다행히도 나는 자연스럽게 그런 나쁜 유혹으로부터 벗어날 수 있었다. 나의 일과가 학교, 집, 축구 훈련, 집, 잠자기로 정해져 있었기 때문이다. 나에겐 그 지역의 많은 소년이 하는 것처럼 탈선을 위해 쓸 시간 자체가 없었다. 나의 부모님이나 삼촌과 숙모 역시 그런 위험에 대해 알고 있었고 특히 나와 함께 지낸 두 분은 나를 그런 유혹에 빠지지 않게 하기 위해 많은 노력을 기울였다. 투르쿠앵은 노동자층이 많이 지내는, 삶에 대한 큰 희망을 갖지 못하는 사람들이 많이 지내고 있는 도시였다.

그 결과 나는 투르쿠앵에서 나 홀로 외롭게 보내는 시간이 많았다. 그러나 결과적으로 그렇게 보낸 시간이 나에겐 큰 도움이 됐다. 지금 돌아보면 나의 어린 시절에는 어려운 점들이 많았지만 그 결과 아주 중요한 것을 배울 수 있었다. 새로운 환경에 빠르게 적응하는 방법 말이다. 새로운 팀, 새로운 나라, 나에겐 아무 문제가 없었다. 나는 늘 어떻게든 적응을 해냈다. 물론 그런 일들이 늘 재밌거나 즐거운 것은 아니었지만 나는 어릴 때부터 나에게 주어진 난관을 끌어안고 앞으로 나가는 법을 배웠다.

그 시절 끊임없이 다른 환경을 맞이하며 지낸 것에서 받은 나쁜 영향이 있다면, 사춘기를 겪으면서 내가 아주 내성적이고 수줍음을 타는 성격이 됐다는 것이다. 나는 내 감정을 감추는 데 익숙해졌고 누군가 나에게 질문을 하기라도 하면 나는 짧은 한두 마디로 답변하곤 했다. 가끔은, 지금도 때로는 수줍음을 탈 때가 있는데 그것 때문에 때때로 오해가 생기곤 한다. 사실 지금도 나는 내가 생각하는 것을 표현하거나 사람들 앞에 나서는 것에 아주 익숙하지 않지만, 현재도 노력하고 있다.

투르쿠앵에서 나는 1년을 지냈다. 그리고 1년 후에 갔던 반느에서의 생활도 별로 다를 것은 없었다. 그 무렵 나는 완전히 사춘기에 접어들었고, 학교에서도 전보다 훨씬 더 할 일이 많아졌다. 그 무렵 처음으로 삼촌과 숙모에게 반항하는 일도 생겼다. 그분들의 잘못은 아니었지만, 나는 마를렌과 케빈이 두 분을 '엄마' '아빠'라고 부르는데 나는 그렇게 할 수 없다는 것이 가슴 아팠다. 학교에서는 수업에 집중하기 어려웠다. 나는 말썽을 일으키거나 선생님께 반항하는 학생은 아니었지만, 어느새 점점 열심히 공부하던 학생에서 공부에 별로 관심이 없는 학생으로 변해갔다.

간단히 말해, 그 당시 나의 머릿속은 아주 복잡했다. 그것은 어쩌면 그 무렵에 나의 부모님도 코트디부아르를 떠나 프랑스에서 살기 시작했다는 점을 생각해보면 별로 이상할 것도 없다. 이전에 부모님과 떨어져 다른 나라에서 살 때와는 다른 느낌이었다. 나는 정말 어머니와 아버지가 그리웠고 마음속 한구석에서 당신들과 다시 함께 지내기를 갈망하고 있었다.

코트디부아르에 불어닥친 경제난 때문에 아버지는 직업을 잃었고, 새 직장을 찾아 프랑스에 오셨다. 처음에는 가족을 코트디부아르에 남겨두고 혼자 오셨지만 그건 가족 모두에게 힘든 경험이었다. 아버지는 몇 주 동안 친구 집의 소파에서 주무셨고, 대부분의 이민자들이 그렇듯이 육체적으로, 정신적으로 고된 일을 하며 가족을 위해 헌신했다. 그 기간 동안 아버지는 품위 있게 또 용감하게 일하셨고 아버지의 그런 모습은 나에게 큰 영감이 됐다. 나는 아주 어려운 상황에서도 어떻게 행동해야 하는지를 아버지를 통해 배웠다. 결국 아버지의 노력 덕분에 다른 나머지 가족도 모두 프랑스로 건너와서 지낼 수 있게 됐다. 코트디부아르에서 좋은 관리직 일을 하고 있던 아버지는 프랑스에서 가족을 먹여 살리기 위해 경비, 청소부 등 육체적으로 고된 일들을 해야만 했다. 나의 가족이 얻은 방도 프랑스 북서부 르발로아페레 교외에 자리한 아주 작은 단칸 셋방이었다.

이 시기에 이미 8년 동안 여섯 번 이사를 했던 나는 부모님이 프랑스에서 정착할 때까지만이라도 삼촌, 숙모와 함께 지내기로 결정했다. 그러나 그해 말에 내 학교 성적이 너무 안 좋아서 한 학년을 다시 다녀야 하는 상황에 놓였다. 프랑스에서는 성적이 일정 수준 이하인 학생들은 그 학년을 다시 보내도록 하고 있었는데, 그건 정말 힘든 일이다. 친구들은 모두 새 학년으로 진학하는데 자신보다 어린 동생들에 둘러싸여서 같은 공부를 다시 해야 하는 것이다. 그건 대부분의 학생에게 아주 괴롭고 학업에 대한 동기부여를 잃어버리게끔 하는 경험이다.

학교에서 내 성적이 점점 더 나빠지자, 삼촌과 숙모 그리고 부모님은 모두 나의 환경을 바꾸는 것이 좋겠다고 판단했다. 그래서 나는 또 한 번 사는 곳을 옮겨야 했는데, 이번에는 프랑스 중서부의 푸아티에로 떠났다. 그곳에서 나는 대학에서 법을 공부하고 있던 사촌형과 함께 지내게 됐다. 형은 시내의 아름다운 지역에서 지내고 있었다. 돌아보면 그때 나를 그곳으로 보낸 부모님이나 삼촌의 생각은 그 사촌 형이 나에게 좋은 영향을 주고 내가 다시 열심히 공부하는 마음가짐을 가질 수 있을 거라고 생각했던 것 같다. 당시 나는 14세였고, 비록 한 학년을 다시 다녀야 하는 상황이었지만 어떻게든 상황은 점점 좋아지기 시작했다. 사촌 형과도 잘 지냈지만 형은 강의나 일로 바쁠 때가 잦았기에 나는 혼자 지내는 시간이 많았다. 혼자 지낼 때면 나는 공부에 집중하곤 했고 결국 성적도 점점 좋아지기 시작했다. 혼자 보내는 시간이 자유롭게 느껴지기도 했다. 반느에서 나쁜 성적을 받았던 나는 이제 새 도시에서는 '성실한 학생'이라는 평가를 받았고 '분석할 수 있는 능력을 갖춘 훌륭한 학생'이라는 평가를 받은 적도 있다.

푸아티에서 보낸 시절의 유일한 나쁜 점이 있었다면, 그곳에 가기 전에 내가 부모님께 공부를 열심히 하겠다는 약속뿐 아니라, 1년 동안 축구를 하지 않겠다고 약속을 했던 것이다. 아버지는 내가 축구 선수가 되는 걸 원하지 않았고, 축구가 나의 학업을 방해하는 요소라고 여겼다. 아버지를 아주 존경했던 나는 1년 동안 축구는커녕 공놀이도 하지 않았다. 내가 1년 동안 축구를 하지 않았다는 걸 믿지 못하는 사람도 있겠지만 그것이 내가 아버지와 한 약속이었고, 나는 절대로 아버지와의 약속을 어긴 적이 없었다.

그해 말에 사촌 형은 코트디부아르로 돌아갔고 나는 그제야 마침내 부모님이 지내고 있던 르발루아로 가서 코트디부아르를 떠난 지 약 10년 만에 가족과 함께 지내게 됐다. 나와 가족이 지내게 된 곳은 시내에서 한참 떨어진 교외에 있는 아주 작은 아파트 3층이었다. 집의 현관 옆에는 작은 찬장이 있었고 그 맞은편에는 부모님의 방과 가방 안에 들어간 소지품이 보관되어 있었다. 그 방 바로 옆에는 작은 부엌이 있었고 그 옆에는 작은 화장실과 욕실이 있었다. 밥 먹을 때나 숙제를 할 때 사용한 작은 테이블은 좁은 공간을 위해 접을 수 있는 것을 사용했고 창문은 침실 옆에 단 하나가 있었다.

어머니는 이제 막 태어난 막냇동생 프레디, 그리고 다섯 살이었던 야닉(우리 형제는 모두 '주니어'라고 불렀다)과 함께 주무셨다. 나머지 형제들(다니엘레, 나디아, 조엘, 그리고 나)은 돌돌 말았던 매트를 펴서 (일반적인 침대 매트리스와는 다른 것이다) 접이식 식탁이 있는 곳에 깐 후에 다 함께 잠을 자곤 했다. 자연스럽게 우리는 때때로 서로 더 많은 공간을 차지하기 위해 다투기도 했다. 그렇게 8명의 가족이 작은 집에서 지냈다.

우리의 가정형편은 아주 어려웠다. 나는 지금도 그 시절에 새벽 다섯 시에 일어나서 아버지를 도와드리기 위해 길거리에 나가서 사람들의 편지나 짐 등을 배달하던 일이나 어머니를 도와 체육관을 청소하던 일을 생생하게 기억하고 있다. 그러나 그런 고생에도 불구하고, 아마도 가족과 다시 함께 지내게 됐다는 것에서 오는 정신적인 안정감 덕분에 나는 학업을 계속할 수 있었다. 그러던 어느 날 나는 아버지를 찾아가서 말했다.

"운동을 다시 하고 싶어요. 괜찮을까요?" 최대한 자연스럽게 말하고자 노력하며 물었다.

"그래, 좋다. 그런데 어떤 운동 말이냐?"

"음. 글쎄요. 가라데나…. 아니면… 축구 같은 운동이요."

"음. 좋다. 축구가 좋겠다."

"그래요. 알겠어요." 나는 최대한 기쁜 내색을 하지 않으려고 애쓰며 말했다.

나는 정말 행복했다. 나는 곧 축구화를 사서 당시 르발루아 지역에서 높은 평가를 받고 있던 아마추어팀에서 축구를 다시 시작했다. 첫 시합이 끝난 후에 팀에서는 나에게 "잘했다, 가능하면 다음 주에 다시 와서 같이 훈련을 하자"고 말했다. 나는 그보다 더 행복할 수가 없었다. 처음 그 팀에 합류했을 때 나는 16세 이하 팀에서 뛰었고 그로부터 얼마 지나지 않아 1군 팀에서 뛰게 됐다. 그 후로 나는 르발루아에서 4년 동안 지내면서 선수생활을 했다. 그 팀은 내가 프로가 되기 전에 가장 오래 한 팀에서 뛴 팀이었다. 삼촌과 지내는 동안에도 나는 삼촌이 뛰는 팀의 유소년팀에서 축구를 하긴 했지만 많은 십대 소년 축구 선수들이 그렇듯 하나의 축구 아카데미에서 제대로 된 교육을 받은 적은 없었다. 그러기엔 내가 너무 금방 다른 곳으로 옮겼기 때문이었다.

나는 종종 그것이 나에게 큰 불리함으로 작용한 일이었다고 생각했다. 나에겐 티에리 앙리 같은 뛰어난 기술이 없었기 때문이다. 앙리는 나보다 불과 몇 개월 먼저 태어난 선수이지만 아주 좋은 교육을 받으며 훌륭한 선수로 성장했다. 축구 아카데미를 통해 착실하게 축구를 배워서 나보다 훨씬 빠르게 프로 선수로 데뷔한 것이다. 대신 나는 늘 축구를 했음에도 나를 충분히 오랫동안 지도해줄 감독을 만난 적이 없었다. 내가 배운 축구의 대부분은 스스로 배운 것이거나, 삼촌이 하는 것을 보고 따라 하거나, 삼촌이 내게 가르쳐준 것들이었다. 그리고 내가 할 수 있는 전력을 다해서 다른 아이들보다 더 열심히 축구를 하는 것, 그것이 내가 할 수 있는 전부였다.

처음 축구를 시작했을 때, 나는 주로 오른쪽 측면 수비수로 출전했다. 나는 그것이 별로 싫지 않았다. 내가 팀의 프리킥이나 코너킥을 주로 담당했을 뿐 아니라 육체적으로 상대 선수와 부딪치는 플레이도 할 수 있었기 때문이다. 그러나 오래 지나지 않아서 나는 나의 삼촌처럼 공격수로서 뛰게 됐다. 삼촌은 내게 종종 말하곤 했다.

"도대체 수비에서 뭘 하는 거냐? 공격수로 뛰어라. 축구에서 사람들은 오직 공격수에게만 주목한다고."

오랜 시간 삼촌을 따라 하고 삼촌으로부터 배운 것들이 서서히 결과를 보기 시작했다. 르발루아에서 뛰던 중 나는 15세가 됐고 정규 학교과정을 마치는 데 3년을 남겨두게 됐다. 프랑스에서는 리세(프랑스의 고등학교-옮긴이)에 가야 할 시기로 바칼로레아(프랑스식 수능-옮긴이)를 준비해야 하는 시점이었다. 학교 선생님은 만약 내가 축구를 계속한다면 대학에 입학하는 것이 아주 어려울 것이라고 말했다.

그 시기가 되면 프랑스의 학생들은 일종의 서류를 작성하고 부모님으로부터 동의를 의미하는 서명을 받아 학교에 제출하게 된다. 미래에 어떤 일을 하고 싶은지에 대해 적는 서류로 학교에서는 그 서류를 바탕으로 학생들에게 앞으로 어떻게 준비해야 하는지를 조언해준다. 나는 그 서류 위에 '축구 선수'라고 적어서 아버지께 서명을 해달라고 요청했다. 아버지는 그 종이를 보자마자 찢어서 던져버리셨다.

"이 서류엔 서명 못 한다."

아버지는 내가 더 이상 뭐라고 말할 여지조차 없을 만큼 강한 어조로 말씀하셨다.

"정말 하고 싶은 직업을 찾게 되면, 그때 다시 서류를 가져와라. 그럼 서명해주겠다."

다음 날 나는 다른 서류에 이번에는 '제빵사'라고 적어서 아버지께 들고 갔다.

"재밌지도 않은 농담이구나." 아버지가 화를 내시며 말씀하셨다.

마침내 나는 아버지께서 서명하실 만한 직업을 적어서 들고 갔다. 솔직히 나는 그때 내가 뭐라고 적었는지 기억이 나지 않는다. 그러나 마음속 깊은 곳에서 나는 아버지께서 뭐라고 하시든 나는 축구 선수가 되고 싶다는 마음을 간직하고 있었다.

아버지를 행복하게 하기 위해 나는 학업을 계속했고 그중에서도 회계 과목에 집중했다. 내가 회계 과목을 선택했던 이유는 그것이 나의 아버지를 기쁘게 하는 선택이었을 뿐만 아니라, 시간표상으로 내가 르발루아 팀에서 축구 훈련을 하는 데 가장 이상적이었기 때문이다. 나도 아버지도 행복한 선택이었던 셈이다. 나는 결코 아버지께 내가 왜 그 과목을 공부하기로 했는지에 대해 말씀드리지 않았지만, 훗날 돌아보니 나의 선택은 제법 옳았던 것 같다. 그 과목을 공부한 것은 꽤 유용한 일이었다.

나는 거의 매일 르발루아에 가서 훈련을 하고 경기에 나섰다. 나는 오직 축구를 할 때만 진정으로 행복하다고 느꼈고 하루 종일 축구장에서 시간을 보낼 수도 있었다. 문제는 내가 그 팀에 입단한 후 얼마 지나지 않아서 나의 온 가족이 파리 근교의 안토니라는 지역으로 이사를 했다는 점이었다. 이번에 우리가 얻은 집은 훨씬 넓었지만 우리가 많은 공사를 해야만 했다. 나에겐 선택권이 없었다. 나는 또 한 번 학교를 옮겨야 했고, 르발루아로 훈련을 받으러 가는 것도 일주일에 한 번(그마저도 아주 어려웠다)만 할 수 있었다. 나는 버스와 기차시간을 아주 외우고 있었는데 훈련이 끝나면 매일 전력질주를 해서 기차역으로 향해야 했다. 한 번 기차를 놓치면 새벽 2시까지 집에 갈 수 없고 다음 날 학교에 가기 위해선 아침 여섯 시 반에 일어나야 했기 때문이다.

가끔 성적이 아주 안 좋을 때면 나는 아버지께 꾸중을 듣고 또 한동안 훈련에 참석할 수 없었다. 그러나 나는 한편으로는 아주 운이 좋기도 했다. 당시 팀의 유소년팀 감독이자 아주 멋진 사람이었던 크리스티안 포닌은 늘 나를 이해해주고 배려해줬다. 그는 차가 한창 막히는 시간에도 기꺼이 기차역까지 와서 나를 태우고 훈련장에 데려다주곤 했고 내가 기차를 놓칠 것 같은 날에는 기차역까지 나를 태워주기도 했다. 그는 나를 늘 믿어줬고, 나는 그가 내게 해준 모든 것에 대해 아주 큰 은혜를 입었다.

커리어의 시작

| DIDIER DROGBA |

나는 곧 17세가 될 때까지 르발부아의 연령별 팀을 거치면서 축구를 배웠다. 당시 팀의 감독은 레드스타 벨그라데의 공격수 출신인 스레브렌코 레프시크였다. 그는 나의 잠재력을 알아봐주고 나의 움직임, 기술, 특히 골 결정력 발전에 큰 도움을 줬다. 그가 지도하는 훈련시간은 정말 고된 시간이었지만 크리스티안 포르닌의 경우와 마찬가지로 나는 그에게 아주 많은 것을 배웠다. 레프시크는 나에게 더 열심히 할 동기부여와 영감을 심어줬고, 위대한 공격수들의 모습을 보여주며 그들과 같은 선수가 되고 싶다는 꿈을 품게 해줬다(그는 우리에게 비디오 영상을 많이 보여주곤 했다).

　그는 또 내게 아주 친절했고 훈련시간이 모두 끝난 후에 나를 기차역까지 바래다주곤 했다. 그는 내게 인생에는 한 번의 기회만이 찾아오므로 그 기회를 놓치지 말아야 한다는 것을 가르쳐줬다. 그와 크리스티안 포르닌과 같은 사람들을 어린 나이에 만난 것은 내겐 아주 큰 행운이었다. 그들은 나를 믿어줬고 격려해줬다. 물론 나 역시 그런 그들을 보며 더 열심히 축구를 했고 혼자 남아 개인 훈련을 하는 일도 많았다. 나는 인생에서 우리가 누군가를 존중한다면 상대방도 우리에게 그렇게 대한다는 것을 믿는다. 또 누군가에게 친절하게 대해주면 그들 역시 우리에게 친절하게 보답한다. 나는 늘 그렇게 살기 위해 노력했다. 때로는 경기장 위에서 그에 맞지 않는 경우가 발생하곤 하지만 말이다.

두 사람의 공통점은 르발루아의 다른 감독들은 보지 못했던 나의 강한 의지를 그들은 봤다는 것이다. 그 당시에 르발루아에는 나보다 더 뛰어난 재능을 가진 선수들이 많았다. 그 선수들과 나의 차이점은 내가 그들보다 훨씬 더 강한 의지를 갖고 있었다는 것이다. 그 선수들 중에는 훈련장에 오기 위해 기차에 올라타서는 여자친구를 만나러 가거나 영화를 보러 가서 밤을 보내는 친구들도 있었다. 쉬는 날은 말할 것도 없었고 그들은 때로는 훈련 기간에도 가족 휴가를 떠나곤 했다. 그런 일들 때문에 그들은 엉망인 몸 상태로 훈련장에 오는 일이 일쑤였다. 그들은 물론 축구를 좋아했지만, 그만큼이나 노는 것 역시 좋아했다.

반면 나는 오직 프로축구 선수가 되는 것 하나만을 생각했다. 가끔 외출을 하더라도 나의 우선순위는 오직 하나, 축구였다. 나는 지는 것을 끔찍이 싫어했고 특히 어릴 때는 경기에서 지고 나면 엉엉 울기도 했다. 하나하나의 경기가 나에겐 아주 큰 의미였다. 그때부터 이미 축구는 나의 열정이었고, 나의 삶이었다.

안토니에서 지내던 시절, 나는 학교가 끝나자마자 부리나케 뛰어가서 기차를 잡아타고 훈련을 하러 가거나 경기에 나섰다. 훈련장에 가는 길에 나는 학교 친구들이 역 근처에서 놀러 다니거나 맥도날드에서 빅맥을 먹고 있는 모습을 보곤 했다(오해하지 말라. 나 역시 훈련에서 급하게 돌아오는 길에는 빅맥을 먹기도 했다). 그 친구들은 허겁지겁 기차에 올라타는 나를 보며 비웃곤 했다. 내가 너무 진지하다며, 마치 내가 파리 생제르망의 선수라도 되는지 안다며 수군댔다. 그러나 그들이 나에게 뭐라고 하든 나는 축구 선수로서 성공하고 싶다는 강철 같은 의지와 나에 대한 믿음이 있었다. 나와 같이 훈련을 한 선수 중에는 분명 나보다 뛰어난 재능을 가진 선수들도 있었다. 그러나 그들과 달리 나는 축구를 위해 모든 것을 포기했다. 사실 나는 그것이 희생이라고 생각하지도 않았다. 축구는 내가 진정으로 좋아서 하는 일이었기 때문에.

돈이 넘쳐나는 오늘날 축구계에서는 상상하기 어려운 일이지만 20년 전에는 프랑스 1부 리그에서도 부자를 찾아보기 어려웠다. 나는 돈을 위해 축구를 선택한 것이 아니었다. 내가 18세의 나이로 드디어 학교를 졸업했을 때, 나는 우리가 이길 경우에는 약 175파운드(한화 약 25만 원)를 받았고 패할 경우에는 한 푼도 받지 못했다. 내가 축구를 선택한 것은 순수하게 축구에 대한 열정과 사랑 때문이었다. 축구를 하는 순간만큼 내가 살아 있다는 감정을 느낀 적이 없었다. 나는 축구를 살았고, 축구를 숨 쉬었다. 축구장 위만이 내가 나 자신을 표현할 수 있는 공간이었다.

어느 날 내 경기를 지켜보신 아버지는 나를 태우고 집으로 돌아가다가 나에게 물었다.

"디디에, 진정한 너는 어떤 사람이냐? 내가 오늘 본 너는 행복하고 동료 선수들을 지도하고 자기 자신을 즐기는 사람이었다."

아버지의 말은 사실이었다. 나는 십대 시절 별로 친구들과 소통을 하지 않는 소년이었다. 그러나 축구를 하는 순간에는 나는 아주 자유로운, 전혀 다른 사람이 됐다. 여러 가지 의미에서 그것은 현재도 마찬가지다.

그 후로 한동안 나는 더 높은 수준의 팀에서 뛸 수 있는 기회를 찾아다녔다. 르발루아는 좋은 팀이었지만 그 팀은 대부분 축구와 일을 병행하는 아마추어 선수들로 구성되어서 프랑스 4부 리그에 해당하는 내셔널 2 리그에 소속되어 있었다. 그 무렵 나는 미래에 내 아내가 되는 랄라를 만났는데 처음에 그녀와 나는 별로 진지한 사이가 아니었다. 그도 그럴 것이 그녀는 브루타뉴에 살고 있었기 때문에 직접 만나는 것조차 쉽지 않았다. 그러나 그녀는 내가 한 단계 더 높은 곳을 목표로 할 수 있도록 나를 이끌어줬다. 그녀는 그 후로 내 축구와 인생 모든 부분에서 아주 큰 영향을 미친 존재가 됐다. 그녀의 헌신과 사랑이 아니었다면, 오늘의 나는 없었을 것이다. 그것이 내가 이 책의 뒷부분에서 그녀와 나의 가족을 위해 한 장Chapter을 쓴 이유다.

그 당시 나는 프랑스 1부 리그 리그앙 소속 클럽들에 열심히 이력서를 보냈다. 그들 중 한 클럽에서는 나에게 테스트를 받을 기회를 줄 것이라고 기대하면서. 그러나 당연하게도 그들은 내게 답장조차 하지 않았다. 어떤 사람들은 그런 일에 낙심하겠지만 나는 포기하지 않았다.

어느 날 삼촌이 나에게 아는 사람을 통해 스타드 렌 FC 입단 테스트 기회를 잡았다고 말씀하셨다. 그 팀은 브루타뉴 지방에서 가장 좋은 팀으로 1부 리그에 소속되어 있었고 훌륭한 유소년 아카데미를 통해 좋은 선수를 많이 배출한 팀이었다. 나는 그 소식에 뛸 듯이 기뻤다. 나는 1군 팀 감독이었던 자크 론카르는 물론, 그 누구에게도 그 소식을 전하지 않고 스타드 렌의 입단 테스트를 받으러 갔다. 테스트 두 번째 날에 그들은 23명의 선수단 명단에 내 이름을 포함시켰다. 나의 꿈이 손만 뻗으면 되는 거리까지 다가온 것이다. 다음 날에는 1군 선수단과 같은 기차를 타고 이동했다. 그들 중에는 그 팀 유소년팀 출신의 실뱅 윌토르 같은 스타 선수도 있었다. 마치 꿈속을 걷는 것 같은 기분이었다.

그러나 그런 행복한 날은 오래가지 않았다. 스타드 렌의 한 직원이 르발루아에 전화를 해서 나에 대해 물어본 것이다. 그날 내가 집에 도착하자 나의 꿈은 산산조각이 나서 쓰레기통에 처박혀 있었다. 론카르 감독이 그들에게 나를 절대 보낼 수 없다고 말한 것이다. 그는 또한 다음 날 나를 만나서 내가 다른 팀에 입단 테스트를 받은 것을 용납할 수 없다고 말했다. 나는 그에게 한 단계 더 높은 곳으로 가기 위한 결정이었다고 설명했지만 소용없었다. 결국 나는 그렇게 19세를 맞이했고 나와 같은 또래였던 티에리 앙리, 다비드 트레제게 같은 선수들보다 한참 뒤떨어지게 됐다.

결국 그는 내 의지를 꺾지 못하고 나를 위해 다른 클럽을 찾아보겠다고 말했다. 그로부터 얼마 지나지 않아서 나는 그의 소개로 브루타뉴 지방의 다른 1부 리그 클럽 갱강에 입단 테스트를 받으러 가게 됐다. 첫 번째 테스트는 괜찮았다. 그러나 다음 날 연습경기에서 나는 중족골 골절을 당해서 부상을 당한 채 그대로 경기를 마쳐야 했다. 나는 나 자신의 불운함에 실망한 채 절뚝거리면서 근심에 가득한 채 집으로 돌아왔다. 일생일대의 기회를 날려버린 심정이었다. 언제 다시 그런 기회를 잡을 수 있을지도 알 수 없었다.

이상한 것은 스타드 렌에 이어 갱강에서 겪은 좌절에도 불구하고 나는 마음속 한구석에 언젠가는 내가 프로 선수가 될 거라고 굳게 믿고 있었다는 것이다. 그 자신감이 어디서 비롯된 것인지는 알 수 없지만 오래 지나지 않아 또 다른 기회가 찾아왔다. 파리 생제르망의 유소년팀 감독인 도미니크 레클뤄로부터 온 전화였다. 내가 과연 파리 생제르망의 훈련장으로 향하게 될까? 그건 정말 아주 큰 기회였다. 나는 그에게 내 부상에 대해 설명했고 그래서 지금 당장은 훈련을 받을 수 없다는 것을 설명했지만, 그는 여전히 아주 확고하게 나를 영입하고 싶어 했다. 아마도 그 팀의 스카우트가 나를 오랫동안 지켜봤던 것 같았다. 나는 결국 메디컬 테스트를 받고 두 달 안에 뛸 수 있다는 판정을 받았다. 그 시점에서 나는 아무런 문제 없이 그들과 선수 계약을 맺을 것 같았다.

그래서 나는 파리 서쪽에 자리한 작은 마을 생제르망앙레라는 곳으로 이동해서 그곳에 있는 파리 생제르망 훈련장에 도착했다. 그곳은 르발루아나 안토니와는 전혀 다른 세상이었다. 그들의 훈련장 캄프드로헤스는 내 눈을 번쩍 뜨게 해줬다. 훈련장의 규모, 최신식 시설, 피치의 완벽한 상태까지. 파리 생제르망은 역사적인 최고 수준의 클럽이었고 나는 이제 막 그 팀의 일원이 되려고 하고 있었다. 비록 평생 마르세유의 팬이었지만 소년 시절에 좋아했던 팀에 대한 애정 때문에 이런 엄청난 기회를 놓쳐버릴 수는 없었다.

나는 회의실에 들어가 클럽에서 나온 계약 담당자를 만났는데 그는 내게 계약서를 보여줬다. 나는 동반자 없이 혼자였다. 아버지나 르발루아 팀 관계자도 없었고, 나에게 조언을 해줄 만한 에이전트도 없었다. 그 계약서는 내가 내 인생에서 처음으로 본 계약서였고 솔직히 말해서 그들이 계약 사항에 대해 말할 때 그 내용들이 아주 놀라웠다.

"이게 우리가 당신에게 제안하는 계약 내용입니다."

한 담당자가 계약서를 넘겨가며 말했다. 나는 훈련생이 될 예정이었는데, 그들이 내게 제안한 급여는 한 달에 7000프랑(약 100만 원) 정도였다. 당시 내게는 아주 큰 돈이었다. 그리고 그들은 내게 7쌍의 (무려 7쌍의!) 나이키 축구화를 제공하겠다고 말했다. 당시 나는 축구화 한 쌍을 사기 위해 돈을 모으고 또 모아서 하나 사고는 최대한 오래 신기 위해 아끼고 아껴서 신는 중이었다. 그들의 계약 조건은 내겐 아주 좋은 것이었다. 그게 전부가 아니었다.

"그리고 드록바 씨에게 오펠 티그라 자동차를 한 대 대여해드릴 것입니다. 드록바 씨는 우리에게 아주 특별한 경우입니다. 우리 클럽에는 훈련생이 단 두 명뿐이니까요."

자동차라니! 정말 믿을 수가 없는 이야기였다.

내가 계약서에 서명하려는 순간, 그 담당자가 말했다.

"하나만 확실히 해두자면, 이 계약은 1년 계약입니다. 드록바 씨가 좋은 활약을 보이면 계약을 연장하겠지만, 그렇지 않으면 계약은 종료될 것입니다. 또한 부상을 당할 경우에도 우리가 드록바 씨와의 계약을 유지한다는 보장은 없습니다. 드록바 씨의 경우는 지금 부상 중이기 때문에 계약서 내용을 조금 수정해야 할 필요가 있습니다. 5분만 기다리시면 곧 다시 돌아오겠습니다."

그가 사무실로 돌아간 사이 나는 그가 방금 말한 것의 의미를 되새겨보고 있었다. 갑자기 나는 이 계약이 지금까지 내가 겪어본 적이 없는 아주 막중한 부담을 갖는 계약이라는 것을 깨달았다. 일주일에 한두 번 훈련을 받고 경기에 나서던 4부 리그 팀 출신의 선수가 프랑스 명문 클럽과 계약을 맺으려는 중이었다. 그 담당자의 말에 의하면 1년 후에 만약 내가 내 기대치를 충족하지 못한다면 나는 다시 바닥으로 돌아가거나 최악의 상황에는 그보다 더 안 좋은 상황에

놓일 수도 있는 것이었다. 그 생각이 나를 불안하게 만들었다.

　시간은 흘러갔다. 5분은 10분이 되고 20분이 됐다. 시간이 꽤 지났는데도 아무도 나타나지 않았다. 나는 그 상황에 대해 점점 부정적인 생각을 품게 됐다. 무슨 일이지? 그 담당자는 어딜 간 거지? 마음을 바꾼 건 아닐까? 내가 그 담당자를 기다리는 동안 주변을 오가는 사람들은 누구 하나 나에게 관심을 갖지 않았다. 나는 갑자기 내가 투명인간이라도 된 것처럼 느껴졌다. 이건 좋은 출발이 아니다. 나는 갑자기 겁이 나기 시작했다.

　'좋아.' 나는 생각했다.

　'5분만 더 기다리자. 그때까지 아무도 돌아오지 않는다면, 나는 이대로 이곳을 떠날 것이다.'

　10분이 흘러 어느새 내가 그들을 기다린 지 30분이 됐다.

　'그래, 5분만 더 기다리자.'

　35분이 됐다. 또 5분, 40분이 됐다.

　'이만하면 됐다. 돌아가자.'

　그렇게 나는 그곳을 떠났다. 그곳에서 일어난 일에 대해 제대로 이해할 수 없는 마음을 간직한 채.

　"그래서 파리 생제르망과 계약은 잘했니?" 집에 돌아오자 아버지께서 물으셨다.

　"아니요, 계약 안 했어요." 내가 시무룩하게 대답했다.

　"뭐라고? 그게 무슨 소리니?"

　"회의실에서 절 한 시간 동안이나 기다리게 해서 그냥 나왔어요. 아무도 저에 대해 관심도 없는 것 같았고요."

　"그래도 기다렸어야지, 그냥 나오면 어떻게 하니."

"아니에요. 영 느낌이 안 좋았어요. 정말 내키지가 않았어요."

도미니크 클래뢰 감독이 나에게 정말 관심이 있었던 것은 사실이지만, 그 계약의 나머지 부분은 모든 것이 잘못됐다. 사실상 선수와 클럽의 첫 단추부터가 잘못됐던 셈이다. 사실대로 말하자면, 나는 그곳에 있는 내내 편한 느낌을 받지 못했다. 그래도 아버지는 내 결정을 못 미더워하셨다.

"항상 기회가 없다고 불평하더니 파리 생제르망이 너하고 계약을 하자는데 그걸 거절하는 거야?"

나는 내 감정을 아버지께 더 설명해봤지만, 아버지는 여전히 이해를 못 하셨다.

그리고 또 하나 믿기 어려운 일이 벌어졌다. 그로부터 며칠 후에 르망 FC의 마크 베스터로프라는 사람에게서 전화가 온 것이다. 나는 그에 대해 한 번도 들어본 적이 없었다. 더 솔직히 말하자면, 르망이라는 팀이나 도시에 대해서도 자동차 경주대회에 대해서 말고는 들어본 적이 없었다.

"우리 팀에 자네하고 비슷한 선수가 한 명 있어." 그가 말했다.

"그러나 그가 이제 은퇴가 가까워져서 그를 대신할 선수를 찾고 있는 중이지. 나는 자네가 그 선수를 대신해서 우리 1군 팀에서 뛰었으면 하네. 사실 자네가 뛰는 걸 직접 본 적은 없지만 자네에 대해 좋은 평가를 많이 들었지. 그래서 자네를 영입하고 싶네."

"그러나 지금 저는 부상 중이라 뛸 수 없습니다." 내가 대답했다.

"그건 전혀 상관없네. 일단 한 번 와서 만나보면 어떤가."

그의 제안은 매력적인 것이었다. 그는 대화하는 사람을 기분 좋게 만드는 능력이 있었고 나는 금방 그의 제안에 응하게 됐다.

"알겠습니다. 가죠. 내일 기차를 타고 가겠습니다."

나는 다음 날 곧바로 그 팀을 찾아갔다. 마크는 나에게 클럽뿐만 아니라 르망이라는 도시 곳곳을 소개해줬다. 그와 함께 하루를 보내면서 나는 르망이라는 팀뿐 아니라 그 도시에서의 생활이 즐거울 것 같다는 인상을 받았다. 르망은 파리처럼 복잡한 도시는 아니지만, 기차로 한 시간 거리에 떨어져 있어서 가족이나 친구를 만나러 가기에도 좋고 적당히 떨어진 거리에서 축구에 집중하기에도 좋은 환경이었다. 만약 내가 파리 생제르망과 계약을 했다면 나는 구단에서 제공해주는 내 개인 집에서 지낼 수도 있었을 것이다. 그러나 만약 그랬다면 아마도 내 집에는 친구들이 자주 찾아왔을 것이고, 그들과 함께 어울렸다면 나는 축구 선수가 되고 싶다는 꿈에 집중할 수 없었을 것이다.

르망에는 파리와 같이 내 주의를 분산시키는 것이 거의 없었다. 또 르망은 나에게 파리 생제르망에서 제안했던 것과 같은 급여와 같은 숫자(7쌍)의 축구화를 제공했다(이번에는 나이키 대신 아디다스였다). 르망과의 계약도 1년이었지만, 그 계약에는 파리 생제르망 계약과 같은 애매모호한 부분이 없었다. 모든 것이 분명했고 확실했다.

그리고 나는 마크가 처음부터 아주 마음에 들었다. 우리 둘은 처음부터 마음이 잘 맞았다. 그는 아주 차분한 성격으로 조용조용히 말을 하는 사람이었는데 나는 도대체 그가 무슨 말을 하는지 제대로 듣기 위해 귀를 갖다대야 할 정도였다. 그러나 그는 현명하고 지혜로운 사람이었고 나는 그의 말을 들을 때마다 그의 이야기에 푹 빠져들었다.

그와 반대로 그로부터 몇 년 후에 나는 나와 같은 조건으로, 나와 같은 시기에 파리 생제르망과 계약을 맺은 선수를 상대로 경기를 갖게 됐다. 그에겐 불행한 일이었지만, 그는 부상을 당하면서 파리 생제르망과 재계약을 맺지 못하고 그대로 팀을 떠나게 됐다. 내가 만약 파리 생제르망과 계약을 했다면 나 역시 그와 같은 결과를 맞이했을지 모른다. 그렇다면 나의 인생은 아주 많이 달라졌을 것이다.

1997년 가을, 19세가 된 나는 프랑스 2부 리그의 르망 아카데미에서 축구를 배우기 시작했다. 나는 아카데미에서 뛰기에는 내가 나이가 많다는 것을 알고 있었고 아직 1부 리그에서 뛰기엔 한참 먼 길이 남아 있다는 것도 알고 있었지만 그래도 즐거웠다. 나는 내가 천천히 내 꿈에 가까워지고 있다는 것을 알았다.

처음 세 달간 나는 훈련장 근처의 기숙사에서 지냈다. 나는 회계학 학사를 취득하기 위해 대학에 다니고 있었다. 학업과 공부를 병행하는 날이 계속됐다. 돌아보면 회계학 공부를 하는 것은 아버지를 기쁘게 하는 일이었을 뿐 아니라 내게 하루 종일 축구를 하는 대신 다른 무엇도 함께할 수 있는 기회를 주는 것이었다. 당시 내가 지냈던 기숙사에는 모터레이싱을 배우는 학생들도 함께 지내고 있었는데, 그렇게 다양한 스포츠를 공부하는 학생들과 함께 지내는 것은 참 즐거운 경험이었다.

물론 나처럼 축구를 하는 친구들과 가깝게 지내기도 했다. 그중한 명은 카데르 세이디로 나의 맞은편 방을 쓰던 친구다. 그는 훌륭한 축구 선수가 될 만한 친구였으나 심각한 무릎 부상을 당하면서 결국 축구를 그만둬야 했다. 그의 그 과정을 지켜보는 것은 내게 스포츠가 얼마나 잔인할 수 있는 것인지를 깨닫게 해줬다. 나는 그와 다른 몇몇 프로 선수들과 함께 시내에 나가서 시간을 보내기도 했는데 그런 생활은 나에겐 아주 새로운 것이었다. 나는 르망에서 독립적인 생활과 자유를 만끽하며 지냈고 처음으로 직접 번 돈을 마음껏 써보기도 했다.

내가 르망에서 배운 또 한 가지는 축구 선수가 된다는 것이 어떤 의미인지였다. 당시 나는 그저 잠재성과 기술 그리고 프로축구 선수가 되겠다는 강한 의지를 갖고 있었다. 그러나 내게 없었던 것은 프로 선수에 필요한 피트니스 상태였다. 특히 발 부상으로 몇 개월간 고생한 후에는 더욱 그랬다. 나의 몸은 매일같이 철저하게 진행되는 훈련을 감당할 준비가 되어 있지 않았다. 그전까지 나는 패스트푸드를 즐겨 먹고 비디오게임도 했지만 그래도 나에게 큰 부정적인 영향은 느끼지 못했다. 그러나 르망에서 나는 더 이상 내가 그렇게 지내서는 안 된다는 것을 깨달았다. 적어도 매일 엄청난 육체적인 능력을 필요로 하는 프로축구 선수가 되기 위해서는 하루는 몸 상태가 좋고 다음 날은 안 좋아서는 안 되는 것이다. 르망에서 처음 훈련을 받던 중에는 다른 선수들이 모두 나를 지나쳐서 뛰어가는데 나 혼자 더 이상 뛸 수가 없어서 멈춰 있던 날도 있었다.

그런 와중에도 마크는 계속해서 내게 믿음을 보여줬고 나를 격려해줬다. 팀에 입단한 지 얼마 되지 않아서 나는 1군 팀 피지컬 코치인 알랭 파스칼루를 만났다. 그전에도 몇 번 마주친 적이 있었는데 그가 나를 기억하고 있었던 것이다. 몇 년 전에 그는 나를 오드센 지역의 17세 이하 팀에 선발했던 적이 있었다. 그러나 당시에 아버지께서 나의 성적을 이유로 축구를 금지하시면서 나는 그와 인연을 맺지 못하게 됐다.

내가 그의 팀에 합류할 수 없었던 이유를 알고 있었음에도 파스칼루는 나에게 아주 엄격하게 대했다. 그는 나에게 고함을 지르면서 이렇게 말하곤 했다.

"프로 선수가 되고 싶지 않은가 보지?"

"학교에서도 성적이 안 좋았는데 축구도 실패하고 싶진 않겠지? 아닌가?"

"지금보다 훨씬 더 열심히 훈련하지 않을 거면, 프로는 꿈도 꾸지 마라."

그런 식의 공격적인 자세나 언어는 나로선 처음 겪는 일이었고 나는 그것이 아주 불쾌했다. 나는 그가 나를 싫어한다고 느꼈고 도대체 내가 무엇을 잘못했길래 나를 그렇게 대하는지 이해할 수 없었다.

결국 나는 그가 나뿐만 아니라 다른 모두에게 그렇다는 것을 깨닫게 됐다. 그는 대학에서 스포츠과학을 가르친 적이 있었다. 선수들은 모두 그를 두려워하면서도 그가 우리에게 피트니스, 영양, 자기관리 등등에 대해 가르쳐주기 위해 그렇게 한다는 것을 이해할 수 있었다.

결과적으로 마크와 알랭의 마치 '좋은 경찰과 나쁜 경찰' 사이를 오고 가는 것 같은 경험 속에서 나는 큰 성장을 할 수 있었다. 각각의 경우에서, 저마다 다른 이유와 저마다 다른 교육을 받으면서 나는 그 둘 모두에게 나의 능력을 증명하고자 최선의 노력을 다했다. 마크의 경우 나는 그가 내게 보내주는 믿음에 보답하고 싶었고, 알랭의 경우에는 나는 그가 틀렸다는 것을 보여주고 싶었다. 그리고 내가 결국은 프로축구 선수로서 성공할 수 있다는 것도 보여주고 싶었다.

르망에서 내가 받은 훈련은 새로운 것이었다. 특히 피지컬 훈련이 그랬다. 그 결과 나는 자주 부상을 당하게 됐다. 그중에는 자잘한 부상뿐 아니라 세 달, 여섯 달 동안 경기에 나서지 못하는 큰 부상도 있었다. 이미 부상을 당한 채로 팀에 합류했던 나는 여름이 끝날 무렵에야 팀훈련에 합류했다. 그러나 10월에 나는 같은 부위를 다시 다쳤고, 그로부터 복귀한 뒤에는 오른쪽 발을 다쳤다. 이번에는 의사가 치료를 돕기 위해 발에 나사를 박았다. 그러고는 다시 두 달을 재활에만 집중했다.

그해 당한 부상 중 가장 걱정스러웠던 것은 나의 첫 시즌이 끝나갈 무렵 당했던 오른쪽 종아리뼈 골절이었다. 그 부상이 특히 걱정스러웠던 이유는 내가 언제 회복할 수 있을지를 확실히 몰랐을 뿐 아니라, 그 시기가 내가 재계약을 할지 말지가 결정되는 시기였기 때문이기도 했다. 나는 아직 훈련생으로서 계약을 맺은 상태였고 계속 르망에서 뛰고 싶은 마음이 절실했다. 5월 초까지 나는 아무 연락도 받지 못했고 심각하게 걱정에 빠지기 시작했다. 그리고 그때 내 발목이 부러졌다.

나는 그날 내가 피치 위에서 눈물을 흘리며 실려 나오던 날을 생생하게 기억하고 있다. 내가 눈물을 흘렸던 것은 고통 때문이기보다는 재계약에 대한 걱정 때문이었다. 나는 아직도 재계약 여부가 담긴 편지를 받지 못한 상황이었다. 그 결과가 너무 두려워서 다른 사람들에게 물어볼 수도 없었다. 그전에 이미 나의 1군 팀 감독이 된 마크가 나를 계속 데리고 가겠노라고 약속했음에도 나는 그대로 나의 축구 인생이 끝날 것 같은 두려움에 휩싸였다. 나는 마크와 알랭 그리고 다른 코치들이 나에 대해 '늘 부상을 당하는 선수'라고 말하는 장면을 상상하곤 했다. 그 시기는 나에게 있어 정신적으로 정말 어렵고 힘든 시기였다.

부모님께서 날 도와주겠다며 찾아오셨다. 그때는 내가 기숙사를 나와서 따로 방을 얻어 지내고 있을 때였다. 어머니가 내 방을 정리해주시는 모습을 보면서 나는 어머니 역시 근심에 빠져 계시는 것을 느낄 수 있었다. 나는 그곳에서 부상을 당한 채 침대에 누워 내 미래가 어떻게 될 것인지만을 계속 생각했다. 이 모든 경험에도 불구하고 다시 르발루아로 돌아가야 하는 걸까? 아니면 안토니로? 나는 그곳으로 돌아가는 내 모습을 상상조차 할 수 없었다. 나는 부모님께 내가 반드시 성공할 거라고 자신하던 약속을 지키는 모습을 보여드리고 싶었다. 비록 아버지가 원하는 길을 선택하지 않았지만, 축구선수에 대해 부정적이던 아버지의 생각이 잘못됐다는 걸 보여드리고 싶었다. 안토니에서 내가 봤던, 희망을 잃고 살아가는 사람들처럼 나도 그렇게 될 거라는 상상은 하고 싶지도 않았다.

다음 날 나는 다리를 절뚝거리면서 내 아파트 우편함이 있는 곳으로 걸어갔다. 편지 한 통이 와 있었다. 클럽으로부터 온 편지였다. 나는 두려운 마음으로 그 편지봉투를 찢고 내용을 읽어 내려갔다. 나와 계약을 갱신하겠다는 내용이었다. 표현할 수 없을 만큼의 안도감이 몰려왔다. 안전하다는 느낌. 나는 이제 그저 더 열심히 해서 더 좋은 활약을 하기만 하면 됐다.

그때가 1998년의 여름이었다. 나는 이제 막 스무 살이 됐다. 나는 나와 같은 나이의 앙리가 프랑스에서 전에 없던 뜨거운 열기 속에 열린 1998 프랑스 월드컵 우승 트로피를 들어 올리는 모습을 지켜봤다. 앙리는 이미 스무 살의 나이에 세계적인 슈퍼스타였고 국가대표팀 주전 공격수 자리를 확보한 선수였다. 반면 나는 깁스를 한 채 소파에 앉아 배달시킨 피자를 먹고 있었다. 그때 내 머릿속에 든 생각은 '저런 망할 놈' 같은 생각이 아니었다(누군가는 그렇게 생각했겠지만). 나는 그저 '나도 저 자리에 있고 싶다'고 생각했고 '언젠가는 반드시 그렇게 될 거야'라고 생각했다.

그 모든 경험에도 나는 내가 프로축구 선수로서 성공할 수 있다는 믿음만은 결코 잃어버리지 않았다.

마침내 프로가 되다

| DIDIER DROGBA |

르망에서 보낸 두 번째 시즌에야 나는 다시 훈련을 할 수 있게 됐다. 나는 몸 상태를 최대한 끌어올리고, 나를 믿어준 마크를 실망시키지 않기 위해 최선을 다했는데 그런 노력이 서서히 빛을 보기 시작했다. 그리고 머지않아서 리저브 경기에 나서게 됐고 득점을 올리기 시작했다. 르망 1군 팀이 강등권에 머물러 있을 때는 종종 내가 1군 팀 교체멤버에 이름을 올리기도 했다. 그럴 때마다 나는 참 행복했다. 내가 단지 르망의 연습생이 아니라 중요한 일원이라고 느낄 수 있었기 때문이다.

그 시즌 말이었던 1999년 여름, 나는 마침내 오랫동안 염원했던 프로 계약을 체결했다. 그때 나의 나이는 스물한 살, 요즘 기준으로는 아주 늦은 나이에 프로가 된 셈이다. 나를 1군으로 승격시키고 그런 기회를 준 사람은 또 한 번 나의 고마운 조력자인 마크였다.

르망은 그 무렵 나에게 이미 에이전트가 있다는(그것도 당시 가장 유명한 에이전트 중 한 명이었다는) 사실을 아주 놀라워했다. 내 에이전트는 파페 디우프였다. 내 친구인 카데르 세이디에겐 티에르노라는 형이 있었는데 그가 파페를 위해 일했던 것이 나와 파페의 인연의 시작이었다. 티에르노는 내가 르발루아에서 뛸 때부터 나에게 관심을 갖고 있었고 내가 르망에 입단한 후로는 정기적으로 내 경기를 관찰

하고 있었다. 그는 당시 에이전트로 활동할 수 있는 자격이 없었기 때문에 파페에게 연락을 취해 나에 대해 소개를 했다. 파페가 내 에 이전트라는 것을 알고 르망은 아주 놀랐는데 그것은 특히 프랑스 축 구계에서 파페는 일종의 레전드처럼 취급을 받고 있었기 때문이다. 그는 마르셀 드사이를 포함해서 많은 스타 선수의 에이전트를 맡고 있었다. 내 친구들은 클럽보다 더 놀랐다. 사실 친구들은 내가 그들 에게 파페가 나에게 관심이 있고 나와 계약을 맺으려 한다는 말 그 자체를 믿을 수 없다고 웃어넘겼다. 그도 그럴 것이 처음 그가 내게 관심을 보일 무렵 나는 부상을 안고 있어서 제대로 뛰지 못하고 있 었다. 나의 친구들과 클럽이 내 말을 못 미더워했어도 그는 결국 나 와 사인을 했고 그 후로 지금까지도 내 인생에 아주 중요한 사람으 로 남아 있다. 그 후로 티에르노가 내 에이전트가 됐고 오늘날까지 도 그렇다.

나는 파페 같은 유력한 사람이 주변에 있다는 것이 얼마나 큰 도 움이 되는지를 금세 깨달았다. 그는 내게 자신이 아주 자주 연락을 하지는 않을 거라며 한 달에 두 차례 정도 전화를 하겠다고 말했다. 나는 그것으로 충분했다. 그가 나한테 연락할 때마다 두세 시간 정 도씩을 들여 나의 상황에 관심을 보이고 조언을 해줬기 때문이다. 연락할 때마다 그와 나는 서로의 생각을 말하고 그 후로 아주 구체 적인 조언을 주고받았다. 그는 아주 현명한 사람이었고 축구계나 사 업에 관련하여 아주 풍부한 경험이 있는 사람이었다. 그가 무언가 내게 조언을 할 때마다 나는 그의 이야기에 흠뻑 취해서 그 이야기 를 받아들였다.

예를 들면 그는 언젠가 내게 다음과 같이 말한 적이 있다.

"젊은 나이에는 어떤 일이 발생했을 때 자신에겐 잘못이 없고 남의 탓이라고 생각하기가 쉬워. 자신에 관련된 일이 발생하더라도 스스로 그것에 대한 책임을 지려 하기보다 다른 사람을 원망하는 경향이 있지."

내가 축구에 관한 어떤 일에 대해 그에게 불평이라도 하면 그는 차분하게 내게 말했다.

"드록바, 내 말 들어봐. 그건 이렇게 된 거야."

르망에서나 나의 다음 클럽이었던 갱강에서나 내가 인내심 없이 클럽을 떠나고 싶다고 말했을 때 그는 나를 타이르며 말했다.

"그래? 그래서 어디로 갈 건데? 네가 원하면 내가 다른 클럽들하고 이야기해볼 수야 있지. 그런데 그게 정말 네가 원하는 거야?"

"그래." 내가 대답했다. 나의 선택이 옳은 것이라고 확신하면서.

"그럼 우선 네 가치가 떨어질 거야. 왜냐하면 네가 먼저 지금 클럽을 떠나서 다른 클럽을 구할 경우, 그들은 자신들이 먼저 널 원할 경우보다 너의 가치를 높게 생각하지 않을 테니까. 두 번째로, 그 결과 넌 이곳보다 낮은 급여를 받게 될 거야. 또 넌 결국 그 클럽에서도 이 클럽에서 네가 겪은 같은 문제를 겪게 되거나 또 다른 문제를 겪게 될 거야. 그렇다면 지금 너한테 현명한 방법은 뭘까? 일단 이곳에서 해결책을 찾도록 노력해봐. 그게 중요한 거야."

나에게 파페의 말은 아주 새롭고 중요, 배울 점이 넘쳐나는 것이었다.

프로 선수로서 맞이한 첫 번째 시즌에 나는 아주 많은 것을 배웠고 다행히도 내게 주어진 역할을 잘해낼 수 있었다. 내가 좋은 활약을 이어가자 어느새부터 상대 수비수들은 나를 주의하고 경계하기 시작했다. 프랑스 2부 리그의 축구는 정말 거칠고 격렬하다. 그해 나는 거친 태클을 견뎌내느라 온몸이 상처투성이였다. 결국 내가 스스로 이제 좀 내 플레이가 괜찮다고 느낄 무렵 가진 르아브르와의 프리시즌 친선경기에서 나는 다시 한 번 내 커리어를 망칠 만한 종아리뼈 골절 부상을 당하고 수술을 받은 후 재활 훈련을 받았다.

그때 내게 닥친 또 하나의 불행은 2000-2001시즌 팀이 형편없는 성과를 보이면서 그 누구보다도 나를 믿고 지지해줬던 마크가 팀을 떠나게 된 것이었다. 그의 경질은 어느 날 갑자기 발표됐고, 그는 그가 르망을 위해 했던 일들에 대해 그 누구에게도 감사의 인사 한마디 받지 못한 채 팀을 떠났다. 마크는 강등 위기에 놓인 클럽에 부임해서 몇 달 만에 그 상황을 반전시키고 팀에 새로운 에너지를 불어넣었던 존재였다. 그런데 갑자기 새 시즌 초반에 부진했다는 이유로 클럽이 그를 경질한 것이었다.

그 일은 내 인생을 바꿔놨다. 마크와 나는 아주 특별한 관계를 맺고 있었다. 내가 당한 그 많은 부상에도 불구하고 끝까지 나를 믿어준 사람이 다름 아닌 그였다. 나는 그런 그를 클럽이 그런 식으로 대우한다는 것이 부당하다고 생각했다. 축구계에 몸담으면서 내가 그런 식의 일을 직접 목격한 것은 그때가 처음이었다. 지금의 나는 물론 축구계엔 그런 일이 언제든 일어난다는 것을 알고 있지만, 그 당시에 나는 르망이 마크에게 했던 일에 정말 큰 분노를 느꼈다.

오래 지나지 않아 르망은 마크의 대체자로 티에리 구데 감독을 임명했다. 그와 나의 관계는 처음부터 삐걱거렸다. 내 기억이 맞는다면, 그가 내게 처음으로 건넸던 한마디는 "그래, 니가 드록바냐? 흠"이었다. 나는 이제 막 부상에서 복귀했고, 나를 위해 모든 것을 해주었던 감독은 방금 경질당했고, 그 후에 새 감독이 새 스트라이커(다니엘 쿠쟁)를 한 명 영입하며 부임해서는 내가 아직 몸 상태가 완전하지 못하다는 것을 알면서 처음 건넨 한마디가 그런 식이었다. 그와 나의 관계는 어떻게 봐도 좋은 시작이었다고 보기 어려웠다.

구데 감독이 나에 대한 좋지 않은 소리를 많이 들었다는 것은 나도 알고 있었다. 그 이야기 중 일부분은 사실이었다. 당시 나는 아직 어렸고 미숙했다. 그러나 나는 그가 나에 관해 판단하기 전에 충분히 시간을 두고 직접 나를 지켜보고, 처음부터 그와 나 사이에 벽을 쌓고 관계를 차단하는 대신 우선은 긍정적인 관계를 만들기 위해 노력해봤어야 한다고 생각한다. 그 대신 그는 감독으로서의 권위를 내세우고 그와 나는 전혀 다른 입지에 있다는 것을 보여주고 싶어 했다. 그 점에 대해서도 나는 그때 나 역시 아주 프로답지 못하게 행동했다는 것을 인정하지만, 그는 처음부터 나에게 동기부여를 하고 나와 좋은 관계를 만들기보다는 나를 팀에서 제외시키고 싶어 했다.

나는 그런 부류의 사람들과 일하는 것에 능숙하지 못하다. 타인으로부터 좋은 면을 보기보다 부정적인 면을 보는 사람들 말이다. 나는 그가 나를 좋아하지 않는다는 것을 알았다. 그것은 아주 명백해 보였다. 그런 그에게 나 스스로가 믿고 있는 나의 능력을 증명하는 것은 쉬운 일이 아니었다. 그래도 나는 그렇게 해보고자 시도했다. 진심으로 내 전력을 다해 노력했다. 나는 포기하지 않고 진심을 다해 훈련을 받았지만 그는 계속해서 다니엘 쿠쟁을 선발로 기용했다. 나는 쿠쟁과 아무 문제도 없었다. 그는 지금도 나의 좋은 친구다. 다만 나는 적어도 한 번은 나에게 쿠쟁 대신 출전할 기회가 주어졌어야 한다고 생각한다. 계속해서 벤치만 달구는 대신 말이다.

그 시즌 말, 결국 오래 참았던 내 감정이 터지고 말았다. 그 무렵 나는 주로 교체멤버로 벤치에서 경기를 지켜봤지만, 그날은 아예 명단에서 제외됐다. 나는 울고 또 울었다. 분노와 절망, 이해할 수 없는 부조리한 현실에 대한 감정이 뒤섞인 눈물이 흘러나왔다. 르망에 입단한 후로 누군가가 나를 그런 식으로 대우한 것은 그때가 처음이었다. 그리고 그날의 일은 나의 기억 속에 영원히 남을 것이다. 나의 동료들(다니엘 쿠쟁도)은 나에게 다가와 날 위로하려고 애썼지만, 내 마음을 위로할 수 있는 것은 어떤 것도 없었다. 나는 새 감독이 나를 아예 팀 전력에서 사실상 제외했다는 것을 믿을 수가 없었다. 불과 몇 개월 사이에 나는 르망이라는 클럽에서 점점 성장하며 프랑스 축구계의 관심을 받고 있던 선수에서 아예 축구 선수로서의 커리어가 사라질 위험에 빠진 선수로 전락하고 말았다. 스물세 살의 나이에 내 축구 인생 전체가 큰 위험에 빠진 것이다.

축구 선수들에게 아주 중요한 것이 타이밍이다. 그 일이 있고 얼마 지나지 않아 내 축구 인생에 아주 큰 전기가 된 일이 발생했다. 매 시즌 말, 파리에서 축구 선수들이 모이는 만찬이 진행된다. 수백 명의 선수들이 모인 2001년의 그 자리에서 나는 우연히 전 르망 공격수 레지날드 레이를 만났다. 그는 내가 르망 아카데미 소속일 때 1군에서 활약하던 아주 뛰어난 재능을 가진 공격수였다.

그와 나는 훈련이 끝난 후에 따로 남아 함께 개인 훈련을 하기도 했다. 아카데미 시절 나는 그에게 선수로서, 사람으로서 아주 큰 존경심을 품고 있었다.

"어떻게 지내?" 그날 저녁 식사 자리에서 그가 내게 물었다.

"그리 좋진 않아." 나는 그렇게 말문을 열고 그동안 내게 있었던 일들, 새 감독이 나에게 아무런 관심이 없다는 것, 그리고 계약기간은 1년 남았지만 르망은 나와의 재계약에 관심이 없다는 것 등등을 털어놨다. 그와 같이 경험이 많고 르망의 환경에 대해 아는 사람과 나의 문제에 대해 털어놓으니 후련한 기분이 들었다. 그리고 그 자리에서 그는 내게 내 인생에 최고의 조언을 들려줬다. 그의 말이 내 인생을 구했다고 말해도 결코 과장이 아닐 것이다.

"드록바, 6개월 동안만 네가 가진 모든 것을 쏟아부어 봐. 6개월 동안 네 생활습관을 완전히 바꿔보는 거야. 외출도 하지 말고, 잘 먹고, 훈련에 전력을 다해. 몸이 안 좋을 땐 고통을 감추며 훈련받지 마. 만약 그렇게 6개월 동안 했는데도 불구하고 아무 효과가 없으면 그때 다시 나와 이야길 해보자. 그러나 그 6개월 동안에는 너의 열정을 모두 쏟아부어 봐."

그 후로 6개월 동안 나는 정확히 그의 말 그대로 했다. 내 생활습관을 바꾼 것뿐 아니라, 나는 감독이 내게 하는 모든 부정적인 말도 귀 기울여 듣지 않고 흘려보냈다. 나는 그런 말들이 내게 부정적인 영향을 끼치지 않게 하겠노라고 결심했다. 그가 나를 비판할 때마다 나는 '그래, 그럴 수도 있지'라고 생각하며 오히려 긍정적으로 반응하고자 애썼다. 나는 아주 새로운 방식으로 살기 시작했다.

그렇게 시작한 프리시즌은 아주 긍정적으로 진행됐다. 나는 부상 없이 프리시즌 전체를 보냈고(거의 처음으로), 그때까지의 어떤 프리시즌보다도 더 건강한 몸 상태를 유지한 채 시즌을 맞이하게 됐다. 나는 다시 교체명단에 이름을 올리기 시작했고 10분, 15분씩 경기에 투입되기 시작했다. 그리고 종종 득점을 올리면서 경기 결과에 서서히 영향을 미치기 시작했다. 그렇게 되니, 감독도 그 영향을 느끼지 않을 수가 없었다.

그러던 어느 날 감독이 내게 다가와 말했다.

"드록바, 넌 90분 내내 뛸 필요가 없어. 너 같은 선수의 경우엔 5분, 10분으로도 충분해."

"그럴 수도 있겠죠, 감독님. 그러나 전 90분 풀타임을 뛰고 싶습니다." 내가 그에게 대답했다.

"그래, 그러나 넌 그럴 필요가 없어. 어떤 선수들은 90분을 뛰면서도 경기에 아무런 영향을 못 미치기도 하지. 그러나 넌 그걸 10분을 뛰면서도 할 수 있어."

"알겠습니다. 그래도 전 90분 동안 뛰고 싶습니다." 내가 재차 그에게 말했다. 우리는 그 후로 몇 주 동안 그런 식의 대화를 나눴다.

당시 나는 5분을 뛰든, 10분, 20분을 뛰든 전력을 다해서 팀에 기회를 만들어줬다. 그것이 나의 강한 의지 덕분이었는지, 혹은 신이 내려준 행운 때문이었는지는 모르겠지만 나는 그 후로 내가 교체로 투입된 여섯 경기에서 모두 득점을 올렸다. 그 여섯 경기는 모두 프랑스 TV로 방송된 경기였다. 그 골 중 가장 기억에 남는 골은 내가 생테티엔을 상대로 15분 사이에 터뜨린 2골이었다. 생테티엔은 당시엔 2부 리그로 강등당한 상태였지만 한때는 프랑스 축구계 정상에 군림했던 클럽이다.

그로부터 얼마 지나지 않아 1월에 있는 겨울 휴식기에 1부 리그 클럽 갱강에서 내게 연락이 왔다. 그들은 막 소속 공격수를 파리 생제르망으로 이적시킨 후였고 1부 리그에 잔류하기 위해 강등권 경쟁을 하고 있는 상태에서 전 공격수와 비슷한 유형의 공격수를 구하는 중이었다. 그들의 눈에는 그게 나였던 셈이다.

그들의 말에 나는 아주 놀랐다. 나는 왜 그들이 2부 리그 클럽에서 교체선수로 뛰고 있는 내게 관심을 보이는지 이해할 수 없었다. 아마도 그들이 나의 잠재력을 높이 봤을 것이다. 그 무렵 나는 르망과 4년 재계약을 맺을 기회가 있었지만, 내가 원하는 만큼 출전시간이 보장되지 않았기 때문에 다른 기회는 없는지 지켜보고 있던 중이었다. 내게 가장 중요한 것은 경기에 나서는 것이었다.

이상하게도 갑자기 르망은 나를 지키고 싶어 했다. 르망의 회장이 직접 나서서 내게 르망에 남는 것이 더 좋은 선택이라는 것을 설득하려고 했다. 몇몇 주변 사람들은 내가 그 상태에서 1부 리그로 가는 것이 너무 무리한 도전이며 내가 결국 실패할 것이라고 걱정하기도 했다. 그러나 나는 망설이지 않았다. 바로 다음 날 나는 르망의 회장을 직접 찾아가서 그가 나의 잔류를 원할지 몰라도 나는 떠나고 싶다고 말했다. 이제 그들에게 남은 것은 내 에이전트 티에르노가 갱강과 협의를 하도록 나를 보내주거나, 나의 이적료를 한 푼도 받지 못할 각오를 하고 나를 반 시즌 동안 더 보유하거나 둘 중 하나였다. 르망의 회장도 그 상황을 잘 이해하고 있었다.

그러나 그때 막 아프리카 네이션스컵 참가를 위해 말리에서 머물고 있던 티에르노와 연락을 취하는 것이 쉽지 않았다. 장장 3일 동안 나는 그에게 연락을 취했으나 그는 감감무소식이었다. 다급해진 나는 머리를 썼다. 그때 랄라(미래에 나의 아내가 되는)와 나는 1999년부터 이미 함께 지내는 중이었다. 그녀의 아버지가 말리에 있다는 것을 떠올린 나는 그에게 전화를 걸어서 세네갈 팀 호텔이 어딘지를 알아봐 달라고 부탁했다. 결국 그 호텔을 알아낸 후에 나는 호텔로 전화를 걸어 세네갈 팀 감독 브루노 메츠에게 부탁한 끝에 티에르노와 통화를 할 수 있었다. 그는 내 말을 듣고는 곧바로 르망과 갱강 두 클럽 사이의 미팅을 주선했다.

겨울 휴식기 종료를 앞두고 있는 갱강은 아주 절박하게 나를 영입하고 싶어 했다. 그들은 4일 후에 열릴 메츠와의 경기에 곧바로 나를 투입시키고 싶어 했다. 티에르노, 파페에게 어떻게 대응하는 것이 좋은지에 대한 조언을 구한 나는 갱강으로 달려가서 직접 내 계약에 대해 그들과 논의했고 그로부터 얼마 되지 않아 양 클럽 간에 합의가 이뤄졌다.

이미 르망을 떠나도 되는 신분이 된 후에 나는 구데 감독으로부터 마지막 깜짝 선물을 받았다. 그는 내 이적 소식을 듣고 내가 드레싱룸에 출입할 수 없도록 했다. 팀 동료들과 인사조차 할 수 없게 된 것이다. 르망에서 4년을 지내면서 많은 선수와 알고 함께 지낸 나에게 작별인사를 할 기회조차 주지 않는 것은 실망스럽고, 한심한 처사였다.

그날 저녁, 나는 내 소유품을 모두 정리하고서(모두 집으로 돌아간 후에) 선수들 한 명 한 명에게 전화를 걸어서 이적 소식을 전하며 왜 내가 직접 만나서 작별인사를 하지 못했는지 털어놔야 했다. 어려서부터 고향을 떠나 새로운 곳으로 이주해서 지낸 경험이 많은 나에겐 그렇게 팀을 떠나는 것이 특히 더욱 가슴 아팠다. 나는 감정적인 사람이다. 현재도 그렇다. 나는 누군가에게 작별을 고하는 것을 좋아하지 않는다. 그것이 내 의지와 관계가 없고, 내가 원하는 방법이 아닐 경우에는 더더욱.

나의 아내와 아이들에 대해서는 이후의 장에서 다시 언급할 것이지만, 여기서 그들의 존재가 나의 인생을 얼마나 긍정적으로 만들어줬는지를 미리 한 번 언급하고 싶다. 나의 아내와 그녀가 키우고 있던 어린 케빈은 2000년 1월부터 나와 함께 살기 시작했고, 같은 해 12월에는 그녀와 나 사이의 아이인 이삭이 태어났다. 나는 책임감 있는 아빠이자 남편이 됐다. 아내 그리고 두 아이와 함께 사는 것은 (그리고 2002년 3월에 태어난 아름다운 딸 아이만까지) 그 당시 나에게 가장 완벽하고 안정적인 환경이었다. 그때 나는 24세였고, 남자로서도, 축구 선수로서도 점점 성숙해가고 있었다. 갱강으로 이적하는 것은 나와 내 가족 모두에게 최고의 선택이었다.

브루타뉴에서 보낸 18개월

| DIDIER DROGBA |

브루타뉴에서 맞이한 첫날 밤, 나와 내 가족은 역 근처의 호텔 한 방에서 모두 함께 묵었다. 갱강은 프랑스 1부 리그 팀이긴 했지만 부유함과는 거리가 먼 클럽이었다. 그러나 그런 것과는 관계없이 우린 행복했다. 우리는 새 도시에 금세 적응했고 우리의 새집은 작았지만 아름다운 집이었으며 그로부터 몇 달 후에 우리 사이의 딸 아이만이 태어났다. 그리고 나도 드디어 꿈꿨던 1부 리그에서 프로 선수로서 뛰게 됐다.

　나는 새 팀의 기 라콤브 감독과 처음부터 마음이 잘 맞았다. 르망에서 마크와도 그랬듯, 누군가 날 믿어주고 지지해주고 기회를 주자 나도 그들을 위해 전력을 다하고 싶어졌다. 그들을 실망시키고 싶지 않았고 그들이 내게 보여준 믿음에 보답하고 싶었기 때문이다. 그들의 생각이 옳았다는 것을 증명해주고 싶었다.

　새 팀에 도착한 지 이틀 후에 나는 그들의 계획대로 프랑스 반대편에 있는 메츠 원정에 합류했다. 새 팀에 적응하기 위한 시간 같은 것은 없었다. 한 가지 문제는 내가 그 경기를 앞두고 몇 주 동안 제대로 훈련을 하지 않았다는 것이었다. 그것은 그 무렵 프랑스 리그는 휴식기였기 때문이기도 했고 내가 르망을 떠날 마음의 준비를 하고 있었기 때문이기도 했다.

나는 갱강 팬들이 아주 좋아했던 공격수인 파브리스 피오레세(파리 생제르망으로 떠난)를 대체해서 갱강에 입단했다. 나에 대한 팬들의 기대가 아주 높은 것은 당연한 일이었다.

다행히도 라콤브 감독이나 대부분의 선수단은 나를 따뜻하게 환영해줬고 내게 아주 협조적이었다. 라콤브 감독은 나의 훈련 과정을 모두 지켜보거나 나에게 이렇게 해라, 저렇게 해라 일일이 지시를 하지는 않았다. 그는 나를 1군 경기에 곧바로 투입할 목적으로 영입했다. 그러므로 나도 빠르게 준비를 해야 했다. 나에게 가장 많이 도움을 준 동료는 플로랑 말루다였다. 그와 나는 내가 르망에서 뛰던 시절 이미 마주친 적이 있었다. 당시 그는 샤토루에서 뛰고 있었는데 그 후로 시간이 흘러 그와 내가 갱강에서 동료로 만나게 된 것이다. 말루다는 금세 나와 아주 가까운 친구가 됐다. 갱강 시절 초기에 그는 내게 항상 팀의 전술에 대해 조언을 해주면서 내가 어떤 때 전력질주를 하고 내가 언제 어떤 위치에 서 있어야 하는지 알려주곤 했다. 그는 훈련장이나 경기장 위에서만이 아니라 밖에서도 늘 나를 도와줬고 나는 그의 도움에 늘 고마움을 느꼈다.

말루다의 도움도 아주 큰 도움이 됐지만, 나는 곧 갱강의 선수단 전체가 내가 하부 리그에서 겪었던 것보다 훨씬 더 협조적이라는 것을 느끼게 됐다. 2부 리그의 경우, 많은 선수가 저마다 팀의 스타 선수처럼 행동하는 것을 나는 목격했다. 아마도 그것은 그들이 더 많은 사람에게 주목받고자 하는 마음에서 나온 것일 것이다. 그래서 더 좋은, 1부 리그의 클럽에 입단할 기회를 구하기 위해서. 그 이유가 무엇이었든지 간에 나는 갱강에서(그리고 훗날 마르세유와 첼시에서도) 진정으로 훌륭한 선수들은 오히려 더 겸손하고 협조적이라는 것을 알게 됐다. 마치 더 이상 증명할 것이 없는 사람들처럼.

메츠 원정에서 나는 마치 내 이후의 축구 인생이 그 경기에 달리기라도 한 것처럼 뛰었다. 그러니 전반 30분 만에 내가 이미 지칠 대로 지친 것도 이상할 것이 없었다. 우리는 0 대 1로 뒤진 채 하프타임을 맞이했고 나는 더 이상 무엇을 어떻게 할 힘이 없었다. 그러나 라콤브 감독은 나와 생각이 달랐다.

"그 정도론 부족하다, 드록바. 더 뛰고 더 보여줘야 한다."

'무슨 소리지?'라고 생각하면서 나는 고개를 끄덕였다. 겉으로는 그에게 동의하는 척하면서 속으로는 '더 이상 뭘 어떻게 하란 말이야? 그건 불가능해. 난 이미 내가 할 수 있는 모든 걸 다해서 탈진할 정도'라고 생각했다.

그러나 그의 말이 내 안의 무언가를 자극했다. 나는 후반전 2분 만에 그 경기에서 아주 중요했던 동점골을 터뜨렸고 결국 우리는 4 대 2 역전승을 거뒀다. 나는 그 경기에서 아주 큰 영향을 남겼고 심지어 프랑스의 유명 스포츠 신문인 〈르퀴프〉조차 그 경기에 대해 '드록바 페스티벌'이라는 표현을 쓰기도 했다.

그 경기 후로도 나는 라콤브 감독을 위해서 전력을 다했다. 그가 원하는 스트라이커로서의 모습을 보여주기 위해서. 그는 뛰어난 전술가였고 나에게 위치선정, 움직임 등에 대해 많은 것을 가르쳐줬다. 내가 입단한 후로 갱강의 성적이 완벽히 개선된 것은 아니었기에 그럴 때마다 그는 내게 와서 내가 아직도 충분히 좋은 활약을 하지 못하고 있다며 더 분발해야 한다고 촉구하기도 했다. 나는 그가 그렇게 말할 때마다 그대로 그를 받아들였다. 과거의 경우와는 달리 그의 비판은 감정적이거나 부정적인 것이 아니라 충분히 합리적이었기 때문이다. 그의 말은 나로 하여금 더 발전하고 싶다는 생각을 하게끔 만들었다.

나는 그 후로 12경기에서 3골을 득점했다. 그 기록은 아주 대단한 기록은 아니었지만, 나는 공격수로서 나의 경기력이 점점 좋아지고 있다는 것을, 그리고 내가 팀에 도움이 되는 존재라는 것을 느낄 수 있었다. 그러던 어느 날 나는 나의 집으로 온 익명의 편지 한 통을 받았다.

"고향으로 돌아가라, 이 바나나 먹는 놈아."

물론 모든 갱강의 팬들이 그렇게 생각하는 건 아니었을 것이다. 그러나 나는 그 편지의 내용이 너무 충격적이고 슬퍼서 오랫동안 그 편지지를 내 두 손에 쥐고 있었다. 그것이 내가 축구계에서 처음으로 인종차별을 겪는 순간이었다. 나는 왜 누군가가 나에게 그런 말을 하는지, 그리고 우리 팀에는 흑인 선수가 많았음에도 나를 지목해서 그런 짓을 하는지 이해할 수가 없었다.

처음엔 그 편지로 인해 많은 충격을 받았지만, 돌아보면 나는 그 편지가 오히려 내게 도움이 됐다고 생각한다. 그 편지로 나는 성공에 대한 더 강한 의지를 갖게 됐다. 나는 그런 사람들에게 나의 능력에 대해, 내가 이뤄온 성과에 대해 더 당당하게 보여주고 싶다고 생각했다. 그 사람은 아마도 나의 성과에 실망해서 가장 비열하고 저급한 방법으로 그 감정을 나에게 표현했던 것이다. 나는 내가 갱강에 처음 왔을 때부터 많은 팬이 "드록바가 누구야?"라고 수군대던 것을 잘 알고 있었다. 그도 그럴 것이 그들의 처지에서는 2부 리그에서 교체선수로 뛰던 선수가 그들이 아주 좋아하는 공격수의 대체자로 새로 입단한 상황이었다. 나는 내 능력을 입증해야 한다는 압박은 크게 느끼지 않았지만, 나와 다르게 생각하는 사람들이 있을 것은 자명한 사실이었다. 그 편지의 내용은 정말 실망스러웠지만, 결과적으로 그 편지는 묘한 방식으로 내 안의 열정에 기름을 끼얹은 셈이 됐다.

그 시즌 말, 나와 동료들은 1부 리그 잔류를 위해 아주 치열한 시간을 보냈다. 2부 리그로 강등당한다는 생각은 모두에게 상상도 하기 싫은 끔찍한 것이었다. 우리는 감독을 실망시키고 싶지도 않았지만, 더 중요하게는 팬들을 실망시키고 싶지 않았다. 2부 리그는 거칠고, 살인적인 태클이 넘쳐나는 곳이었다. 한 번 좋은 음식을 먹고 나면, 다시 이전에 먹던 형편없는 음식을 먹기는 힘든 법이다. 1부 리그에서 나는 훌륭한 수준의 축구와 더 많은 팬의 관심을 받았다. 그런 나에게 내가 오래 뛰었던 2부 리그로 다시 간다는 생각은 더더욱 하고 싶지 않은 것이었다. 갱강에 입단하며 막 1부 리그로 올라온 나는 다시는 2부 리그를 경험하고 싶지 않았다.

강등권 경쟁을 치르는 와중에도 우리 팀의 분위기는 아주 좋았다. 동료들 모두 나를 믿고 지지해줬다. 시즌 마지막 경기에서 우리가 트로예스를 1 대 0으로 꺾으며 잔류를 확정 지었을 때 (왜 그런 건지는 정말 잘 모르겠지만) 나는 팬티 바람으로 경기장 위를 뛰어다녔다. 나와 동료들은 그 정도로 행복했다. 우린 마치 챔피언스리그 우승이라도 차지한 것처럼 다 함께 기뻐했다.

그러나 그 기쁨은 오래 지속되지 않았다. 그로부터 얼마 지나지 않아 기 라콤브 감독은 스스로 사임을 발표했다. 그는 감독으로서 한 단계 더 위의 클럽이었던 소쇼의 감독직을 수락하며 새 출발을 하게 된 것이다. 그것은 물론 그를 위해서는 잘된 일이었지만, 나에겐 커다란 타격이었다. 라콤브 감독은 어느 날 프랑스의 한 방송국과의 인터뷰에서 다음과 같이 말했다.

"프랑스 축구계가 주목해야 하는 선수가 2명 있다. 그들은 조만간 프랑스 축구계의 미래가 될 것이다. 한 명의 이름은 플로랑 말루다, 다른 한 명의 이름은 디디에 드록바다."

그의 말을 듣고 나는 '나 말인가? 그가 말하는 게 정말 나인가?'라는 생각이 들었다. 그러나 시간이 흐른 뒤 그의 말은 사실로 드러났다.

라콤브 감독이 팀을 떠나면서 나는 르망 시절 마크가 떠날 때와 마찬가지로 나를 가장 지지해주고 내게 기회를 줬던 사람과 헤어지게 됐다. 그리고 그의 대체자로 팀에 부임한 베트랑드 마샹드 감독은 르망 시절 새 감독이 내게 그랬듯 나에게 부정적인 생각을 갖고 있었다. 나는 그가 나를 믿지 않았다고 생각한다. 적어도 라콤브 감독만큼은 아니었다. 다시 한 번 나는 '아직 몸을 더 끌어올려야 한다'는 연설을 듣게 됐다. 마샹드 감독은 이미 그가 스타드 렌 리저브 팀 감독이었던 시절에 나를 보고 내가 톱레벨 수준의 선수라고 말한 적이 있었는데도 불구하고 말이다.

그 전 시즌 치른 강등권 경쟁은 우리 팀을 아주 강한 조직력과 정신력을 가진 팀으로 만들어줬다. 새 감독이 부임한 후에도 내 동료들(심지어 나의 포지션 경쟁자인 다른 공격수들조차)은 나를 여전히 지지해주며 함께 잘 준비한 채 새 시즌을 맞이할 수 있도록 격려해줬다. 2002-2003시즌, 나는 전 시즌 우승팀 리옹과의 첫 경기에서 교체 멤버로 경기를 시작해서 팀이 1 대 3으로 뒤지고 있던 후반전 종료 20분을 남기고 경기에 투입됐다. 이 경기에서 르망에서 후반에 교체 선수로 투입되던 시절의 경험이 아주 큰 도움이 됐다. 나와 동료들은 경기 종료 3분을 남기고 2골을 터뜨렸고 그중 가장 중요한 동점골은 내 발끝에서 나왔다.

그 경기에서의 골을 시작으로 나는 앞만 보며 달렸고, 리그에서만 34경기에서 17골을 터뜨렸다. 프랑스 컵 대회에서는 3경기에서 4골을 넣었고 그 시즌 득점 순위에서는 3위로 시즌을 마쳤다. 그것은 그 시즌이 내가 프랑스 1부 리그에서 맞이한 첫 풀시즌이라는 점을 감안하면 결코 나쁘지 않은 결과였다. 나에게 놀라운 점이 하나 있었다면, 내게는 1부 리그가 2부 리그보다 득점하는 데 더 수월했다는 점이었다.

그것에는 여러 가지 이유가 있었다. 첫 번째는 1부 리그가 피지컬적으로 덜 거칠기 때문이었다. 그 때문에 1부 리그가 속도는 더 빨랐지만, 나는 더 많이 볼을 이어받고 내가 원하는 플레이를 할 수 있었다. 부상만 당하지 않는다면(그 시즌에 나처럼) 득점할 확률이 더 높았던 것이다. 또 다른 이유는 그 무렵 내가 전술적으로 경기를 읽는 눈이 더 좋아졌기 때문이었다. 또 1부 리그에서 경험을 점점 쌓아가면서 득점에 대한 눈이 더 좋아진 부분도 있었다. 마지막으로는 내가 티에리 앙리나 라울 같은 공격수들의 플레이를 보면서 그들이 수비수들이 바짝 붙은 상황에서 어떻게 그들을 제치고 슈팅을 이어가는지를 열심히 연구했기 때문이었다. 그중에서도 마지막 사항은 아주 결정적이었다. 시즌이 진행되면서 상대 수비수들은 점점 더 나를 경계하기 시작했고 밀착마크하기 시작했다. 그런 상황이었기 때문에 나에겐 그 상황을 극복할 수 있는 새로운 방법을 연구할 필요가 있었던 것이다.

안타깝게도 부상의 악령은 나에게서 아주 떠나지 않았다. 그해 가을 나는 발가락뼈가 부러져서 한 달가량을 경기에 나서지 못했다. 그러나 나는 그 부상으로 경기에 못 나서는 기간 중에 근육 운동에 더욱 열중했고, 그 결과 다시 경기에 나설 무렵에는 최고의 몸 상태를 만들 수 있었다. 그리고 그것이 거꾸로 내게 도움이 되기 시작했다. 그 후 8경기에서 나는 6골을 득점했다. 더 만족스러웠던 것은 그 시즌 겨울 휴식기가 다가올 무렵, 우리가 리그 1위 마르세유에 겨우 승점 1점이 적은 2위에 올라 있었다는 사실이었다. 그것은 갱강이라는 클럽에겐 정말 믿기 어려운 업적이었다. 우리는 너무 흥분하지 않기 위해 애썼지만, 팀 동료 중 몇몇은 유럽축구선수권대회(유로) 진출에 대해 언급하며 즐거워하기도 했다.

그 무렵 우리는 모두가 한뜻으로 서로를 돕는 아주 끈끈하고 효율적인 팀이었다. 그러나 겨울 휴식기가 끝나고 다시 리그가 재개되자 상대 팀들은 모두 우리의 스타일을 파악한 채 우리와의 경기에 임했고 우리는 눈 깜빡할 사이에 6연패를 당하고 말았다.

그중 첫 패배는 스타드 렌에 당한 패배였다. 그럴 수도 있다고 우린 생각했다. '질 수도 있지'라고 생각한 것이다. 그러나 3연패를 당한 후에 우리는 다시 상황을 호전시키기 위해 팀 미팅을 가졌다. "이번이 3연패째야. 다음 경기에선 반드시 이겨야 해. 바뀌어야만 한다고!" 다음 상대는 르 아브르였다. 그들은 분명 1부 리그에서 가장 어려운 상대는 아니었지만 우린 또 지고 말았다. 그리고 연달아 두 번을 더 졌다. 6연패. 우리는 순식간에 급전직하해서 리그 2위에서 하위권까지 처지고 말았다. 축구에서 한 팀의 운명이란 얼마나 빨리 바뀔 수 있는 것인가. 우리는 어느새 바로 전 시즌에 우리가 겪었던 강등권 경쟁을 다시 벌여야 할지도 모른다는 두려움에 휩싸이게 됐다.

그렇게 좋았던 팀 분위기가 한 번에 사라지고 다시 우리가 그 힘든 강등권 경쟁을 한다는 생각은 너무나도 괴로운 것이었다. 그리고 우리의 다음 상대는 리그 내 최고의 강적 중 하나인 파리 생제르망이었다. 당시 파리 생제르망에는 호나우지뉴가 뛰고 있었다. 전해 10월에 우리가 파리 생제르망 홈에서 벌인 경기는 우리의 굴욕적인 0 대 5 대패로 끝났고 그 경기를 부상 때문에 스탠드에서 바라본 내 마음은 특히 괴로웠다. 과거 그 팀에 입단할 뻔했던 내 이전의 경험을 생각하면 더욱 그랬다.

그렇게 그해 2월 22일 파리 생제르망전의 날이 밝았다. 그날은 아마도 갱강 서포터와 선수들의 마음속에 영원히 잊혀지지 않을 날일 것이다. 우리는 승리보다는 승점 1점에 대한 현실적인 목표를 안고 경기를 시작했다. 그러나 바로 그것이 축구가 환상적인 이유다. "마지막 휘슬이 울릴 때까지는 끝난 것이 아니다"라는 옛말이 그날 그 경기에서 현실이 됐다.

그 경기에 임하며 우리는 모두 승리에 굶주려 있었다. 팀의 주장은 지난번 0 대 5 대패의 설욕을 갚아주자며 우리의 투지를 보여주자고 강조했다. 우리는 그럴 마음가짐이 되어 있었다. 선수입장 터널에서 나는 TV 방송국과의 인터뷰에서 우리의 가장 큰 목표는 이른 시간에 선취골을 득점하는 것이라고 말했다. 아이러니하게도 그 경기에서는 정말 이른 시간에 득점이 나왔다. 단, 우리의 골이 아니라 파리 생제르망의 골이었지만 말이다. 전반 20분이 되기도 전에 우리는 0 대 1로 끌려가기 시작했다.

그 골은 단순한 한 골이 아니라, 그 시즌 프랑스 1부 리그 '이번 시즌 최고의 골'에 선정된 골이었다. 센터라인 부근에서 볼을 받은 호나우지뉴는 제롬 르로이와 가볍게 원투 패스를 주고받은 후에 갱강 선수단 중 절반을 모두 제친 후에 득점에 성공했다. 그 골을 내준 후 우리 선수 중에는 실망하고 분노한 선수들도 있었지만 나는 그 골에 감탄이 나올 뿐이었다. 상대 선수의 골에 손뼉을 칠 수는 없는 노릇이지만, 내 마음속에서 나는 이미 그에게 박수를 보내고 있었다.

'오, 저 골은 정말 멋진 골인데. 믿을 수 없을 만큼 멋져.'

하프타임에 우리는 절대 경기를 포기하지 말고 강한 정신력을 안고 싸워야 한다고 이야기했다. 그러나 후반전 10분 만에 파리 생제르망은 한 골을 더 득점했다. 그때까지 나에게도 몇 차례 득점 찬스가 있었지만 내 슈팅은 모두 골문을 아깝게 벗어나거나 상대 골키퍼의 선방에 막혔다. 우리가 점점 골에 가까워지고 있던 중에 피오레세(내가 갱강에 입단하기 직전에 파리 생제르망으로 떠났던)가 세 번째 골을 터뜨릴 뻔했으나 무산됐다. 만약 그의 슈팅이 골로 이어졌다면 아마도 그날의 승부는 그대로 끝났을 것이다.

그러나 불가사의한 이유로 나와 동료들은 끝까지 그 경기를 포기하지 않았다. 우리는 서로를 격려하며 '포기하면 안 된다. 지더라도 끝까지 싸우고 져야 한다'라고 되새겼다. 그리고 몇 분 후에 우리는 마침내 수비수 오리올 길롬의 멋진 헤딩슈팅으로 추격골을 성공시켰다. 길롬은 그 후 멋지게 뛰어올라서 공중제비를 돌며 세리머니를 했고 그의 그런 모습이 우리 모두에게 힘을 줬다.

몇 분 후인 후반 23분, 나는 기어코 동점골을 성공시켰다. 우리 홈 구장은 폭발할 듯했다. 루도루 스타디움은 작고, 입장인원도 1만

6000명에 불과한 곳이지만 경기장 밖의 아파트나 높은 건물 발코니에서도 우리 경기를 지켜보는 사람들로 가득했다. 동점골이 들어가는 순간, 경기장 안에서나 밖에서나 우리를 응원하는 소리로 떠나갈 듯했다. 그때까지 난 한 번도 그런 엄청난 응원의 소리를 들어본 적이 없다.

그 골은 그 경기의 마지막 골이 아니었다. 후반전 44분, 파리 생제르망이 이제 막 쉬운 골찬스를 놓친 후에 나는 사치에게서 나에게 날아든 크로스를 잘 받아낸 후에 결국 아무도 예상하지 못했던 역전 결승골을 터뜨렸다. 나는 곧 유니폼 상의를 벗어 던지고 동료들과 함께 춤을 추며 그 순간을 즐겼다. 그날의 승리는 정말 만족스럽고 달콤한 것이었다. 나 개인적으로는 수년 전에 그들이 나와의 계약 과정에서 했던 일들이 여전히 기억에 생생했던 참에 내가 그들을 상대로 터뜨린 동점골과 역전골이었다. 또 나는 크리스마스 이후로 그때까지 득점이 없었기에 다시 득점포를 가동하고 싶은 마음이 굴뚝같았다. 갱강이라는 팀에게 있어 그 경기에서의 승리는 더욱 값진 것이었다. 4개월 전 우리는 그들에게 굴욕적인 패배를 당했고 우리는 갱강 같은 작은 클럽도 파리 생제르망 같은 명문 구단을 이길 수 있다는 것을 보여주고 싶었다. 또 현실적으로 우리는 가파르게 하위권으로 떨어지고 있었기 때문에 분위기를 반전하고 비판론자들을 잠재울 수 있는 승리가 절실했다.

그 시즌의 마지막 경기였던 리옹 원정경기 역시 다른 이유 때문에 내 기억 속에 생생하게 남아 있다. 그 경기는 우리가 막 AS 모나코에 홈에서 3 대 1 승리를 거둔 직후의 경기였고, 그 전에 우린 마르세유와 스타드 렌을 상대로도 승리를 거둔 적이 있었다. 우린 다시 상승

세를 타고 있었고 특히 모나코를 상대로 거둔 승리 후(그 시즌 우리의 마지막 홈 승리) 우리는 팀 호텔에서 오랫동안 파티를 벌였다. 그날 밤의 파티는 아주 열광적인 것이었고 다음 날 오후에 눈을 뜨자 아내는 나에게 "도대체 무슨 일이 있었던 거예요?"라고 묻기도 했다. 어찌 됐든 그 파티를 벌인 것이 주중의 일이었고 리옹전은 주말에 예정된 경기였다.

우리가 모나코를 이기면서 리옹은 리그 우승을 확정 지었다. 그러나 그들은 마지막 경기까지 그들이 리그 최강자임을 보여주고 싶어 했다. 경기가 시작되기 직전에 드레싱룸에서 나와 동료들은 서로를 보며 "얘들아 우리가 오늘 0 대 7, 0 대 8로 져도 그건 특히 누구의 잘못이 아니잖아. 그날 파티에는 감독님도 있었으니까. 맞지?"라는 식으로 대화를 나눴다.

"그런 말을 왜 하는 거야?" 내가 대답했다.

"우리는 오늘 경기도 이길 거야."

그 경기에서 우리의 사기는 하늘을 찌를 듯했고 경기력 역시 마찬가지였다. 결국 그날 우리는 리옹에 4 대 1 대승을 거뒀다. 플로랑 말루다가 2골을 터뜨렸고 내가 다른 2골을 기록했다. 결국 우리는 그 시즌을 리그 7위로 마감했다. 그 순위는 챔피언스리그 진출권을 획득할 수 있는 4위에서(당시 기준으로) 겨우 3위 아래의 순위였다. 그것은 전 시즌 강등권 경쟁을 했던 우리의 모습이나 시즌 중반 6연패를 당할 때의 사기를 생각하면 분명히 대단한 성과였다.

그 경기가 중요했던 이유는 당시 리옹이 프랑스 리그 챔피언이었고, 유럽 대회에서도 좋은 성적을 내고 있었기 때문에 그 경기를 유럽의 많은 사람이 봤기 때문이다. 그 경기가 끝난 후 며칠 만에 나는 리옹과 마르세유에서 나에게 관심을 갖고 있다는 소식을 전해 들었다. 2부 리그 교체 선수에서 프랑스 리그 최고 명문 두 클럽이 나에게 관심을 보일 때까지 그것은 아주 순식간에 벌어진 일이었다. 나는 생각했다.

'그래, 축구계라는 것이 이런 거구나. 일단 한 팀에서 나에게 관심을 보이니 다른 팀들도 모두 나에게 주목하고 내 이름이 신문에 오르내리고 갑자기 모두가 날 원하는 거야.'

그 두 클럽 중에서 내가 어떻게 한 클럽을 선택했을까? 나는 나의 직감에 따랐다. 순수하고 간단한 방식이었다. 파페 디우프는 나에게 마르세유가 잘 어울리지 않을 것 같다고 생각했다. 그는 아주 솔직하게 나에게 마르세유에 입단한 많은 선수의 예를 들며 그 팀은 적응하기 쉽지 않은 팀이라고 조언해줬다. 팬들의 기대도 아주 높고, 포지션 경쟁도 아주 치열하다. 그러나(나에겐 아주 중요한 '그러나'였다) 마르세유는 내가 가장 좋아하는 팀이었다. 그때까지의 내 인생에서 나는 늘 마르세유의 아주 열성적인 팬이었다. 나는 이성적으로 생각하려고, 감정을 따라서 선택하지 않기 위해 애썼다.

반면 리옹은 당시 프랑스에서 가장 성공적이고 뛰어난, 매년 챔피언스리그에 진출하는 팀이었다. 그렇다면 리옹으로 가는 것이 내게 더 좋은 선택이진 않았을까?

리옹의 회장 장 미셸 올라스는 아주 품위 있고 믿을 수 있는 신사였다. 그는 또 현명하며 내가 그를 떠올릴 때마다 미소를 지을 수 있는 좋은 사람이었다. 그는 회장으로서 어떻게 선수들과 지내야 하는지를 잘 알고 올바르게 행동하는 법도 알고 있었다. 언젠가 한번 그는 내 아내에게 아름다운 꽃을 보낸 적이 있는데 아내는 그의 그런 사려 깊은 호의에 감동을 받곤 했다. "리옹으로 가는 게 좋을지도 모르겠어." 그녀는 말했다. 그의 그런 행동은 선수뿐만 아니라 선수의 가족들로 하여금 리옹이 선수의 가족까지 챙기는 클럽이라는 것을 느끼게 하는 것이었다. 플로랑 말루다는 리옹을 선택했고 그가 그 팀을 선택했다는 사실 역시 나로 하여금 리옹으로 가는 것을 더 매력적으로 보이게 만들었다.

그러나 회장과는 달리 당시 리옹의 감독 폴 르 구엥은 나에게 큰 관심이 없었다. 오히려 그 반대였다. '우리 팀엔 이미 이 공격수가 있고, 다른 공격수도 있는데 또 다른 공격수도 한번 찾아볼까?' 이런 식이었다고 할까?

그는 나에게 리옹으로 가는 것이 좋은 선택이라는 확신을 전혀 주지 못했다. 나에게 '어쩌면' '아마도'라는 말을 하는 것 자체는 이미 미래에 발생할 상황에 대한 핑곗거리를 만드는 것처럼 들렸다. 미래에 "내가 예전에 자네를 그렇게 원한 건 아니었잖나"라고 말할 핑계 말이다. 그런 상황에서 그가 이끄는 리옹에 내가 잘 어울릴지에 대한 확신이 나는 없었다. 결론적으로 리옹의 회장은 날 강하게 원했지만 감독은 아니었다.

반면 마르세유의 알랭 페린 감독은 나에게 직접 전화를 해서 그가 나를 어떻게 활용할 계획인지까지 밝히며 날 설득했다.

"자네가 꼭 마르세유에 왔으면 하네. 난 자네를 미도와 함께(막 마르세유에 입단한 이집트 출신 공격수) 1옵션 공격수로 쓸 생각이야."

그는 내게 내가 마르세유에 입단한 후의 상황에 대해 아주 구체적으로 상상할 수 있게끔 만들어줬다. 그것이 내 마음을 굳히는 데 충분한 동기가 됐다. 또 하나 개인적인 이유가 있었다면 나는 마르세유에 대한 내 개인적인 감정에도 귀를 기울였다. 언젠가 미래에 내 커리어를 돌아볼 때 '내가 마르세유 선수였다'는 생각을 하고 싶었다.

다른 나라의 축구팬들에겐 잘 이해가 되지 않을지 모르지만 프랑스에서 흔히 롬므OM라고 불리는 마르세유는 아주 상징적인 클럽이다. 나는 그 클럽 역사의 일부분이 되고 싶었다. 마르세유로 이적하는 것은 내게 큰 특권이었고 소년 시절부터 품었던 꿈을 이루는 길이었다.

리옹의 장 미셸 올라스 회장은 마지막 순간까지 날 영입하기 위해 노력했다. 내가 이미 마르세유로 가기로 결심했다고 말한 이후에도 그랬다. 그는 자신의 상담 고문이자 전직 공격수였던 베르나르드 라콤브를 내가 아프리카 네이션스컵 참가를 위해 머물고 있던 아비장까지 보내면서 내 마음을 돌리려고 했다. 우리는 팀 호텔 로비에서 좋은 대화를 나눴고 그는 정말 설득력이 넘치는 남자였다. 그는 리옹으로 돌아가기 전에 나에게 내 이름이 새겨진 리옹의 11번 유니폼을 선물했다. 그 선물은 아주 영리한 것이었고 또 아주 고마운 것이었다.

그러나 나는 이미 마음을 굳힌 후였고 내 마음을 돌릴 수 있는 것은 어떤 것도 없었다. 나를 사랑해주는 팬들과 동료들이 있는 갱강을 떠나는 것은 아주 슬픈 일이었지만 나는 내가 이 기회를 놓쳐선 안 된다는 것을 잘 알고 있었다. 어느새 내 나이 스물다섯이었다. 나는 좀 더 앞으로 나아가야만 했다.

| DIDIER DROGBA |

갱강은 프랑스 북서부 브루타뉴 지방에 있는 인구가 8000명에 불과한 작고 조용한 도시다. 마르세유는 그와 정반대다. 마르세유는 지중해 연안에 자리한 항구도시로 85만 명의 인구가 살고 있는 프랑스에서 두 번째로 큰 도시다. 마르세유는 또 다양한 나라에서 모여든 사람들이 살고 있는 다문화적인, 시끌벅적한 분위기로 유명한 도시다. 갱강은 팬의 대부분이 지역주민들인 데 반해 마르세유는 전 세계에 팬을 보유하고 있다. 내가 마르세유에 입단했을 당시, 갱강의 홈구장 입장정원은 1만 6000명이었고 마르세유의 스타드 벨로드롬은 약 6만 명이었다. 두 클럽은 그만큼 큰 차이가 있었다.

나의 마르세유 이적은 내가 국가대표팀 일정을 소화하고 있던 중에 확정됐다. 그래서 나는 국가대표팀 경기를 소화한 후 곧바로 마르세유의 프리시즌 훈련 캠프로 합류했다. 그 훈련 캠프는 아이러니하게도 갱강과 그리 멀지 않은 브루타뉴 지방에 있었다. 나는 훈련 캠프에서부터 이미 편안한 기분으로 훈련에 임할 수 있었다. 나는 당시 팀의 주장이자 스위스 국가대표였던 파비우 셀레스티니와 함께 방을 썼고 그는 내게 새 감독의 전술적인 특징이나 인간적인 면모에 대해 자세히 알려줬다.

그는 또 내게 그 외에도 많은 조언을 해줬다. 나 자신다운 플레이를 하고 나답게 굴면 된다고. 그의 말은 나를 더욱 편하게 만들어줬다. 나는 어디에나 있는 마르세유의 팬들을 보며 놀랐다. 그 팬들의 모습에서 나는 그 전까지 어떤 클럽에서도 느낄 수 없었던 전혀 다른 수준의 기대와 열정을 느낄 수 있었다.

나에게 운이 좋았던 점이 하나 더 있었다. 내가 이적한 후로 팬들이나 언론의 관심은 내가 아니라 다른 선수에게 쏠렸다. 1200만 유로(약 150억 원)의 이적료에 이제 막 아약스를 떠나 마르세유로 입단했던 공격수 미도였다. 그는 그 이적으로 이집트 역사상 가장 비싼 몸값의 선수가 됐고, 자연스럽게 팬들은 갱강에서 온 이름을 어떻게 발음해야 하는지도 모르는 선수(나)가 아닌 미도에게 집중했다. 그리고 난 그게 훨씬 더 편했다. 나는 외부로부터 특별한 압박을 느끼지 않았다. 물론 나 스스로 갖고 있는 기준을 달성해야 한다는 내부적인 압박감은 있었지만. 내가 과연 이 팀을 위해 잘 뛸 수 있을까? 나는 이제 명문 구단의 일원이 됐고 그것은 전혀 새로운 느낌이었다. 나는 겉으로는 내가 팀에 잘 적응하고 있는 것처럼 행동했지만 마음속 한구석에서는 나와 내 동료들이 어딘가 다르다고 느끼고 있었다. 마치 수면 위에서는 자연스럽게 헤엄치는 것처럼 보이지만 수면 아래에서는 미친 듯이 발길질을 하고 있는 백조처럼. 그게 내가 마르세유 입단 초기에 느낀 감정이었다. 동료들과 발을 맞추기 위해 미친 듯이, 그러나 티 나지 않게 노력하면서.

그러나 내가 느낀 그 감정은 내 동료들 때문은 결코 아니었다. 그들은 믿을 수 없을 정도로 따뜻하게 나를 반겨줬다. 마르세유에 입단하기 전에 나는 그 정도의 팀에서 뛰는 선수들이라면 모두 강한 개성을 갖고 다른 사람들에 대해 별로 신경을 쓰지 않는 선수들일 것이라고 생각했다. 그러나 내 예상은 완전히 빗나갔다. 그곳의 선수들은 오히려 더 팀의 분위기를 중요하게 여기고 행동했다. 그들에게 팀의 조직력은 핵심적인 요소였던 것이다.

그들의 그런 모습은 마르세유로 돌아와서 가진 첫 번째 훈련에서 잘 드러났다. 그날은 8월의 아주 더운 날이었고, 나는 프리시즌을 그들과 함께 보내지 않았기 때문에 다른 선수들만큼 몸이 올라오지 않은 상태였다. 나는 너무 뜨거운 햇볕 아래서 팀 러닝을 끝까지 소화하지 못하고 너무 지쳐서 잠시 쉬고 있었다.

그러자 팀의 수비수였던 조니 에커가 내 상태를 알아보고는 내 옆에 다가와서 "괜찮아 드록바, 천천히 뛰어보자"라고 말했다. 그러나 그래도 내가 더 이상 뛸 수 없다는 걸 알게 되자 그는 선수단 전체를 멈춰 세우고는 말했다.

"괜찮아, 드록바. 그럼 네가 천천히 먼저 뛰어봐. 우리가 널 따라갈게."

그리고 그와 마르세유의 새 동료들은 정말로 내 뒤에서 내 속도에 맞춰 날 따라서 뛰기 시작했다. 나는 그들의 그런 모습에 큰 감동을 받았다. 다른 팀에서였다면, 특히 하부 리그에서는 그런 일은 상상도 할 수 없는 것이다. 팀 러닝을 할 때 한 선수가 뒤처지면 그는 그대로 뒤처지고 나머지 선수들은 계속 뛰는 것이 보통이다. 팀 동료 한 선수를 위해 기다려주는 동료란 찾아보기 어렵다.

그 일을 포함해서 나는 처음부터 마르세유에서 내가 환영받고 있고 모두 날 진정으로 배려해준다는 것을 느꼈다. 나는 알랭 페린 감독과도 잘 맞았다. 그는 엄격한 면도 있었지만 좋은 사람이자 좋은 감독이었다. 그는 선수들에게 자신이 무엇을 원하는지를 분명히 전달했고, 그 후에 선수들에게 그것을 경기장 위에서 보여줄 기회를 주는 감독이었다.

그는 경기장 위에서 벌어지는 일들과 그 결과에 대해 선수들에게 책임이 있다는 것을 분명히 했다.

"경기장 위에서 뛰는 건 너희지, 내가 아니다." 그는 종종 그렇게 말했다. 나는 감독으로서 그의 스타일을 거스 히딩크 감독과 비슷하다고 생각하는데, 당시 프랑스에서는 그런 스타일이 흔하지 않았다. 그래서 그는 종종 좀 더 평범한 스타일의 감독들에게 익숙한 일부 선수들과 문제를 겪기도 했다. 감독이 좀 더 정확하게 선수들에게 일일이 지시를 내려주는 그런 스타일에 익숙한 선수들 말이다. 그러나 나는 선수들이 일단 어느 정도 경지에 다다르고 나면, 반드시 선수들이 스스로 무엇을 해야 하는지를 알아야 한다고 생각한다. 감독이 큰 방향에서 지시를 내릴 순 있지만, 경기를 뛰는 건 선수들이다. 그러므로 결과에 대해 책임을 져야 하는 것 역시 선수들이다.

알랭 페린 감독의 스타일은 나와 잘 들어맞았다. 그리고 그는 나에게 스스로 했던 약속도 철저히 지켰다. 나를 영입하고 싶다고 말할 때 나를 최전방 공격수로 기용할 계획이라는 약속 말이다. 그는 내게 내 능력을 보여줄 기회를 줬다. 나는 프리시즌 중에 가진 친선경기에서 이미 득점을 올리기 시작했고, 시간이 가면서 점점 더 나아지기 시작했다.

인생에는 묘한 우연이 발생하는 법이다. 마르세유 선수로서 내가 가진 첫 번째 공식 경기 상대는 다름 아닌 갱강이었다. 그것도 갱강 홈구장인 로도루 스타디움에서 열린 원정경기였다. 갱강을 떠나며 마르세유와 계약을 맺은 것이 얼마 되기도 전에 나는 마르세유 선수로서 갱강을 무너뜨려야 하는 역할을 부여받게 된 것이다. 그 경기에서 나는 결국 득점하지 못했지만, 나의 옛 동료들과 옛 홈팬들을 마주하는 것은 쉬운 일이 아니었다. 그들은 내가 경기장에 들어서자 나에게 믿기 어려울 정도로 따뜻한 환영을 보내줬다. 나는 경기 내내 감정적이 되지 않도록 애썼다. 그렇게 하지 않았다면 경기에 100% 집중할 수 없었을 것이다. 그러나 정말 솔직한 마음으로, 나는 갱강을 떠났다는 사실에서 느끼는 슬픔과 동시에 이제는 내가 마르세유의 선수라는 사실에 자부심을 느끼기도 했다.

마르세유는 내게 내가 가장 좋아하는 등번호 11번을 부여해줬다. 과거에 마르세유의 11번 유니폼은 프랑스와 맨체스터 유나이티드의 레전드인 에릭 칸토나가 사용했다. 그러니 이제 그의 뒤를 이어 내가 그 유니폼을 입었다는 것은 나에겐 아주 좋은 징조처럼 여겨졌다. 마르세유 홈구장인 스타드 벨로드롬에서 가진 데뷔전에서 나는 행복한 마음을 억지로 억누르기 위해 고생을 했다. 경기에 집중하기 위해서. 나는 지금도 그날 그 경기장 한구석에 있던 나의 사진과 그 아래 "드록바, 우리를 위해 골을 넣어줘요"라고 적힌 문구가 있는 배너를 들고 있던 팬들의 모습을 기억하고 있다.

나를 열정적으로 응원하는 팬들의 모습, 그 아름다운 경기장에서 뛴다는 행복감, 그 클럽과 그들의 역사에 대해 아는 상태에서 내가 이제 그 일원이 된다는 자부심 등은 내게 아주 큰 동기부여가 됐다.

마르세유에 입단하는 외국 선수들도 이미 마르세유라는 클럽의 위대한 역사에 대해 대부분 알고 오지만, 프랑스에서 선수생활을 해본 선수들에게 마르세유는 더욱 특별한 존재다. 마르세유에서 뛰는 동안 나는 홈경기마다 6만 명의 팬들 앞에 나가기 직전의 선수입장 터널에서 말로 설명하기 어려운 벅찬 감정을 느끼곤 했다. 마치 내가 그 하늘색 유니폼을 입고 있는 것이 거의 가상현실 같은 느낌. 그곳에서는 모든 경기가 첫 경기처럼, 모든 경기가 아주 특별하게 느껴졌다.

나의 첫 골은 8월에 스타드 렌 FC와의 경기에서 나왔다. 홈경기에서의 첫 골은 그 바로 다음 경기인 소쇼전에서였다. 그 후로 나는 득점을 할 때마다 코트디부아르와 프랑스 내 코트디부아르 커뮤니티에서 유명한 춤을 췄다. 시즌이 계속되면서 나의 그 춤은 일종의 트레이드마크가 됐고, 팬들 역시 내가 그 춤을 추는 것을 좋아했다.

소쇼전에서 골을 넣은 지 얼마 되지 않아 내 축구 커리어에 아주 중요한 경기가 있었다. 나의 챔피언스리그 데뷔였다. 우리는 8월에 이미 오스트리아 빈을 꺾고 챔피언스리그 조별 라운드에 진출했다. 우리와 같은 조에 속한 팀들은 파르티잔 벨그라데, 포르투, 그리고 레알 마드리드였다. 그리고 우리의 첫 번째 경기는 레알 마드리드의 홈 산티아고 베르나베우에서 열렸다. 당시 레알 마드리드에는 세계 최고의 선수들이 모여 있었다(믿기 어려울 정도로). 주장 라울, 지단, 호나우두, 피구, 카시야스 그리고 그해 맨유를 떠나 레알 마드리드에 입단한 데이비드 베컴까지.

축구의 성지라고 해도 과언이 아닌 산티아고 베르나베우에서 뛰는 것은 정말 특별한 경험이었다. 그 전까지 챔피언스리그는 내가 매주 화요일, 수요일마다 친구들과 함께 보는 대회였다. 우리는 친구들과 함께 TV 앞에 앉아 피자를 사다 놓고 어떤 팀이 이길지 내기를 하며 그 대회를 지켜보곤 했다. 그리고 챔피언스리그의 그 웅장한 주제가를 들을 때마다 감탄을 하곤 했다. 산티아고 베르나베우에서 선수로서 위대한 선수들과 나란히 서서 그 주제가를 듣는 순간 나는 정말 소름이 돋는 것을 실감했다.

'내가 해냈어, 내가 해냈다고.' 나는 생각했다. 여전히 반쯤은 그 순간이 마치 꿈같다고 생각하면서.

이상하게도, 아니 어쩌면 오히려 자연스럽게도 나는 그날의 경기에서 긴장하거나 주눅 들기보다 묘하게 차분한 마음으로 경기를 가졌다. 마치 내가 나의 동료들이나 나 자신에 대해 아주 강한 믿음을 갖고 있는 것처럼. 어쩌면 그것은 내가 마침내 유럽 축구 최정상의 대회에 발을 디뎠다는 생각에서 오는 만족감이었거나, 혹은 불과 3일 전에 당한 부상으로 그 경기에 나설 수 없을 수도 있었지만 결국 뛰게 됐기 때문에 온 안도감 때문이었을 수도 있을 것이다.

레알 마드리드 원정경기를 3일 앞두고 나는 발목을 삐끗하며 훈련을 중단했고 바로 하루 전까지만 해도 아직 고통을 느껴서 훈련을 소화하지 못했다. 나는 운이 아주 좋았다. 경기 당일에서야 비로소 경기에 나서도 괜찮다는 진단을 받은 것이다. 만약 내 몸 상태가 빨리 회복되지 않았다면, 페린 감독은 절대 날 기용하지 않았을 것이다. 그것을 생각하면, 그 경기에서 내가 전반전 20분 만에 골을 터뜨린 것은 더욱 놀라운 일이었다. 나는 기쁨에 가득 차서 코너 플래그 근처로 달려가 동료들과 기쁨을 나눴다. 마르세유 팬들은 기뻐서 펄쩍 뛰었지만, 레알 마드리드 팬들의 분위기는 정반대였다. 나는 그 팬들 사이에서 원숭이를 흉내 내는 사람들의 모습을 발견했다. 물론 그렇게 한 사람들은 소수에 불과했지만, 나는 그 모습에 충격을 받았다. 나는 그 순간에 내가 느꼈던 감정을 아마 영원히 잊지 못할 것이다.

'레알 마드리드 같은 위대한 팀에도 저런 팬들이 있구나.'

그날의 경기는 결국 레알 마드리드의 갈라티코Galactico ('은하'라는 뜻의 스페인어로 세계적 스타들을 영입해 마케팅을 활성화하려는 정책-옮긴이)의 4 대 2 승리로 끝났지만 우리는 충분히 좋은 경기를 펼쳤고 그 경기력을 그대로 이어나가서 다음 경기였던 파르티잔 벨그라데전에서는 3 대 0, 대승을 거뒀다. 그 경기에서도 첫 골의 주인공은 나였다. 나는 나 자신의 골이나 우리 팀의 경기력에 큰 만족을 느꼈다.

레알 마드리드와의 경기가 끝난 후 나의 가족과 친구들이 하나같이 연락을 해왔다. 가족 중에는 전화를 해서 감정에 북받쳐 눈물을 흘리는 사람도 있었고 친구들은 흥분을 감추지 못했다.

"네가 챔피언스리그에서 뛰다니 믿을 수가 없다. 직접 뛰어보니까 어때?"

그 친구들의 말 그대로, 나 역시 내가 챔피언스리그에서 뛰었다는 걸 믿을 수가 없었다.

"글쎄. 그게… 정말 좋았어!"

그리고 나는 갑자기 웃음이 나기 시작했다. 프랑스 2부 리그에서 뛰는 것이 챔피언스리그 경기보다 오히려 더 힘들었다는 생각이 든 것이다. 챔피언스리그에서 중요한 것은 기술과 타이밍, 축구 지능, 힘의 조절, 상대 팀의 흐름을 파악하는 능력 등이다. 경기를 읽는 눈이 무척 중요하다. 그리고 나는 그 무렵 바로 그런 점을 익히고 있었기 때문에 그것이 아주 어렵게 느껴지진 않았던 것이다.

그 후로 우리는 포르투와 두 차례 연속 챔피언스리그 경기를 치렀다. 포르투는 그 시즌 챔피언스리그 우승을 차지한 팀이었고 그 팀의 감독을 맡고 있던 감독은 다름 아닌 조세 무리뉴였다. 마르세유 홈에서 열린 포르투와의 첫 경기에서 나는 또 한 번 득점을 올렸지만 우리는 2 대 3 패배를 당했다. 그리고 포르투에서 열린 원정경기에서 우리는 1 대 0 승리를 거뒀다. 그들과의 경기에서 내게 가장 만족스러웠던 것은 첫 번째 경기에서 내가 우연히 들은 상대 수비수들의 말이었다. 그들은 "드록바를 막을 방법은 파울뿐이다"라고 말했다.

그들이 왜 그렇게 생각하는지는 알 수 없었지만, 그건 상대편 공격수로서 들을 수 있는 최고의 찬사였다.

그날은 내가 무리뉴 감독과 처음 만난 날이었다. 그는 경기가 끝난 후 터널로 날 찾아와서 프랑스어로 나에게 너처럼 축구를 하는 사촌이 있느냐고 물었다.

"아, 사실 아프리카에 저보다 훨씬 잘하는 형제들이 많습니다." 내가 농담을 꺼냈다.

"언젠가 내가 자네를 영입할 여유가 생기면 꼭 자네를 영입하겠네." 그는 말했다. 그리고 우리는 각자의 길을 갔다.

그 후로 무리뉴 감독은 꾸준히 그의 스카우트를 내게 보내서(훗날 첼시 감독이 되는 안드레 빌라스 보아스) 내 경기를 지켜보고 그에게 보고하게끔 했다.

마르세유에 입단한 후로 내가 점점 더 좋은 활약을 펼칠 수 있었던 가장 큰 이유는 내 몸 상태가 전에 없이 최상의 상태였다는 것이었다. 그것은 단순히 훈련의 결과가 아니라 두 사람의 도움 덕분이었다. 그 두 사람은 스테판 르노와 파스칼 케루였다. 그 두 사람은 내가 갱강에서 뛰던 시절부터 나와 함께 일했고 최근까지도 함께했던 사람들이었다(파스칼은 몇 년 전에 떠나고 매튜 브로벡이 대신 왔지만).

그들은 처음엔 플로랑 말루다를 위해 일했다. 나는 말루다가 아주 힘든 경기 이후에도 아주 빠른 속도로 몸 상태를 회복하는 것을 보고 놀란 기억이 있다. 부상을 자주 당했던 나에 비해 말루다는 늘 건강하고 쌩쌩해 보였다. 나는 한 경기를 뛰고 나면 충분히 회복되는 데 5일이 필요했는데 그것은 공격수에게 결코 좋은 것이 아니었다. 한 경기를 뛰고 몸 상태를 회복하는 데 5일이 필요한 공격수를 좋아할 감독은 많지 않으니까. 나는 내 몸 상태를 개선할 필요가 있다는 것을 깨달았고 플로랑의 소개로 두 사람과 만나 내 몸 상태나 기술, 전술 등에 대해 조언을 얻기 시작했다.

르노는 체력코치이자 물리치료사로 부상 방지와 빠른 컨디션 회복 분야의 전문가다. 그는 스트레칭을 아주 잘 활용하는데 그는 필요할 때는 2~3시간 정도 같은 움직임을 반복시키면서 스트레칭을 하도록 지시한다. 그의 지시대로 스트레칭을 하면서 내 몸의 근육과 연조직을 회복시키는 것이다.

케루는 좀 더 학문적인, 과학적인 연구를 많이 했던 코치로 심리학, 생체역학 등의 전문가다. 그와 나는 처음 만났던 시절에 함께 몇 시간씩 경기 영상을 보면서 선수들의 움직임, 태클, 개인기 등에 대해 분석하곤 했다. 그것은 내가 유소년 아카데미에서 제대로 배운 적이 없는 것이었기 때문에 나에게 아주 큰 도움이 됐다.

또 나는 두 사람으로부터 상대 선수들의 몸동작을 읽어내는 법, 상대 수비수의 태클을 피하는 방법, 그들의 시선으로부터 벗어나는 방법, 짧은 순간에 그들을 속여 결정적인 한 장면을 만들어내는 방법 등을 배웠다. 몇 시간의 분석, 몇 시간의 훈련으로부터 배운 그것들은 훗날 나에게 아주 큰 도움이 됐다.

그 두 사람 외에 나는 접골사를 매주 한 번씩 만나 진단을 받았다. 내 주변에는 그것이 아무 의미 없는 행동이라고 생각하는 사람들도 있었지만 나는 그런 활동이 아주 큰 도움이 된다는 데 아무런 의심이 없었다. 갱강 시절 말미에 나의 피트니스 상태가 점점 좋아지면서 내 득점률도 좋아졌고 그 덕분에 축구 선수로서의 내 커리어가 점점 더 발전할 수 있었기 때문이다.

앞서 소개한 나의 피트니스 코치들은 단 한 번도 내가 소속된 클럽의 훈련 방식이나 정책에 어긋나는 조언을 한 적이 없다. 그들은 내가 그 후로 뛴 클럽 소속 코치들과 함께 최선의 방법을 찾기 위해 노력했고 나를 도와서 팀에도 도움이 될 수 있도록 늘 고민했다. 마이클 조던, 코비 브라이언트 같은 농구 스타들(내가 늘 존경해 마지않았던)이 개인 치료사를 두고 있었던 것과 마찬가지로 내가 썼던 방법은 이젠 다른 클럽의 정상급 선수들도 사용하고 있다. 축구계에는 여전히 정상급 클럽의 경우에도 세 명 정도의 치료사를 두는 클럽이 많다. 1군 선수들만 스물셋, 스물네 명의 선수들이 있는데도 말이다. 그런 경우에는 그 치료사들이 아무리 열심히 일한다고 해도 그들은 한 선수에 10분에서 최대한 20분 정도의 시간밖에 쓸 수가 없다.

큰 관점에서 보자면, 그것은 선수에 맞춘 것이라기보다는 팀의 방법을 선수에게 맞추는 접근 방식이다. 나는 십대 시절 늘 부상을 달고 살았던 내 몸 상태를 개선해서 내가 내 잠재력을 최대한 발휘하기 위해서는 좀 더 세분화되고 전문적인 관리가 필요하다고 생각했다.

그래서 나의 피트니스팀은 나를 따라서 갱강을 떠나 마르세유로 함께 갔다. 그리고 그들은 그 후로 첼시로도 나와 함께 갔다. 나는 늘 내가 축구계에서 가장 뛰어난 재능을 가진 선수가 아니라는 것은 알고 있었지만, 그런 코치들을 고용해서 몸 상태를 끊임없이 개선하고자 했던 나의 노력이 서서히 효과를 보고 있다는 것을 느끼고 있었다.

안타깝게도 우리 팀의 성적은 팬들의 기대에 부응하지 못했다. 우리는 9월에 잠시 리그 선두까지 오르기도 했지만 그 이후로 점점 하락세를 타기 시작했다. 챔피언스리그에서는 조별 라운드에서 조 3위에 그치며 16강 진출에 실패했고 그 후로 우리는 프랑스 리그에 만 집중하게 됐다. 알랭 페린 감독은 점점 팀에 대한 자신감을 잃어 갔고 선수들과의 소통도 줄어들었다. 팀의 주전 골키퍼 베드랑 루니 가 팀의 전술을 비판한 이후로 맨유에서 뛰던 골키퍼 파비앙 바르테 즈가 임대 이적을 통해 마르세유로 왔다. 나는 루니가 팀을 비판한 것이 그 이유인지는 정확히 알지 못하지만, 그 일이 완전히 우연이 라고 생각하기는 어려웠다.

겨울 휴식기를 앞두고 페린 감독과 팀 내 주요 선수 중 몇몇 사이 에는 불편한 기류가 흘렀다. 때마침 팀의 주장이 부상으로 이탈해 있는 것 역시 팀 분위기에는 악영향이 됐다.

그러던 어느 날 나는 팀의 수석코치에게 찾아가서 팀에 이런 위기 상황에서 조언을 구할 만한 리더가 없다는 생각을 털어놨다. 그는 내 말을 듣고는 나를 돌아보더니 "그래, 그럼 자네가 그 역할을 해보 지 않겠나?"라고 말했다. 내가? 마르세유의 리더가 된다고? 처음엔 그 생각이 내겐 아주 어색한 것 같았지만 나는 곧 그 방법 외엔 다른 방법이 없다는 것을 깨달았다. 그래서 나는 내가 한 번 스스로 나서 서 선수단을 융합해보기로 했다.

나는 훈련이 끝난 후에 선수단 전체가 함께하는 점심 식사시간을 따로 마련하기도 하고 가끔은 저녁 식사시간을 갖기도 했다. 내 목 표는 선수들끼리 대화를 할 시간을 계속해서 만들면서 팀의 조직력 을 되찾는 것이었다. 그 시간은 아주 즐거웠다. 우리는 동료끼리 아주 많은 대화를 나눴고 서로의 가족에 대해서도 더 자세히 알게 됐다. 그것은 우리가 시즌 중에 어려운 시간을 보내고 있을 때 아주 큰 도움이 됐다.

결국 새해 1월에 마르세유가 리그 6위까지 처진 후에 알랭 페린 감독은 경질당했다. 그가 팀을 떠났다는 소식에 나는 아주 슬펐다. 그는 내가 그 당시에도 지금도 아주 큰 존경심을 품고 있는 감독이다.

그의 경질은 사실상 더 오래 전부터 불가피한 일이었고 선수들 대부분이 예상하고 있었던 일이었기에 놀랍지 않았지만, 그가 경질당한 방식은 충분히 놀라운 것이었다. 너무나도 잔인했기 때문이다. 그러나 그 시점에 나는 이미 축구계에서 그런 잔인한 일은 흔한 일이라는 것을 이미 알고 있었다. 그는 마르세유를 4년 만에 챔피언스리그 본선에 진출시킨 주인공이었고, 바로 전 시즌 리옹에 이어 팀을 리그 2위로 올려놓은 감독이었지만 새 시즌 마르세유의 성적, 드레싱룸의 좋지 않은 분위기 등을 모두 감안하면 그가 더 이상 마르세유를 이끄는 것은 거의 불가능한 일이었다.

그의 대체자로는 리저브팀 감독이었던 조세 아니고가 임명됐다. 마르세유에서 태어나고 자란 아니고는 팬들과도 관계가 좋고, 마르세유의 철학이 몸에 밴, 훨씬 더 다정하고 사교적인 성격을 가진 남자였다. 그는 부임 즉시 선수들과 적극적으로 소통하며 좋은 관계를 만들어갔다.

나는 아니고 감독에게 내 뜻을 분명히 전달했다. 페린 감독이 떠난 것이 슬픈 건 사실이지만, 나는 새 감독을 위해 전력을 다할 것이며 내 역할을 다할 각오라고. 나는 이미 과거에 나를 믿어줬던 감독이나 구단 관계자들이 팀을 떠난 후에 고생해본 경험이 있었다. 그래서 나는 새 감독에게 그가 나를 믿어도 좋다는 것을 증명하고 싶었다. 그 결과 그와 나는 처음부터 좋은 관계를 맺을 수 있었다. 나와 동료들은 아니고 감독의 지휘 아래 새로운 시작을 맞이하게 됐다.

06

마르세유를 떠나다

| DIDIER DROGBA |

그 시즌 우리는 챔피언스리그에서 탈락하면서 대신 UEFA컵에 합류했다. 우리는 새 감독, 구단 이사진 그리고 팬들에게 우리의 저력을 보여주고 싶었다. 알제리 출신의 브라힘 헴다니가 새 주장으로 임명됐고 나 역시 팀 훈련을 준비하고 팀 동료들을 하나로 뭉치게 만드는 데 일조하기 시작했다.

내가 마르세유에 입단하기 전에 뛰었던 팀들이나 그 팀에서 경험한 일들을 생각해보면, 내가 마르세유라는 거대한 클럽에서 첫 시즌에 그렇게 중요한 역할을 맡게 된 것은 사실 특이한 경우였다. 나는 다른 선수들처럼 "이봐! 유벤투스, 바르셀로나, 파리 생제르망에서는 이럴 때 이렇게 한다고"라고 말할 경험이 없었다.

그러나 그런 경력과 관계없이 나는 어느새 마르세유 1군 팀의 드레싱룸에서, 또 선수회의에서 가장 적극적으로 나서서 의견을 제시하고 다른 선수들을 이끄는 존재가 됐다. 우리 팀 경기력이 좋지 않을 때면 내가 먼저 나서서 "이럴 때 우리가 어떻게 하면 좋을까?"라고 화두를 던지기도 했고, 나보다 나이가 많고 경험이 많은 선수들조차 나에게 와서 내 의견을 묻는 경우도 있었다. 어느 날은 팀 동료였던 필립 크리스탄발이 내게 다가와서 "솔직히 난 네가 이 팀의 중심 선수이자 리더라고 생각해. 네가 잘하면 팀도 잘한다고"라고 말한 적도 있었다.

나는 마르세유의 훈련장인 라 꼬망데리에서 많은 시간을 보냈다. 팀 동료들은 물론 구단 직원들과 자주 대화를 나누면서 그들과 유대감을 돈독하게 하기도 하고, 구단의 스태프 한 명 한 명에게도 그들이 마르세유라는 명문 클럽의 일원이라는 인식을 심어주기 위해 노력하기도 했다. 내게는 그런 노력이 아주 중요한 일이었고, 현재도 나는 그렇게 생각한다. 나를 비롯한 선수 중 마르세유와 같은 수준의 명문 클럽에서 뛸 기회를 얻은 선수들은 정말 운이 좋은 존재들이며, 그러므로 우리에겐 구단을 위해 일하는 사람을 돕고 그들과 잘 어울릴 의무가 있다. 그들은 자신들의 진가를 인정받지 못할 때가 많지만, 실제로는 눈에 보이는 것보다 훨씬 더 많은 기여를 하는 사람들이다.

그런 구단 내부에서의 나의 노력이나, 경기장에서 드러나는 결과물(주로는 점점 증가하고 있던 나의 골 기록)은 점점 팬들에게도 전해져서 2004년 초에는 내가 시내를 혼자서 자유롭게 돌아다닐 수 없는 수준에 이르렀다. 어딜 가든 금세 나를 알아본 팬들이 나를 둘러싸곤 했기 때문이다. 내가 살던 집 근처의 작은 빵집에 가서 아침 식사용 바게트를 하나 사는 데에도 30분이 걸리곤 했다. 팬들은 나와 대화를 하거나 내게 사인을 받거나 함께 사진을 찍고 싶어 했다(당시의 휴대폰은 그렇게 성능이 좋지 않았는데도 불구하고). 나에게 이런 경험은 아주 새로운 것이었다. 처음에는 그런 관심이 즐겁기도 하고 괜찮았지만, 그러던 어느 날 나는 '이건 나의 모습이 아니야. 이러고 싶지도 않아. 이런 일 때문에 가족과의 시간을 잃고 싶지는 않아. 왜 사람들이 나를 보며 울고 소리를 지르고 나를 만나기 위해 갑자기 차를 멈추느라 교통사고가 날 위험을 무릅쓰는 걸까?'라고 생각하기에 이르렀다.

나는 또 그런 팬들에게 솔직하게 이렇게 말하고 싶다는 생각도 들었다.

"저는 여러분이 생각하는 그런 사람이 아닙니다. 저는 코트디부아르에서 온 정말 평범하고 단순한 남자입니다. 저는 여러분이 동경할 만한 그런 사람이 아닙니다."

마르세유에는 스포츠 심리학자가 있었다. 나는 그와 이 문제에 대해 상담을 하기로 하고 그에게 내가 당시 겪은 일들과 그에 대한 나의 고민을 털어놨다. 그는 내게 그런 관심을 자연스럽게 받아들이는 일을 배워야만 한다고 말했다. 또 그는 그 방법을 배우는 것이 빅클럽에서 뛰는 선수들의 책임이기도 하며, 그것은 단순히 마르세유에서만 그런 것이 아니라 유럽의 어떤 성공적인 클럽에서도 마찬가지라고 말했다. 나는 내가 앞으로도 그런 관심을 피해서 살 수 없다는 것을 깨달았다.

그것은 내 인생에 아주 큰 변화였지만, 나는 그 심리학자의 말대로 그런 주변의 관심을 받아들일 수밖에 없었다. 나에게 있어 가장 중요한 것은 나 자신의 플레이에 집중하는 것이었다. 그렇게 함으로써 점점 더 좋은 경기력이 나오고 그것이 곧 나의 팬들을 더 즐겁게 만드는 일이었다. 그것이 가장 중요한 것이었다. 나 자신을 위해 노력하는 것이 곧 다른 사람들을 즐겁게 한다는 것. 내가 그것을 충분히 이해하는 데는 많은 시간이 걸렸지만 한 번 그 사실을 깨닫고 난 후로는 성공에는 책임이 따라온다는 것, 그리고 그 책임이란 다른 사람들에 대한 책임은 물론 나 자신에 대한 책임도 포함된다는 것 역시 깨닫게 됐다. 그것을 내가 완전히 체득하고 받아들이기까지는 또 몇 년의 시간이 걸렸지만 그때의 그 자각이 그 후로 나의 선수생활에서 내가 마음의 평화를 얻는 것의 첫걸음이었다.

나는 마르세유에서 오직 한 시즌을 뛰었을 뿐이지만, 내가 마르세유에 대해 가진 애정과 충성심은 그보다 훨씬 더 깊은 것이었다. 마르세유 팬들 또한 내가 그곳에서 뛴 기간이 한 시즌뿐이라는 것을 못 믿곤 한다.

'한 시즌이라고? 우린 드록바가 이곳에서 다섯 시즌은 뛴 것 같은데!'

나는 마르세유에서 보낸 첫날부터 팀에 영향을 미쳤고 팬들로부터 사랑을 받았으며 그에 대한 보답으로 내가 가진 모든 능력을 다해 팀을 돕고 싶었다. 나는 갱강 시절에도 많은 골을 넣었고 팬들과 돈독한 관계를 가졌지만, 마르세유는 특별했다. 마르세유는 나를 성장하게 한 클럽이다. 마르세유야말로 내가 진정으로 한 명의 성인, 한 명의 선수, 그리고 한 명의 리더가 된 곳이었다.

나만 마르세유의 리더였던 것은 물론 아니다. 프랑스 국가대표 출신 골키퍼 파비앙 바르테즈 역시 팀에 합류하자마자 곧바로 팀의 리더로서 다른 선수들을 이끌었다.

바르테즈는 10월에 마르세유와 계약했지만 1월부터 팀에서 뛸 수 있었다. 당시 그는 엄청난 명성을 가진 선수였다. 1998 프랑스 월드컵 우승, 유로 2000 대회 우승을 경험한 선수이자 이제 막 맨유의 2003년 리그 우승을 이끈 선수였기 때문이다. 그는 1990년대에 이미 마르세유에서 뛴 적이 있고 다시 마르세유로 돌아온 선수였기 때문에 이미 팬들 사이에서 아주 인기가 높은 선수이기도 했다.

바르테즈는 쓸데없는 말을 하는 선수가 아니었다. 선수회의 중에 그는 조용히 앉아서 다른 선수들의 이야기를 듣고 있다가 마치 대부처럼 마지막 순간에 아주 결정적인 몇 마디를 남기곤 했다. 그럴 때마다 다른 선수들은 주의를 기울이며 그의 말에 귀를 기울였다. 가끔 나는 회의 중에 그가 한 말을 메모해뒀다가 그 후에 그와 따로 그 문제에 대해 논의를 하기도 했다. 그는 관심의 중심이 되길 원하는 선수가 아닌, 묵묵히 동료들을 이끌어가는 유형의 선수였다. 그는 나에게 아주 큰 영향을 준 선수이며 나는 그와 함께 뛴 그리 길지 않은 몇 개월 동안 그에게 많은 것을 배웠다.

UEFA컵 16강에서 우리는 제라드 홀리에 감독이 이끌던 리버풀과 격돌하게 됐다. 리버풀 원정경기는 마침 나의 생일인 3월 11일에 열리게 됐는데, 유명한 안필드에서 경기를 갖는다는 생각은 나의 리버풀 원정경기를 더 특별하게 했다. 물론 나에게 가장 이상적인 생일선물은 골이었다. 그리고 나는 그날 경기에서 그 골을 성공시켰다. 그런데 놀랍게도 나의 골은 안필드에서 1977년 3월 생테티엔 이후에 프랑스 리그의 팀이 득점한 27년 만의 골이었다. 당시 리버풀의 감독은 밥 페이슬리였고 그때 리버풀 팀에는 케빈 키건, 에밀린 휴즈 같은 레전드 선수들이 뛰고 있었다.

경기가 끝난 후에(1 대 1 무승부) 기쁨에 가득 찬 나의 동료들은 드레싱룸에서 나를 위해 생일 축하 노래를 불러줬다. 아쉽게도 울리에 감독이나 리버풀 선수들은 우리의 기분을 이해하지 못했다. 그와는 관계없이 그날의 경기는 리버풀을 상대로 뛴 경기 중 가장 마음에 드는 경기 중 하나로 남아 있다.

마르세유 홈에서 펼쳐진 리버풀과의 2차전에서 나는 승부에 결정적이었던 페널티킥을 성공시켰고 그 때문에 우리는 8강전에 진출했다. 8강전에서 우리는 인터 밀란을 상대로 2전 2승을 거뒀는데 나는 홈경기에서 그 경기의 유일한 골을 득점했다. 리버풀에 이어서, 또 하나의 유럽 축구계 거인(당시 인터 밀란에는 파비오 칸나바로, 크리스티안 비에리 등이 뛰고 있었다)을 우리가 무너뜨리는 순간이었다.

이제 결승전으로 가는 길목에 남은 것은 뉴캐슬 유나이티드뿐이었다. 우리는 뉴캐슬의 신으로 추앙받는 앨런 시어러가 팀을 결승에 올려놓기 위해 전력을 다할 것을 이미 알고 있었다. 시어러는 그때 당시 이미 33세였지만 여전히 대단히 뛰어난 공격수였다. 결국 우리는 뉴캐슬 원정에서 0 대 0 무승부를 기록했는데 그 경기에서 나는 크로스바를 맞추고 몇 차례 찬스를 무산시켜 개인적인 아쉬움을 남긴 채 경기를 마무리해야 했다.

홈에서 가진 2차전에서 나는 미세한 근육 부상을 안고 있었음에도 묘하게 차분했다. 나는 내가 무엇을 해야 하는지를 잘 알고 있었다. 압박감을 강하게 느끼기도 했지만 동시에 동료들과 많은 팬이 결승전에 진출하기 위해 나의 활약을 필요로 한다는 것을 느낄 수 있었다.

결국 나의 기도가 통했는지, 나는 전반전과 후반전에 각각 한 골씩을 터뜨렸고 우리는 기쁨으로 가득 찬 팬들 앞에서 UEFA컵 결승전 진출을 확정 지었다.

그날 밤 마르세유 시내에는 수천 명의 팬이 몰려나왔다. 차들은 경적을 울려댔고 곳곳에서 마르세유의 깃발이 휘날렸다. 해가 뜰 때까지 노래와 춤이 거리를 가득 메웠고 그중에는 내가 자주 췄던 코트디부아르 전통 춤을 따라 하는 마르세유 팬들도 있었다.

뉴캐슬과의 UEFA컵 준결승전이 끝난 지 3일 후 우리는 리그 일정을 위해 AS 모나코 원정경기를 떠났다. 감독은 그 경기에서 나에게 휴식을 줬는데, UEFA컵 결승전이 10일 후에 펼쳐질 예정이었기 때문이다. 그러나 경기 종료 15분을 남기고 우리가 0 대 1로 끌려가는 순간 그는 나를 경기에 투입하며 승부의 반전을 노렸다. 경기에 투입된 나는 코너킥 수비 상황에서 공중볼을 차단하기 위해 점프를 했다가 상대 공격수의 무릎에 엉덩이를 강타당했다. 땅에 발을 딛는 순간 나는 이미 뭔가 문제가 생겼음을 직감했다. 나는 꼼짝도 할 수 없었고 순간적으로 다리에 마비가 왔다.

나는 곧바로 모나코 시내의 병원으로 이송됐지만, 스캔 검사나 엑스레이에는 아무런 이상도 나타나지 않았다. 그러나 그 후로 5일 동안 나는 걸을 수도 없었다. 결승전이 얼마 남지 않은 상황에서 부상을 당한 나는 빠른 회복을 위해 소염제 주사도 매일 맞았지만, 결승전에 출전할 수 있을지는 여전히 미지수였다. 시간과의 싸움이 시작됐다.

결승전 당일, 그 결승전이 클럽뿐만 아니라 마르세유라는 도시 전체에 아주 중요한 일이라는 것을 알고 있던 나의 동료 중 몇몇은 마르세유에 있는 가톨릭 성당인 노트르담 드 라 갸르드 대성당을 방문하기도 했다. 그곳은 마르세유 시내에서 가장 상징적인 장소로, 언덕 위에서 모든 것을 내려다볼 수 있는 장소에 자리한 까닭에 도시와 주민들을 보호하는 장소라고 여겨지는 곳이다. 나는 내 유니폼 하나를 성당에 바치며 나와 우리 팀에 행운이 함께하길 빌었다. 그 성당에 그런 일이 있었던 것은 그날이 처음이 아니었다. 1993년, 마르세유는 AC 밀란과의 챔피언스리그 결승전을 앞두고 똑같은 의식을 가졌다. 그때 내가 성당에 증정한 내 유니폼은 현재도 액자에 잘 장식되어 성당 입구 오른편에 비치되어 있다(누가 가져갈 수 없도록 꽤 높은 위치에).

뛸 때마다 고통이 느껴졌기 때문에 평소보다 50% 정도의 힘으로 뛰긴 했지만, 나는 결승전을 괜찮게 시작했다. 그러나 오래가지 않아서 나는 아르헨티나 출신 수비수 로베르토 아얄라의 팔꿈치에 맞아 그대로 쓰러지고 말았다. 경기 초반에 우리는 발렌시아보다 나은 경기를 펼쳤지만, 발렌시아도 반격에 나섰다. 그러나 하프타임을 눈앞에 두고 우리 골키퍼 파비앙 바르테즈가 상대 공격수 미스타를 페널티박스 안에서 넘어뜨리고 말았다.

그 경기의 주심을 맡은 피엘루이지 콜리나는 바르테즈의 발이 너무 높았다고 판단하고 그에게 레드카드를 줬다. 나는 그 장면이, 특히 그 경기가 UEFA컵의 결승전이었다는 점을 감안하면, 즉시 퇴장을 줄 정도로 심각한 태클은 아니었다고 생각한다. 그러나 나의 의견과 관계없이 콜리나 주심이 바르테즈에게 내린 퇴장 명령은 한마디로 그 경기를 그대로 끝내는 것이나 다름없었다.

당시 세계 최고의 주심으로 명성이 높았던 콜리나 주심은 나의 항의에도 불구하고 당당했다. 그는 규칙에 따른 판정이었을 뿐이라고 나에게 설명했다. 결국 발렌시아는 그 페널티킥을 성공시켰고 그날의 결승전은 그대로 끝난 것이나 다름없었다. 후반전 15분 만에 발렌시아는 한 골을 더 추가했고 우리도 그 후로 몇 차례 득점 찬스를 얻었지만 우리는 끝내 추격골을 터뜨리지 못했다.

그날의 발렌시아는 아주 훌륭한 감독(라파 베니테즈)이 이끈 좋은 팀이었다. 베니테즈 감독은 그 시즌을 끝으로 발렌시아를 떠나 리버풀로 팀을 옮겼다. 그 결승전에서 발렌시아가 우리보다 전체적으로 더 좋은 경기를 한 것은 사실이었지만, 나와 동료들은 나의 상태가 정상적이었다면, 또 결정적인 주심의 판정이 우리에게 조금만 더 우호적이었다면 그날 충분히 우리가 우승을 할 수 있었을 것이라고 생각했다. 그런 식으로 결승전에서 패하는 것은 선수들에게나, 팬들에게나 아주 실망스러운 일이었다.

　그 결승전이 끝난 후로도 우리는 리그 경기 한 경기를 남겨두고 있었다. 당시 우리의 리그 순위는 우리의 목표보다 훨씬 낮은 7위였다. 그러나 우리보다 더 마지막 경기에서의 승리가 필요했던 팀은 우리의 상대 팀이었다. 그들은 마지막 경기에서 우리를 상대로 반드시 승점 3점을 획득해야만 1부 리그에 잔류할 수 있었다. 그 상대 팀은 나의 친정팀인 갱강이었다.

　그건 정말 극적인 우연의 일치였다. 마르세유 선수로서 처음 가진 나의 데뷔전이 갱강이었던 것은 물론, 나의 마지막 경기의 상대 팀 역시 갱강이었던 것이다. 그리고 마르세유에서 나의 마지막 경기가 곧 나의 친정팀의 운명을 결정지을 상황이었던 것이다. 그 상황은 나에게 아주 어려운 상황이었지만 나는 프로 선수로서 상대 팀이 누구인지와 관계없이 최선을 다해서 뛰어야 했다. 그날 나는 득점을 올리지 못했지만, 우리는 결국 갱강을 2 대 1로 꺾었고 갱강은 바로 그 경기장에서 2부 리그 강등이 확정됐다. 경기가 끝난 후 나는 나의 전 동료들에게 다가가 그들을 안아줬다. 그들 중 대부분은 눈물을 흘렸다. 그 순간 나는 불과 2년 전에 갱강과 함께 가진 첫 1부 리그 경기의 모습이 떠올랐다. 그 시즌 우리는 리그 마지막 경기까지 1부 리그 잔류를 위해 싸웠고 다행히도 강등을 피할 수 있었다. 그러나 갱강은 이번에는 강등이라는 슬픈 현실을 피해 갈 수 없었다. 내가 마르세유에 입단하지 않았다면, 강등이라는 현실에 눈물을 흘리고 있는 사람은 나일 수도 있었다.

시즌이 종료된 후에 나는 프랑스 선수들이 뽑은, 잉글랜드로 치자면 선수협회에서 선정한 올해의 선수상을 받았다. 내가 그 상의 수상자로 선정됐다는 소식을 들었을 때 나는 아주 놀랐다. 그것은 내게 아주 큰 영광이었다. 르망에서 교체멤버로 벤치에 앉아 있을 때가 어제 일 같은데 1부 리그에서 올해의 선수상을 받는다는 것은 정말 믿기 어려운 일이었다. 그 시즌 나는 모든 대회에서 총 32골을 득점했고 리그에서는 득점왕을 차지한 지브릴 시세 등에 이어 득점 랭킹 3위에 올랐다.

그러나 나 개인적으로는 내가 그 상을 받은 것은 내가 프랑스 축구계의 입장에서 익숙하지 않은 선수였으며 특히 유럽 대회에서 좋은 활약을 했기 때문이라고 생각한다. 그 시즌 나는 챔피언스리그에서 6골(마르세유가 16강 진출에 실패했음에도 불구하고), UEFA컵에서 5골을 터뜨렸다. 그 두 대회에서 나는 결승전을 제외한 모든 라운드에서 골을 기록했다. 특히 그 상이 내게 더욱 각별했던 이유는 이미 그해 26세였던 내가 더 이상 어린 선수라고 할 수 없었기 때문이다. 나는 내가 그 상을 받을 수 있었던 큰 이유가 나의 팀과 동료들이었다는 것을 지금도 잊지 않고 있다. 팀보다 더 크거나 더 중요한 선수는 없다. 그 후에 나는 내가 마르세유에 대해 얼마나 큰 사랑과 애정을 품고 있느냐와 관계없이 마르세유에서 좋은 활약을 보인 선수를 다른 클럽들이 가만히 둘 리 없다는 것을 직접 경험했다.

내가 처음 다른 클럽이 나에게 관심을 보인다는 것을 들은 것은

2004년 3월 혹은 4월경의 일이었다. 기자회견이 끝난 후에(어떤 기자회견이었는지는 자세히 기억이 나지 않지만) 한 프랑스 기자가 내게 다가와서 말을 꺼냈다.

"소식통을 통해 들었는데, 잉글랜드 클럽 중 하나가 자넬 영입하려고 제의를 했다던데?"

"정말?"

"응. 이적료도 아주 거액을 제시했다던데. 마르세유도 자네를 보낼 생각 중인 것 같고."

"신경 쓰지 마. 난 마르세유를 떠나지 않을 거야. 장담한다고. 내 말 믿어도 돼."

나는 그 기자가 그 뒤로 뭐라고 혼자서 중얼거렸는지는 별로 신경 쓰지 않았다. 난 단지 더 이상 그런 이야기를 나누고 싶지 않았다. 그러나 그 후로 나는 종종 그 기자의 말을 다시 생각해보며 이미 내가 다른 사람들의 입에 오르내리고 있는 건 아닌지 생각하곤 했다.

당시 조세 무리뉴 감독은 아직 첼시에 부임하기 전이었지만, 이미 나에게 관심을 보였던 무리뉴 감독이 이미 첼시에 말을 해서 자신이 첼시 감독에 부임하자마자 드록바를 영입하고 싶다고 한 것은 아니었을까? 누가 알겠는가.

그 시즌 말, 나는 마르세유와 계약 연장에 합의하고 계약서에 서명했다. 나는 그 계약서에 서명하는 순간 마르세유에 내 미래를 헌신하리라고 다짐했다. 다르게 말하자면, 나는 의도적으로 마르세유와 사인을 하고는 다른 클럽으로 떠난 것이 아니었다. 7월 초, 월드컵 예선을 위해 카메룬에서 머물다가 한 기자와 가진 인터뷰에서 나는 마르세유에서 나의 다음 시즌에 대한 목표나 장 피에르 파팽의

한 시즌 최다골 기록(30골)을 경신하고 싶다는 야망, 그리고 마르세유의 리그 우승을 돕고 팀 역사상 최고의 선수가 되고 싶다는 꿈을 밝혔다.

카메룬과의 경기에서 2 대 0 승리를 거둔 후에 파페 디우프가 내 호텔방으로 찾아왔다. 그 시점에 그는 더 이상 나의 에이전트가 아닌 마르세유의 단장 역할을 맡고 있었다. 그의 방문은 아주 이례적인 일이었다. 그는 좀처럼 나의 국가대표팀 경기를 보러 오지 않았기 때문이다.

"드록바, 이야기 좀 해야겠어." 그가 진지하게 말했다. 나는 왜 그가 나를 그렇게 찾아왔는지 아무런 짐작도 하지 못하고 있었다.

"널 영입하려고 제안을 한 팀이 있어. 그리고 우리는 그 제안을 받아들이려는 중이야. 그 팀으로 떠나게 되면 네 연봉도 아주 많이 오를 거야."

"아니, 난 마르세유를 떠나고 싶지 않아. 이제 막 재계약도 맺었잖아. 방금 재계약을 맺어놓고 다른 팀으로 떠난다는 건 말도 안 돼."

"글쎄. 그래도 넌 팀을 떠나게 될 거야. 마르세유도 네가 이적하길 바라니까."

"도대체 어떤 팀인데 그래?"

"첼시."

"난 떠나고 싶지 않아. 이미 떠나지 않겠다고 약속도 했어. 마르세유를 떠나지 않을 거야."

"그래? 그러나 회장님은 네 이적을 오늘 중에 확정 짓고 싶어 하시는데."

"내가 알 바 아냐. 돈을 위해 그러는 것도 아냐. 그저 마르세유를 떠날 마음이 없다고. 회장님께 전해줘. 첼시가 내가 마르세유에서 받는 급여의 두 배를 제시한다고 해도 나는 떠나지 않을 거라고."

그 말을 끝으로 나는 방을 나가버렸다. 나는 그것이 나의 확고한 의사 전달이며, 이후에는 내 의사대로 진행될 것이라고 생각했다.

나는 그 일에 정말 큰 분노를 느꼈다. 나는 마치 내가 배신을 당하고 함정에 빠진 것처럼 느껴졌다. 마르세유가 일방적으로 날 내보내려고 한다는 것은 내가 당시에 받아들이기엔 너무나도 충격적인 일이었다.

다음 날 나는 파리로 돌아왔다. 비행기에서 내리자마자 나는 신문 가판대로 향해서 프랑스의 유명 스포츠신문 〈르퀴프〉를 하나 샀다. 르퀴프의 1면 기사 제목은 "드록바가 마르세유를 떠난다"는 것이었다.

'이게 도대체 어떻게 된 일이지. 내가 모르는 부분이 있는 것 같군.' 나는 스스로 되뇌었다.

나는 디우프와 다시 그 이야기에 대해 논의했다. 그는 내게 첼시의 제안은 거절하기엔 너무 어려운 좋은 제안이기 때문에 내가 그 제안을 받아들여 주길 바란다고 말했다. 그들의 제안은 나는 물론 내 가족들도 아주 풍족하게 만들 수 있는 좋은 것이었지만 나는 디우프에게 다시 한 번 돈에 의해 팀을 옮기고 싶지는 않다고 말했다. 내게는 내가 소속된 팀에서 가족처럼 유대감을 느끼는 것이 많은 돈을 받는 것보다 훨씬 더 중요한 일이었다. 나는 마치 파올로 말디니가 AC 밀란에서 그랬듯, 앞으로 마르세유에서 그런 존재가 되고 싶었다. 어쩌면 그것은 어릴 때부터 부모님을 떠나서 많은 곳을 방랑했던 내가 마르세유라는 구단에서 드디어 정착하고 안정감을 느끼고 싶었던 것 때문일 수도 있다. 마르세유에서 나는 내가 그토록 오랫동안 찾고자 했던 것을 찾았다고 느꼈다. 그런데 그런 나에게 다시 한 번 팀을 떠나라고 하고 있는 것이었다. 나는 팀의 감독 조세 아니고에게 직접 전화를 걸었다.

"감독님, 이게 도대체 어떻게 된 거예요?"

"미안하지만, 내가 해줄 수 있는 말은 없는 것 같다."

그는 이미 누군가로부터 나의 이적에 대해 언급하지 말라는 지시를 받은 후였다. 나는 그 역시 새 시즌을 앞두고 팀의 주력 공격수를 보내는 것을 원하지 않고 있다고 확신했다.

나는 내 아내에게조차 그 상황에 대해 제대로 설명할 수 없었다. 그 상황의 좋은 점과 나쁜 점에 대해 나조차도 제대로 파악할 수 없었기 때문이다. 그 전까지 르발루아, 르망, 갱강을 떠났던 순간들의 경우에 나는 그 팀들을 떠난다는 사실이 슬펐지만 마음속 한구석으로는 새로운 도전에 대한 기대와 준비를 하고 있었다. 그런데 이제 나와 내 가족이 드디어 한곳에 정착했다고 느낀 순간(우리가 마르세유에서 살던 집은 바다가 내려다보이는, 아이들이 무척 좋아하는 집이었다) 내가 내 가족 모두를 데리고 전혀 알지 못하는 곳으로 떠나야 하게 된 것이다. 우리 가족은 누구도 영어를 할 줄도 몰랐고 잉글랜드에서의 생활이 어떨 것이라고 상상해본 적도 없었다. 나의 아내는 늘 나를 헌신적으로 도와줬지만, 난 그녀도 마르세유를 떠나길 원하지 않을 거라는 걸 잘 알고 있었다. 그녀는 한 번도 잉글랜드에 가본 적조차 없었기 때문에 그런 그녀에게 런던행은 아주 큰 삶의 변화였다.

마르세유에 도착하자마자 나는 크리스토프 부셰 회장을 만나서 난 절대 팀을 떠나지 않겠다고 말했다.

"2년 후, 3년 후라면 모르겠습니다. 그러나 지금 당장은 어디로도 떠나고 싶지 않습니다."

"그래? 그건 잘 알겠네. 하지만 2년 후, 3년 후에도 그 제안이 그대로 유지될지는 잘 모르겠구먼." 부셰 회장이 대답했다. 갑자기 돈 이야기가 나오기 시작했다.

"오, 그래요? 제가 지난 시즌의 활약을 새 시즌에 이어가지 못할 거라고 생각하십니까? 아니면, 나를 보내서 큰돈을 갖고 싶다는 건가요? 그럼 알겠습니다. 이미 마음을 굳힌 것 같으니 제가 떠나지요."

나의 그 말에 부셰 회장은 내게 그의 마음속에 있던 말을 털어놨다. 난 그 말을 들은 걸로 속이 후련했다. 그는 자신이 나의 능력을 실제로 아주 신뢰하지 못하고 있다고 말했다. 나는 늘 그때까지 나를 믿어주는 사람을 위해 뛰는 것과 그 반대의 경우에 대해 겪어봤기 때문에 그의 그 말을 듣는 순간 마르세유를 떠날 수밖에 없다는 것을 깨달았다. 이미 팀을 떠나야 한다는 생각을 한 후에는 새로운 팀이 어떤 팀이든 상관없었다. 첼시든, AC 밀란이든, 유벤투스든, 레알 마드리드든 모두 마찬가지였다. 부셰 회장이 나에게 한 말을 들으며 나는 배신감을 느꼈고 결국 팀을 떠나야만 했다.

내가 결국 마르세유를 떠날 결심을 굳힐 무렵, 나의 이적은 이미 거의 다 성사된 후였다. 나의 이적료는 3700만 유로, 그 당시 환율로는 약 2400만 파운드(약 460억 원)에 해당하는 돈이었다. 날 영입한 이후에 조세 무리뉴 감독은 알려지지도 않은 프랑스 공격수에 그렇게 많은 돈을 썼다며 비판을 받고는 이렇게 대답했다.

"미래에 드록바가 첼시를 떠난 후에 이 영입에 대해 판단하라."

나의 이적으로 인해 내가 과거에 뛰었던 몇몇 클럽들, 반느, 투르쿠앵, 르발루아, 르망 등은 모두 일정 부분의 수입을 올렸다. 그중에서도 특히 르발루아는 그들에겐 아주 큰돈이었던 67만 5000유로(약 8억 5000만 원)를 받아서 그 돈으로 그들에게 아주 필요했던 새 경기장을 구입했다.

영광스럽게도 그들은 그 경기장의 이름을 내 이름을 따서 지었고, 2010년 10월에 나는 그 경기장의 개장식에 초대되어 당시 그 팀에서 뛰고 있던 젊은 선수들과 경기를 갖기도 했다. 그날 나는 과거에 나의 삶이 가장 어려웠던 시절에 나의 감독이자 나의 축구 선수로서의 성장에 아주 큰 도움을 줬던 스레브렌코 레프치크를 만났다. 그와 같은 아마추어 클럽들이 살아남는 것은 아주 중요한 일이다. 바로 그런 곳에서 새로운 꿈을 꾸고 인생의 교훈을 배우는 젊은 선수들이 많기 때문이다. 그런 아마추어 클럽에서 동료들끼리 존중하고 의존하는 법을 포함해 프로 클럽에서도 배우기 어려운 것들을 배울 수 있는 부분도 있다.

그로부터 며칠 후에 스타드 벨로드롬에서 기자회견이 열렸다. 나는 그 기자회견 내내 눈물을 터뜨리기 일보 직전의 상황이었다. 내가 팬들에게 작별인사를 할 순서가 됐을 때 나는 여전히 지난 24시간 동안 벌어진 일에 대해 절반쯤 이해하기 힘든 마음으로 입을 열어 말을 꺼내기도 어려운 수준이었다. 나는 감정에 복받쳐 더듬거리면서 마르세유에서의 생활이 나에게 얼마나 큰 기회였는지에 대해 언급했다. 나는 그곳에서 웃는 표정을 지으며 더 큰 클럽으로 더 많은 돈을 받으며 더 좋은 기회를 위해 떠나는 기쁜 사람처럼 굴고 있었지만 속으로는 기자회견 내내 불행한 마음을 감추기 위해 애를 쓰고 있었다.

그 후에 나는 드레싱룸에 들어가서 고통스러운 눈물을 흘렸다. 팀으로부터 쫓겨난 것 같은 느낌을 지울 수가 없었다. 내가 마르세유를 떠난 과정은 클럽에서 나에게 일방적으로 '넌 팀을 떠나야만 한다'고 등을 떠민 것과 다를 것이 없었다. 이적료와 나를 사이에 두고 마르세유는 돈을 선택했다. 그 생각이 나를 아주 괴롭게 했다. 나는 마르세유 홈구장의 피치 위로 마지막으로 한 번 더 나가봤다. 내 이름을 외치는 관중 없이 텅 빈 경기장은 믿을 수 없을 정도로 조용했다. 나는 그렇게 내가 사랑했던 클럽으로부터 등을 돌리고 걸어 나왔다. 눈물이 계속 흘러내렸다. 그 상태로 집에 갈 자신이 없어서 차를 몰아서 마르세유의 아름다운 해변을 달렸다. 그리고 해안가에 나가서 가만히 앉아 생각했다. 그 시간이 내게는 한없이 길게 느껴졌다.

나는 나에게 벌어진 일에 대해 천천히 돌아봤다. 모든 일이 너무나도 순식간에 벌어졌다. 그 기자회견은 나의 이적이 아직 다 확정되기 전에 열렸다. 계약서에 사인을 하기도 전에 모두 그 계약이 이미 확정된 것처럼 굴고 있었다.

그 순간 나는 축구라는 것이 곧 비즈니스라는 것을 깨달았고 그에 맞서 싸우는 것이 의미가 없다는 것도 알게 됐다. 나는 그 피할 수 없는 결과를 받아들일 수밖에 없었다.

나는 다시 내 자동차에 올라탔다. 집에 도착했을 때는 이미 꽤 늦은 밤이었다. 나의 에이전트 티에르노가 집에 도착해 있었다. 그와 나는 그다음 날 아침 일찍 런던으로 가서 첼시와의 계약서에 사인을 해야 했다. 나는 짐을 쌀 엄두도 나지 않았다. 내 아내가 나를 위해 짐을 싸줬다. 깊은 새벽에 잠이 통 오지 않았던 나는 아래층으로 내려가서 나의 에이전트와 이야기를 시작했다.

"난 안 가. 이건 아니야. 내 아내랑 이야길 해봐. 난 아무 데도 안 간다고!"

마음속 깊은 곳에서 나는 이미 그 모든 것을 되돌리기엔 너무나도 늦은 뒤라는 것을 알고 있었다. 나는 나 자신의 운명을 내가 조절할 수 없다는 것이 싫었다. 그 생각이 나를 폭발하게 만들었다. 그 순간에 나는 이미 마르세유 소속이 아니며, 아직 첼시와도 계약을 맺지 않았다는 생각이 났다. 그래, 그렇다면 내가 첼시가 아닌 다른 클럽으로 갈 수 있지는 않을까? 적어도 그 시점에서 첼시는 나에게 별다른 의미가 없는 클럽이었다.

물론 나는 첼시가 빅클럽이라는 것을 알고 있었고 이제 막 조세 무리뉴 감독이 새 감독에 부임했다는 사실도 알고 있었다. 그들이 큰 야심을 가진 클럽이라는 사실은 나도 알고 있었다. 그러나 당시 프랑스에서 모두가 주목하고 있던 클럽은 프랑스 선수들로 가득하고 프랑스 출신의 아르센 벵거 감독이 이끌고 있던 아스널이었다. 프랑스인들은 아스널을 '21번째 프랑스 팀'이라고 불렀고 그들은 이제 막 2003-2004시즌에 무패 우승을 달성한 직후였다. 그 시즌 첼시가 아스널에 이어 리그 2위를 차지하긴 했지만 그들은 그 시점까지는 프랑스인들에게 큰 존재감이 없는 클럽이었다.

나의 마지막 발악은 오래가지 않았다. 나는 결국 다음 날 멍한 마음으로 비행기를 타고 첼시 구단주 로만 아브라모비치가 보낸 개인 전용기를 타고 런던에 도착했다. 그는 무리뉴 감독과 함께 나와서 나를 기다리고 있었다.

무리뉴 감독은 즉시 내게 프랑스어로 말을 걸며 편한 분위기를 만들어줬다.

"잘 지냈나, 친구? 자넨 이미 좋은 선수야. 그러나 더 위대한 선수가 되기 위해서는 나를 위해 뛰어야 하네. 마르세유는 좋은 팀이지만 더 뛰어난 선수가 되기 위해서는 첼시 같은 더 큰 클럽에서 뛰어야 해. 그리고 자네는 무조건 날 위해 뛰어야 한다고!"

그는 자신이 내게서 큰 잠재력을 확인했고 그가 나를 첼시로 데려오길 원했다고 말했다. 나는 내가 그를 믿을 수 있을 것 같다는 느낌을 받았고 '그래, 적어도 날 이해하는 감독을 만났구나'라고 생각했다. 나에 대한 감독의 믿음은 그 순간 내게 가장 필요한 것이었다. 나는 그렇게 첼시와 계약서에 사인할 준비를 마쳤다.

| DIDIER DROGBA |

첼시와의 계약은 간단하게 진행됐다. 아브라모비치 구단주, 무리뉴 감독과 악수를 한 후 몇몇 세부 사항에 대해 논의를 한 후 서명하고는 끝이었다. 사실 그것은 통상적인 절차와 비교해보면 조금 이상한 것이기도 했지만, 그날 내 마음은 마르세유를 급하게 떠나게 된 것에 대한 마음으로 가득해서 아직 정상이라고 보기 어려운 상황이었다. 디우프 역시 런던으로 와서 마르세유의 대표로서 첼시와 협상 절차를 마무리하고 있었다. 협상 테이블의 반대편에 앉아 있는 그를 보는 것은 이상한 느낌이었다.

무리뉴 감독과 처음 런던에서 만난 날, 나는 그와 많은 대화를 나누지 않았음에도 그가 어떤 사람인지 알 것 같은 느낌을 받았다. 그 역시 훗날 그때 나와 인사를 나누고 헤어질 때 나와 그 사이가 특별한 인연이 될 것이라는 생각이 들었다고 말했다. 그와 나 사이의 관계는 보통의 감독과 선수의 그것과는 다른 특별한 것이었다. 그의 말에 의하면, 그것은 그와 내가 함께 첼시에서 새로운 여행을 시작하는 사이였기 때문이었다고 한다. 그의 말처럼 그와 나는 거의 같은 시기에 첼시에 와서 새로운 도전을 했다. 그와 나의 관계는 그때로부터 지금까지도 이어지고 있다.

정식 사인을 겸한 입단식은 몇 주 후에 런던에서 있었다. 나는

15번 유니폼(나의 아들 이삭의 생일이 15일이다)을 받았다. 데미안 더프가 이미 11번 유니폼을 사용 중이었기 때문이다. 기념사진 촬영이 진행됐고 관계자들과 몇 번 악수를 나눈 후에 입단식이 마무리됐다. 티에르노와 파페는 나에게 행운을 빈다며 작별인사를 건네고 마르세유로 떠났다. 나는 마치 아주 오래 전에 부모님께 작별인사를 건네던 어린 시절이 떠올랐다. 그 후로 나는 짐을 챙겨서 경기장 바로 옆에 있는 첼시 빌리지 호텔에 있던 내 방으로 올라갔다. 내 방은 경기장이 한눈에 보이는 아주 좋은 방이었지만, 첫날 나는 아주 외로웠다. 내 가족은 아직 프랑스에 있었고 그들이 잉글랜드에 오기 위해서는 준비해야 할 것들이 아주 많았다.

내가 첼시와 정식 계약서에 서명을 했던 것은 7월 말의 일이었다. 나는 그 바로 다음 날에 미국으로 팀의 프리시즌 일정을 위해 떠나야 했다. 나와 새 동료들 사이의 첫 인사는 히드로 공항 근처에 있는 훈련장으로 가는 버스 안에서 이뤄졌다. 그 여름 첼시는 아주 바쁜 이적시장을 보냈다. 아르엔 로번이 PSV를 떠나 첼시에 입단했고 페트르 체흐가 스타드 렌을 떠나 첼시로 왔다. 내가 첼시에 입단한 지 약 일주일 뒤에 무리뉴 감독과 같은 팀인 포르투에서 뛰었던 히카르도 카르발류가 입단했다.

첼시에서 내가 겪은 첫 번째 문제는 영어를 할 줄 모른다는 것이었다. 내가 할 줄 아는 영어라고는 "브라이언은 어디에 있죠?" "브라이언은 주방에 있습니다"와 같은 아주 간단한 수준의 표현뿐이었다. 그러나 놀랍게도 첼시에서 보낸 초기에는 그런 초보 수준의 영어도 아주 큰 도움이 됐다.

나는 버스에 올라타서 안쪽으로 걸어 들어가는 사이에 양옆에 앉은 선수들과 악수를 나누며 천천히 들어갔다. 그중에는 몇몇 익숙한 얼굴들도 있었다. 프랑스 출신의 클로드 마케렐레와 윌리엄 갈라스, 카메룬 출신의 제레미, 그리고 스타드 렌에서 뛰던 시절에 나와 상대해본 적이 있는 페트르 체흐 등. 그때까지는 그들에 대해 자세히 아는 것은 아니었지만 그들이 모두 프랑스어를 할 줄 알았기 때문에 나는 조금이나마 편한 느낌을 받을 수 있었고 미국에 도착하기 전까지 그들과 함께 시간을 보냈다.

미국에 도착하던 날, 나는 첼시 1군 팀과 처음으로 함께 훈련을 가졌다. 나는 평소처럼 주변을 둘러보면서 별로 말은 하지 않은 채 어떤 선수들이 있는지, 팀 분위기는 어떤지 등을 살피며 훈련을 받았다. 그 선수 중에는 아주 젊고 강해 보이는 선수가 하나 있었다. 나는 그를 보며 그가 이제 막 리저브팀에서 올라온 선수 같다는 인상을 받았다.

'재미있군. 저 선수는 분명히 경험을 쌓아주기 위해 리저브팀에서 1군으로 올린 선수일 거야.'

그 훈련이 끝난 후에 나는 다른 선수에게 그가 누구인지를 물은 후에야 그가 팀의 주장인 존 테리라는 것을 알게 됐다. 당시 나는 그 정도로 첼시에 대해 잘 모르는 상황이었다. 새로 임명된 주장의 얼굴도 알지 못했던 것이다.

첼시와의 첫 훈련은 여러 면에서 아주 새로운 경험이었다. 어느 날 훈련이 끝난 후에 운동화를 들고 버스를 타려는 내게 무리뉴 감독이 말했다.

"운동화는 뭐에 쓰려고?"

"이따가 달리기를 하지 않을 건가요?" 내가 놀라서 대답했다.

"축구화를 가져와라. 넌 축구 선수야. 내가 하는 훈련의 모든 것은 경기에 영향을 주기 위한 것이다. 그리고 경기 중에 운동화를 신는 선수는 아무도 없지."

그건 내겐 아주 뜻밖의 일이었다. 프랑스에서는 프리시즌 훈련 기간에는 체력을 증가시키기 위해 하루에 5~10km 정도 달리기를 하는 것이 일반적이었다. 그 후에야 볼을 가지고 훈련을 하는 것이 보통의 일이다.

나는 그런 식의 달리기 훈련을 늘 싫어했고 장거리를 달릴 때는 종종 힘들다고 느끼기도 했다. 무리뉴 감독은 그 달리기 훈련 대신 완전히 다른 방식으로 훈련을 진행했다. 그가 포르투갈에서 사용했던 그 훈련법은 나 이외의 다른 선수들에게도 아주 새로웠다. 우리는 훈련시간에 실제 경기에 적용될 만한 훈련을 집중적으로 받았다. 패스, 태클, 달리기, 휴식, 가속하기, 방향 바꾸기 등등. 그 전까지 프랑스에서는 '그래, 경기에 나서려면 몸을 먼저 만들어야지'라면서 좀 더 일반적인 훈련을 하는 경우가 많았다. 그러나 무리뉴 감독의 훈련은 모든 것이 실전과 직결됐다. 쓸데없이 몇 킬로미터를 뛰어다니는 일도 없었다.

일반적으로 축구계에서는 체력을 더 많이 사용하고 소진하는 방식의 훈련이 더 효과가 있다고 생각하는 사람들이 많다. 그러나 실제로는 그런 훈련들은 그저 더 지루할 뿐이며, 나의 개인적인 생각으로는 효과도 떨어진다. 무리뉴 감독의 훈련 방식은 늘 볼을 쫓아다니고, 좁은 틈을 찾아내고, 폭발적으로 달리고, 갑자기 그리고 지속적으로 방향을 바꾸는 것이 중심이었다. 그런 방식의 훈련은 순간순간은 좀 더 고되게 느껴질지 몰라도 훨씬 더 즐겁고 흥미로웠다.

나와 비슷한 시기에 첼시에 입단한 동료들은 처음 서너 차례 정도는 새로운 훈련 방식에 적응하는 데 어려움을 겪었지만 그 후에는 정말 즐거운 마음으로 훈련을 받았다. 무리뉴 감독은 내가 그때까지 만났던 어떤 사람과도 전혀 다른 인물이었다. 훈련이 끝난 후엔 그는 선수들과 함께 농담을 하고 이야기를 하며 자주 웃곤 했다. 그러나 일단 훈련이 시작되면 그는 갑자기 엄청나게 진지한 사람이 됐다. "실수를 하지 마라. 나는 우승을 하기 위해 이곳에 왔다." 훈련시간에 그는 선수들에게 잠시도 집중력을 잃지 않도록 만들었다.

첼시와 사인했을 때 무리뉴 감독은 내게 프리시즌 투어가 끝난 후에 휴가를 주겠다고 약속했다. 그의 말대로 나는 미국 투어가 끝나자마자 휴가를 떠났다. 이론적으로는 아주 즐거운 휴가임에 틀림없었겠지만 실제로 그 휴가는 나에겐 최악의 휴가로 남아 있다. 곧 시작될 새 시즌에 대한 생각에 사로잡혀서 도저히 마음 편히 쉴 수 있는 분위기가 아니었던 것이다.

가족 휴가를 마친 후 다시 선수단에 합류했을 때, 나는 할링턴에 있던 첼시의 옛 훈련장을 둘러보고 놀랐던 기억이 난다. 프리미어리그 우승을 꿈꾸는 팀의 훈련장이라고 하기에는 여러모로 부족해 보이는 훈련장이었기 때문이다. 그러나 내가 입단한 시즌이 첼시를 인수한 지 두 번째 시즌이었던 로만 아브라모비치 구단주는 이미 새로운 훈련장에 투자할 계획을 갖고 있었고 1년 후에 코범 훈련장으로 옮기게 됐다. 그 기간 중에 우리는 첼시가 1970년대부터 사용했던 할링턴 훈련장을 사용했다. 너무 오래된 할링턴 훈련장에는 종종 뜨거운 물이 안 나오기도 했다. 갱강의 훈련장조차 그것보다는 더 좋았다.

또 당시의 첼시는 새로 팀에 입단한 선수들이 잘 적응할 수 있도록 도와주는 면이 그리 인상적이지 못한 클럽이었다. 선수들의 생활을 돕는 역할을 했던 팀 매니저인 게리 스토커는 열심히 노력했지만, 솔직히 말하자면 그는 너무 바빠서 나의 새집을 구해주거나, 나에게 런던을 소개해줄 만한 시간 자체가 없었다. 그래서 나는 팀 매니저들이 아니라 다른 선수들에게 물어보거나 나 스스로 그런 문제를 해결해야만 했다.

나에겐 그런 일들이 쉽지 않았다. 특히 훈련에 집중했던 당시 내 생활이나, 그 시기에 내가 영어를 거의 할 줄 몰랐다는 점을 감안하면 더욱 그랬다. 때때로 오전 훈련을 마치고 돌아온 후에는 너무 피곤해서 집을 보러 다닐 생각조차 들지 않았다. 게다가 나는 그때 어디서 살고 싶다는 생각조차 전혀 없었다. 현재의 훈련장 근처에 사는 것이 좋을지, 혹은 미래에 완공될 훈련장 근처에 사는 것이 좋을지가 고민됐다. 나는 곧 클럽으로부터 한 부동산 중개인을 소개받았는데, 그는 나의 높은 이적료를 아주 잘 알고 있는 것 같았다.

그가 내게 보여준 모든 집은 보통 800만 파운드(약 116억 원)에서 1000만 파운드(약 145억 원)로 내겐 너무 비싼 집들이었다. 나는 그에게 내가 전에 마르세유에서 살던 집은 50만 파운드(약 7억 3000만 원) 정도였다고 말하자 그는 이해가 안 된다는 표정으로 날 바라봤다. 그는 마치 내가 환율을 잘못 계산했거나, 영어를 잘못 알아들어서 실제로는 500만 파운드(약 73억 원)를 뜻하는 것처럼 생각하는 것 같았다.

처음에 나는 경기장 바로 옆에 있는 첼시 빌리지에서 지냈다. 창문 밖을 보면 경기장에 모여드는 팬들이 내다보였다. 경기가 있는 날에는 아침 8시에 일어나곤 했다. 그 시간부터 이미 경기장에 모여 드는 팬들이 응원가를 부르는 것이 다 들렸기 때문이다. 처음 몇 주 동안 아내와 아이들이 호텔로 찾아왔지만, 아무리 호텔방이 좋더라도 그들에게 호텔 생활은 오래 할 수 있는 것이 아니었다. 아이가 셋이나 있는 가족에겐(케빈은 거의 열 살이 다 됐고, 이삭은 세 살, 아이만은 두 살이었다) 호텔방은 답답하기 마련이었다. 결국 우리는 코범 훈련장에서 10분 거리, 케빈의 학교에서 15분 거리에 있는 예쁜 집을 구할 수 있었다. 그 집으로 옮긴 후에 우리 가족은 행복한 생활을 할 수 있었지만, 그 전까지 몇 주간은 아주 힘들었다.

첼시에서 보낸 나의 첫 시즌은 나에게도 팀에게도 여러 가지 면이 혼합되어 있는 것이었다. 첼시 선수로서 가진 세 번째 경기에서(크리스탈 팰리스전) 첫 골을 기록한 것은 기뻤지만 나는 프리미어리그의 거친 면을 곧 깨닫게 됐다. 그리고 공격수인 나에겐 악질적인 태클이 쏟아지기 시작했다. 유럽의 어디를 가더라도 그런 식의 파울이 나오면 주심이 옐로카드를 줄 것이다.

잉글랜드에서는 그런 파울을 당해도 일어나서 태클을 한 상대 선수와 악수를 나눠야 했다. 지금 생각해보면 웃음이 나는 일이지만, 그 당시에 나에게 그런 면은 문화 충격이었고 내가 그런 것에 익숙해지는 데는 많은 시간이 걸렸다.

그 후로 나는 한 달 정도 득점을 하지 못하다가 미들스브로전에서 두 번째 골을 터뜨렸다. 첼시는 지난 시즌 우승팀이자 좋은 출발을 한 아스널에 비해 어려운 시작을 했다. 신체적으로도 나는 많은 문제를 겪었고 사타구니 부상까지 당하면서 첫 시즌에 몇 주간을 부상으로 전력에서 이탈하기도 했다. 물론 그 부상은 내가 팀에 적응하는 데 부정적인 영향을 미쳤다. 그 무렵 나는 아직 마르세유를 떠나온 슬픔을 완전히 떨쳐내지 못한 상태였다. 나는 선수들이 최고의 성과를 내기 위해서는 정신적으로 100% 자신의 클럽에 헌신해야 한다고 생각한다. 그런 면에서 보자면, 나는 분명 그 시즌 초반 100% 첼시에 집중하지 못했다. 내가 첼시로 이적했던 과정을 회상해보면 어떻게 내가 첼시에 그렇게 갑자기 헌신할 수 있었겠는가?

시간이 가면서 첼시의 성적은 점점 더 좋아졌고 11월 초에는 아스널을 제치고 리그 선두로 올라섰다. 그리고 우리는 그 후로 시즌 종반까지 1위 자리를 놓치지 않았다. 우승 후보였던 아스널은 갑자기 저조한 경기력을 보이며 선두 경쟁에서 멀어졌다.

그 시즌 나나 팀에게 가장 부정적인 면 중 하나는 2월에 있었던 챔피언스리그 누캄프 원정경기에서 나왔다. 우리는 바르셀로나에 1 대 0 리드를 안고 있었고 좋은 경기를 펼치고 있었다. 후반전 초반에 나는 아무런 악의 없이 상대 골키퍼와 경합을 벌였는데 그 장면을 본 스웨덴 주심은 내게 레드카드를 꺼내 들었다. 늘 그렇듯, 그 판정은 상대 팀에 아주 큰 어드밴티지를 안겨줬고 결국 바르셀로나는 우리에게 2 대 1 역전승을 거뒀다.

경기가 끝난 후 그 장면에 대해 첼시 팬이 아닌 사람들마저 레드카드는 너무 심했다는 의견을 내놨다. 그러나 이미 엎질러진 물이었다. 그 판정에 대해 일부 첼시 팬들은 극도의 분노를 느꼈고 일부는 주심에게 살인 협박을 하기도 했다. 그 결과 그 주심은 바르셀로나와의 2차전에서 주심으로 나서지 못했다(우리는 결국 합산 스코어 5 대 4로 다음 라운드에 진출했다).

나는 내 퇴장으로 팀이 받은 피해를 만회하기 위해 리버풀과의 칼링컵 결승전에 필사적으로 임했다. 그 경기는 내가 퇴장당한 지 고작 4일 후에 열린 경기였다. 나는 그 일이 있은 후에도 날 출전시켜 준 무리뉴 감독에 고마움을 느꼈고 그 결승전이 나에 대한 그의 믿음에 보답할, 또 첼시 팬들에게 내가 큰 경기에 강하다는 것을 보여줄 기회라고 생각했다. 또 그 경기는 내가 처음으로 우승 트로피를 차지할 수 있는 첫 기회이기도 했다. 나는 그때까지 내 커리어를 통틀어 아마추어든, 프로든 우승을 차지한 적이 없었다. 그래서 그 경기는 더더욱 내게 큰 의미가 있었고 그만큼 나는 더 많은 부담을 느꼈다.

나뿐 아니라 팀 동료들도 큰 부담을 느꼈다. 무리뉴 감독이 시즌 초에 우리에게 말했던 것처럼 당시 우리 팀에는 우승 트로피, 특히 리그 우승을 차지해본 선수가 많지 않았다. 그러므로 다른 팀들에게 우리가 진정한 우승 후보라는 것을 보여주기 위해서라도 우리에겐 그 경기에서 승리하는 것이 필수적이었다.

새 감독인 라파 베니테즈 감독 지휘 아래 첫 결승전을 맞는 리버풀 역시 비장한 각오로 경기에 나섰다. 베니테즈 감독은 지난 시즌 UEFA컵 우승을 차지한 감독이었고 무리뉴 감독은 지난 시즌 챔피언스리그 우승을 차지한 감독이었다. 그 두 남자의 자존심은 그날의 승부를 더욱 치열한 경기로 만들었고 그렇게 생겨난 첼시와 리버풀 사이의 묘한 경쟁의식은 현재까지 이어지고 있다.

그날 카디프의 밀레니엄 스타디움에서 열린 결승전은 경기 시작 45초 만에 리버풀의 아르네 리세가 선제골을 터뜨리며 우리에게 아주 불리하게 시작됐다. 그 골은 칼링컵 결승전에서 가장 이른 시간에 터진 골로 물론 우리에겐 별로 도움이 되는 기록이 아니었다. 우리는 팀을 제대로 정비하기도 전에 끌려가기 시작한 것이다. 그러나 우리는 집중력을 잃지 말고 계속해서 싸워야 했다. 경기가 이어지면서 우리는 점유율을 가져오기 시작했지만 중요한 동점골은 터지지 않았다.

경기 종료 10분을 남기고, 우리는 프리킥 찬스를 얻었다. 파올로 페레이라가 프리킥을 시도했고 그다음 순간 스티븐 제라드가 헤딩으로 걷어낸다는 볼이 리버풀 골문 안에 빨려들어 갔다. 그 장면은 리버풀에는 끔찍한 장면이었지만, 우리에겐 단숨에 분위기를 바꿀 수 있는 아주 좋은 기회가 되는 장면이었다. 제라드의 자책골로 인해 우리는 동점골의 부담에서부터 자유로워지고 이후로 더욱 경기를 주도하게 됐다. 연장전, 우리는 점점 더 리버풀을 압도하기 시작했고 연장 후반전에 내가 터닝슈팅으로 득점에 성공했다. 이후 내가 첼시 선수로서 결승전에 터뜨린 9골 중 첫 번째 골이었다. 그 골이 들어가는 순간은 진정한 희열의 순간이었다. 바르셀로나전에서 나의 실수를 갚고 모든 사람 앞에서 내가 큰 경기에서 강하다는 점을 보여줄 수 있는 장면이었던 것이다. 그로부터 5분 후에 우리는 케즈만의 골로 사실상 경기를 결정지었다. 이후 리버풀이 한 골을 따라붙었으나 이미 승부를 뒤집기에는 너무 늦은 뒤였다. 최종 스코어 3 대 2.

그 결승전에서의 승리는 우리에게 여러모로 특별한 의미가 있었다. 우리는 그 경기에 앞서 중요한 두 경기에서 연패를 당한 상태였다. 바르셀로나 원정경기와 뉴캐슬과의 FA컵 5라운드 경기였다. 리그 선두 자리는 지키고 있었지만, 우리로서는 순식간에 시즌의 분위기가 엉망이 될 위험에 빠져 있었던 것이다. 그러나 이 경기에서의 승리로 우승을 차지함으로써 우리는 자신감을 되찾고 축구계에 이제는 첼시가 무시할 수 없는 팀이 됐다는 것을 알린 것이다. 또 그 우승은 그 전까지 런던에서 가장 성공적인 클럽이었던 아스널과 우리 사이의 힘의 균형을 바꿔놓는 것이었다. 우리가 11월에 그들을 제치고 리그 선두로 올라섰던 순간부터 우리는 아스널에 대해 힘의 우위를 점하기 시작해서 리그가 마감되는 순간까지 그것을 놓치지 않았다. 그리고 그날의 우승은 단순히 리그 순위뿐 아니라 그것을 초월하는 상징적인 의미가 있었다.

그날 이후로 우리는 더욱 강해졌다. 물론 그 이후에 챔피언스리그 준결승전에서 리버풀에 복수를 당한 것이 아쉬움으로 남았지만 (그들은 결국 그 시즌 '이스탄불의 기적'을 달성하며 챔피언스리그 우승을 차지했다), 우리 역시 그 후로 첼시 역사에 남을 대업을 달성했다. 리그 우승 말이다. 리버풀에 당한 챔피언스리그에서의 패배에 우리가 안필드에서 득점하지 못했다는 것이 영향을 끼쳤는지는 알 수 없지만, 우리에겐 볼튼 원정경기에서 리그 우승을 달성한 것이 가장 큰 일로 남아 있다. 아주 오랫동안 리그 우승을 차지하지 못했던 우리에게 리그 우승을 차지하는 것은 아주 큰 심리적인 효과가 있었고 우리가 얼마나 발전했는지를 보여주는 상징 같은 것이었다. 그 우승은 나에게도 아주 큰 의미가 있었다. 그 전까지 나는 여러 가지 종류의 개인상을 수상해봤지만(이번 시즌 최고의 골상, 시즌 최고의 선수상 등등), 나는 한 번도 리그 우승 트로피를 차지해본 적이 없었다. 그러나 그 시즌 우승으로 나는 세계에서 가장 치열한 리그라고 여겨지는 리그에서 우승을 차지하게 된 것이다.

나는 그 시즌 초반 무리뉴 감독이 선수들에게 모두가 무리뉴 감독이 원하는 대로만 뛴다면 리그 우승을 차지할 수 있다고 말한 것을 기억하고 있다. 바로 그런 점 때문에 무리뉴는 때로 사람들에게 거만하다는 평가를 받기도 한다. 그러나 그의 그런 점은 거만함과는 다르다. 그것은 자신감이다. 만약 우리가 우리보다 전력이 약한 팀들에 승리를 거두고 우리보다 강하거나 비슷한 전력을 가진 팀에 지지 않는다면 우리는 우승을 차지할 수 있을 것이다. 언뜻 들으면 아주 간단한 논리처럼 들린다. 그러나 나는 무리뉴 감독 외에 어떤 감독도 그처럼 어떻게 하면 그 목표를 달성할 수 있는지를 간단하게 설명하는 감독이 없다고 생각한다. 그 시즌 우리는 우리보다 약한 팀에 승리를 거둔 것만이 아니라 맨유와의 홈경기와 원정경기에서 모두 승리했고 아스널과는 두 경기에서 모두 무승부를 거뒀다. 그 시즌 내내 우리는 단 한 경기에서 패했고 승점 95점으로 리그 우승을 달성했다. 첼시에 비판적인 시각을 가진 사람들조차 그 승점은 대단한 업적이라는 것에 동의했다.

프리미어리그에서 보낸 나의 첫 시즌을 돌아보면 나는 그 시즌이 긍정적인 면도 있었지만 아주 힘든 점도 많았던 시즌이라고 생각한다. 잉글랜드 리그로의 이동은 내가 예상했던 것보다 더 힘든 일이었다. 나는 팀의 스타일과 새로운 언어에 모두 적응해야 했다. 나뿐만 아니라 내 가족 역시 잉글랜드에 적응하는 데 고생을 했다. 팬들역시 나의 첫 시즌 활약에 아주 만족하지는 못했다. 첫 시즌 나의 골기록은 리그 10골, 모든 대회를 통틀어서 16골이었다. 그 시즌 득점왕이었던 티에리 앙리의 25골(모든 대회에서 31골)과는 아주 큰 차이가 있었다. 나는 첫 시즌에 많은 부상을 당했고 잉글랜드 축구에 적응하는 데는 더 많은 시간이 필요했다.

한 가지 예로 나는 프리미어리그의 빠른 속도와 냉혹함에 충격을 받았다. 첼시에서 보낸 첫 주에 나는 1주 만에 세 경기를 치르고서 녹초가 되어버렸다. 프랑스에선 그런 일은 좀처럼 찾아볼 수 없는 일이다. 그러나 잉글랜드에선 그런 일이 한 시즌에도 몇 주씩이나 일어난다. 좋은 선수단을 가진 감독들의 경우 로테이션 시스템을 이용하는 것도 그런 이유 때문이다. 그러나 아무리 선수단이 크더라도, 선수들은 지쳐 있거나 몸 상태가 좋지 않을 때라도 훈련을 해야 하기에 부상을 당하는 경우가 많다. 그 결과 잉글랜드에서는 '고통을 참으며 뛴다'는 것이 아주 흔한 일처럼 받아들여지고 있다.

프리미어리그의 피지컬적으로 거친 플레이 스타일도 나에게 놀라움으로 다가왔던 것 중의 하나였다(물론 마르세유 시절 유럽 대회에서 리버풀, 뉴캐슬 등을 상대하며 경험해본 적은 있었지만). 지금도 생생히 생각나는 장면이 하나 있다. 드로우인 상황이었는데 볼을 받기 위해 달려가는 나에게 어디선가 불쑥 수비수가 다가와서 정면으로 나를 밀쳐버렸다. 나는 놀라서 그를 바라본 후 주심을 쳐다봤다. 그가 당연히 파울을 선언할 것이라고 생각하면서. 그러나 그는 카드를 주기는커녕 파울도 선언하지 않고 경기를 속개시켰다. 그 장면은 프랑스에서는 당연한 파울이었지만, 잉글랜드에선 그렇지가 않았던 것이다.

물론 즐거웠던 순간도 있었다. 첼시에서 만난 동료들은 나를 진심으로 환영해줬다. 윌리엄 갈라스, 클로드 마켈레레, 제레미 등이 특히 나와 가깝게 지낸 동료들이었다. 우리는 원정경기를 떠날 때면 함께 호텔에서 포커를 치면서 시간을 보내기도 하고 많은 일을 함께 했다. 내 영어 실력도 점점 늘어서 시간이 갈수록 다른 사람들과 더 능숙하게 소통할 수 있게 됐다.

그러나 그 시즌의 하이라이트는 역시 리그와 칼링컵에서 우승을 차지한 것이었다. 그 두 개의 우승은 내가 첼시에서 겪은 어려움에 대한 일종의 보상처럼 느껴졌다. 때때로 내가 잉글랜드에서 잘하고 있는지에 대한 걱정이 들 때마다 그 우승은 나에게 좋은 동기부여가 되어줬다. 사실 그 시즌 바르셀로나에 패한 직후 거둔 칼링컵 우승은 우리에게 아주 큰 의미가 있어서 우리는 그 우승 트로피를 팬들에게 보여주기도 했다. 팬들 앞에서 트로피를 들어 보이며 퍼레이드를 했던 순간은 우리에게도 팬들에게도 아주 행복한 순간이었다. 그런 순간이 나에게 힘을 주고, 앞으로 계속 나아갈 용기를 줬다.

남을 것인가, 떠날 것인가, 2005 – 2006

| DIDIER DROGBA |

두 번째 시즌은 달라지길 바랐다. 개인적으로나, 선수로서나. 그런 점에서 아스널과의 커뮤니티 실드에서 내가 터뜨린 2골은 내가 바랐던 최고의 출발이었다.

　여름 이적시장에서 무리뉴 감독은 AC 밀란으로 임대되어 뛰고 있던 아르헨티나 공격수 에르난 크레스포를 불러들였다. 당시 크레스포는 라치오가 파르마로부터 그를 영입할 때 기록한 5600만 유로(약 700억 원)로 세계에서 가장 비싼 이적료를 기록한 선수였고, 골 결정력이 아주 뛰어난 공격수였다. 그가 팀에 입단한다는 소식을 처음 들었을 때는 아주 기뻤으나, 곧 나는 무리뉴 감독이 그와 나를 경쟁시키고자 한다는 것을 알게 됐다. 그는 나와 크레스포를 동시에 기용하기보다는 둘 중 한 명을 선택해서 경기에 내보내곤 했다. 나는 전 경기에 득점을 하고도 다음 경기에 벤치를 지키기도 했고, 우리 둘 중 한 명이 전반전에 득점을 못 할 경우엔 곧바로 교체되는 일도 종종 있었다.

　나는 무리뉴 감독이 우리 두 사람을 서로 경쟁하게 만들어서 우리의 잠재 능력을 최대한으로 끌어올리고자 하는 것이라고 생각했다. 서로가 상대보다 잘하기 위해 노력하는 가운데 자연스럽게 한 단계 더 성장하기 위해서. 그는 한 번도 직접 우리에게 그에 대해 설명한 적이 없었지만 그렇게 세 경기쯤 지나자 우리는 스스로 이게 어떤 상황인지를 깨닫게 됐다.

시간이 지나면서 우리는 그 경쟁에 익숙해졌고 언젠가부터는 서로 웃으면서 그 상황에 대해 이야기할 수 있는 수준이 됐다. 그와 나 사이에는 부정적인 경쟁의식이 없었다. 예를 들면 한 경기에서 내가 득점을 올리면 크레스포는 내게 와서 "아주 멋진 골이었어"라며 칭찬을 해주곤 했다. 다음 경기에서 그가 득점을 하면 내가 그에게 다가가서 "아니, 어떻게 하면 그렇게 골을 넣을 수가 있어?"라고 하는 식이었다. 그러나 결국 그런 상황은 나와 크레스포 모두에게 좋지 않은 상황이 됐다. 나는 휴식 없이 정기적으로 경기에 나서고 싶었다. 그편이 내겐 경기력을 유지하는 데 더 도움이 됐다. 무리뉴 감독은 4-3-3 전술을 즐겨 썼고, 특히 좀 더 수비적으로 경기에 임할 때는 그 포메이션을 거의 항상 사용했다. 나는 4-4-2 포메이션으로 뛰는 것이 더 익숙했고 그는 종종 그 포메이션을 사용하기도 했다. 그러던 어느 날 나는 결국 그를 찾아갔다.

"감독님, 이런 식으로 뛰는 건 내겐 좀 힘들어요. 항상 수비수 두 명 사이에서 뛰다 보니까 공격수인데 골도 많이 넣지 못하고요."

그에 더해 나는 아프리카 네이션스컵에 참가하기 위해 한 달이 넘는 시간 동안 팀을 떠나 있었다. 그해 열린 대회에서 우리는 결승전까지 진출했지만 정말 아깝게 이집트에 패했다. 나는 물론 내 조국을 사랑했기 때문에 그 대회에 꼭 참가하고 싶었지만, 2년마다 열리는 그 대회에 참가하기 위해 나는 두 시즌에 한 번씩 1월, 2월에 리그 일정을 제대로 소화할 수 없었다. 내가 대회 참가를 위해 인사를 꺼내자 무리뉴 감독은 나에게 웃으며 "휴가 잘 보내"라고 말한 적도 있었다. 그는 아마도 내가 대회에 참가하지 않길 바랐을 것이라고 생각한다. 대회가 모두 끝나고 2월에 다시 돌아왔을 때, 나는 아주 지친 상황이었다. 그 사이에 크레스포는 많은 골을 터뜨렸고 나는 내 자리를 차지하기 위해 더 열심히 뛰어야 했다. 그런 상황에서 4-3-3의 원톱 공격수로 상대 중앙 수비수 두 명을 상대하는 것은 쉬운 일이 아니었다.

감독에게 필요한 능력 중 하나는 선수들에게 귀 기울이는 것이다. 그리고 바로 그것이 그가 한 일이었다. 그는 내 말을 유심히 들은 후 그로부터 얼마 지나지 않아 나와 크레스포를 투톱으로 기용하는 4-4-2 포메이션을 사용했다. 그렇게 우리 팀의 포메이션이 바뀌고, 내가 크레스포와 투톱으로 출전하기 시작한 후 나의 골도 터지기 시작했다. 4-4-2 포메이션을 기용한 후로부터 나는 마르세유 시절 느꼈던 편안함을 느낄 수 있었다. 그때부터 나는 좀 더 꾸준한 활약을 할 수 있게 됐다.

그러나 나 자신은 경기장에서 좀 더 편안한 활약을 하게 됐지만 나는 아직까지 첼시 팬들의 마음을 사로잡지 못했다고 느꼈다. 3월 초에 우리는 챔피언스리그 16강에서 바르셀로나에 패해 탈락했다. 그 결과는 1년 전 준결승전에서 리버풀에 패하며 탈락했던 우리나 팬들에겐 가슴 아픈 결과였다. 1, 2차전에서 나와 크레스포는 번갈아가며 4-3-3의 원톱 공격수로서 뛰었다. 그리고 우리 둘은 두 경기에서 둘 다 득점을 올리지 못했다. 그 무렵 우리는 이미 지난해 10월에 찰튼에 패하며 칼링컵에서도 탈락한 상황이었다. 그러므로 우리에게 남은 희망은 리그 우승과 FA컵 우승뿐이었다.

그 시즌 3월에 있었던 두 경기에서 있었던 일들은 나로 하여금 진지하게 첼시에서의 선수생활을 다시 생각해보게끔 했다. 그중 첫 경기는 풀럼전이었다. 풀럼은 강등경쟁을 벌이고 있었고 우리를 상대로 승점을 얻어내고자 필사적이었다. 풀럼 홈팬들은 경기 시작 5분 만에 페널티킥을 얻을 수도 있었던 상황에서 얻지 못하자 미친 듯이 흥분했다(리플레이 판독 결과, 주심의 판정이 옳았던 것으로 밝혀졌다). 결국 풀럼은 전반 17분 만에 선제골을 터뜨렸고 그 후로 경기를 유리하게 풀어나갔다. 무리뉴 감독은 경기 상황을 바꾸고자 조 콜을 빼고 나와 크레스포를 투톱으로 쓰는 4-4-2 포메이션을 가동했다. 새로운 전술 아래 우리는 후반전에 경기 분위기를 서서히 바꿔나갔다.

그러던 중에 나는 동료로부터 롱패스를 이어받고 상대 골키퍼를 제친 후에 슈팅을 했다. 나는 동점골을 터뜨린 것에 기뻐했지만, 그 즉시 난장판이 벌어졌다. 풀럼 선수들이 하나같이 마이크 딘 주심을 둘러싸고 핸드볼이라고 주장하고 나선 것이다. 그 장면에서 내 위치와 마이크 딘 주심의 위치를 생각해보면, 그가 볼이 내 손에 닿았는지 아닌지를 판독하기는 불가능해 보였다. 그는 처음에는 득점을 인정했지만 풀럼 선수들과 팬들의 미친 듯한 항의를 받은 후에 부심에게 다가가서 논의한 뒤 노골을 선언했다. 과연 그가 다른 사람들의 영향을 받은 것일까? 그는 아니라고 말했다. 그의 판정이 옳았든, 틀렸든 그의 결정은 번복되지 않았고 나는 다음 날 아침 영국 미디어로부터 비판을 받았다. 그 경기의 논쟁적인 장면은 그 한 장면이 아니었다. 그날 후반전 종료 직전에 윌리엄 갈라스는 풀럼 공격수에 대한 거친 태클로 레드카드를 받기도 했다.

그 경기에서 있었던 일도 충분히 불운한 일이었지만, 그것은 그다음 경기에서 벌어진 일에 비하면 아무것도 아니었다. 그 경기는 맨시티 원정경기였고 나는 그 경기 내용과 그 경기에서 있었던 일 모두를 영원히 잊지 못할 것이다. 그 경기 자체는 우리에게 아주 유리하게 시작됐다. 나는 구드욘센과 함께 최전방에 투입됐고 전반 30분에 나의 시즌 13호 골을 터뜨렸다. 그때까지는 괜찮았다. 나는 다시 3분 후에 6야드 거리에서 시도한 슈팅으로 두 번째 골을 터뜨렸다. 그러나 그 순간 마치 풀럼전에서 그랬던 것처럼 한바탕 떠들썩한 일이 벌어졌다. 맨시티 수비수들은 내가 팔을 이용해서 볼을 컨트롤했다고 주장하고 나섰다. 특히 맨시티 주장이었던 실뱅 디스탱은 그날 경기의 주심 롭 스타일스에게 욕설을 퍼부었다가 옐로카드를 받기까지 했다. 그 옐로카드로 인해 디스탱은 카드 누적으로 퇴장을 당하고 말았다.

그게 다가 아니었다. 그날 경기 막판에 맨시티 수비수 리차드 던과 내가 엉키며 넘어졌다. 나는 그를 지나서 드리블을 하려고 했고 그는 균형을 잃고 넘어지다가 손으로 내 얼굴을 치고 말았다. 그의 손가락이 내 눈 바로 앞까지 닿을 정도였다. 나는 너무 아파서 경기를 계속하기가 어려웠다. 눈이 퉁퉁 붓기 시작했고 일어나기조차 어려웠다. 그래서 잠시 그라운드에 누워서 고통을 참고 있었다. 그러자 무슨 일이 벌어졌는지 제대로 알지 못하는 관중들이 일제히 나를 향해 야유를 퍼붓기 시작했다. 충격적이었던 것은 야유를 보내는 팬들이 맨시티 팬들뿐 아니라, 첼시 팬들도 마찬가지였다는 것이다. 나는 도대체 무슨 이유로 내가 나의 소속 팀 팬들에게 야유를 받아야 하는지 이해를 할 수 없었다. 내 경기력이 형편없어서 그렇다면 이해할 수 있지만 나는 팬들을 만족시키기 위해 전력을 다해서 뛰고 있었다.

그날 경기가 끝나기 직전에 그 경기의 맨오브더매치(가장 좋은 플레이를 펼친 선수에게 주는 상-옮긴이)로 내가 선정됐다는 사실이 발표됐다. 그러자 더 많은 야유가 쏟아져 나왔다. 얼마나 이해하기 어려운 상황인가. 그 경기에서 가장 좋은 활약을 했다고 인정받은 선수가 자기 자신의 팀 팬들에게 야유를 받는다는 것이. 나는 그 사실이 정말 가슴 아팠다.

경기가 끝난 후 기자들도 물론 그 일을 가만히 넘어가지 않았다. 핸드볼이었느냐, 눈을 맞았느냐, 여러 명의 기자들이 나를 둘러싸고 질문을 던져댔다. 그중 BBC '매치오브더데이MOTD' 소속 기자는 나를 몰아세우고 정확히 무슨 일이 있는지를 자세히 알려달라고 요구했다. 그는 말이 아주 빨랐고, 나는 그가 뭐라고 물어보는지 제대로 이해하기가 어려웠다. 영어 실력이 전보다 좋아진 것은 사실이었지만 아직 완벽한 상태가 아니었기 때문이다. 그 순간에 그 기자에게 대답을 한 것이 나의 실수였다. 당시의 나는 너무 순진했다. 그가 나에게 핸드볼을 했느냐고 묻는다고 생각한 나는 "핸드볼이 맞다"고 대답한 후에 풀럼전에 있었던 일을 언급하면서 "이것도 경기의 일부이다. 만약 주심이 핸드볼을 봤다면 그는 경기를 정지시켰을 것이다. 그러나 그가 경기를 정지시키지 않았기 때문에 나는 경기를 계속 진행한 것이다. 그것도 경기의 일부다"라고 대답했다.

그는 이어서 내게 내가 고의적으로 다이빙을 했느냐고 물었다. 바로 그 질문에 대한 대답이 번역의 오해를 낳으면서 더 큰 오해를 낳았다. 나는 그에게 말했다.

"때로는 다이빙을 할 때도 있고, 서서 버틸 때도 있다. 축구를 할 때 항상 서서 버틸 수는 없을 때도 있다. 나는 고의적으로 다이빙을 하지 않으며, 나의 플레이를 한다. 만약 사람들이 나의 방식을 원하지 않는다면, 나는 플레이하지 않겠다."

더 말할 것도 없이, 내 대답 중에 기자들이 좋아할 만한 가장 앞의 몇 마디만이 언론에 보도됐고 그 후로 재인용되고 또 인용됐다. '때로는 다이빙을 할 때도 있다'라는 표현이 그 후로 나를 정의하는 말이 되어버렸다.

그 일로 인해 나는 영국 언론이 얼마나 상대하기 어려운 것인지를 (특히 그때는) 뼈저리게 깨닫게 됐다. 나는 그때까지 〈르퀴프〉나 〈프랑스풋볼〉과만 인터뷰를 했다. TV, 라디오 방송국과 함께 그들은 경기에 대해서만 취재를 했다. 그게 다였다. 논쟁적인 질문이나 어려운 질문을 주고받는 일도 없었다. 그러나 영국 언론은 완전히 달랐다. 나는 그들에 대한 교훈을 바로 그날 얻었다. 그날 내가 한 말은 다음 날 영국의 거의 모든 미디어의 제목을 장식했다.

당시 나는 나의 아직 부족한 영어 표현이 내 뜻과는 다르게 해석될 수 있다는 것 역시 충분히 고려하지 못했다. 그때까지 나는 아직 프랑스식 영어를 쓰고 있었고 오늘날처럼 다양한 어휘를 알지도 못했다. 만약 내가 프랑스어로 답을 할 수 있었다면 상황은 많이 달랐을 것이다. 내가 나의 생각을 훨씬 더 정확하게 전달할 수 있었을 테니까. 당시는 영어 실력이 부족했기 때문에 간단히 대답하기 위해 애썼고 나 스스로도 대답을 할 때마다 나의 부족한 영어 실력 때문에 답답할 때가 잦았다. 그날 그 문제의 발언 역시 그런 면에서 비롯된 부분이 많았다.

그런 분위기 속에서 경쟁 팀의 감독임에도 불구하고 나를 위해 목소리를 내준 사람이 있었다. 아르센 벵거 감독이었다. 그는 내가 비판을 받을 때가 많지만 나의 태도를 좋게 본다며 "드록바는 야비한 선수가 아니다. 아마도 남들은 보지 못한 파울을 당했을 것이다"라고 말했다.

나는 그의 말에 전적으로 동의했고 지금도 그렇다. 특히 나와 같은 아프리카에서 온 선수들에게 그런 플레이 방식은 일반적인 것이었다. 나는 별로 다를 것도 없는 플레이를 하면서 많은 사람의 주목을 받게 됐던 것이다. 또 벵거 감독의 말처럼 상대 선수들은 주로 나를 좀처럼 쓰러지지 않는 강한 선수라고 생각했다. 그래서 주심에게 내가 파울을 당했다는 것을 보여주기 위해서는 조금 더 강한 제스처를 취할 필요가 있었던 것이다. 나 역시 내가 잉글랜드 축구의 스타일과 문화에 적응하는 데 시간이 걸렸다는 것은 인정한다. 그리고 나의 다이빙이 문제가 됐던 것도 인정한다. 그러나 시간이 지나면서 나는 결국 프리미어리그에 적응하고 좀 더 좋은 경기력을 보일 수 있게 됐다.

맨시티전 이후 나는 프리미어리그에 너무 질려서 나의 에이전트인 티에르노와 파페 디우프에게 "잉글랜드에서 행복하지 않고 불행하다. 첼시는 좋은 팀이고 우승 트로피도 차지하고 있지만 나는 내가 이곳에 남아야 하는지 잘 모르겠다"고 말했다.

그들은 내 말을 듣고 한 귀로 흘려보내지 않았다. 오히려 내가 처한 상황에 대해 책임감을 느끼는 것처럼 보였다. 나는 내 아내에게도 나의 상황에 대해 이야기하고 그녀의 생각을 물었다. 아내는 결코 나에게 자신의 생각을 강요하는 법이 없었지만 나는 가족에게 중요한 결정을 내리기 전에 항상 그녀의 말에 귀를 기울였다.

"당신이 지금 힘들다는 걸 알아요. 나에게도 이곳에서의 생활이 아주 편한 것은 아니에요. 하지만 우리 아이들은 이곳에서 행복한 것 같아요. 그러니….”

아내는 내게 나의 선택이 무엇이든 나를 적극적으로 돕겠다고 말한 동시에 가족들과 함께 잉글랜드에서 지내고 싶다는 뜻을 암시한 것이다. 나는 아내의 말을 주의 깊게 듣고 결국 잉글랜드에 남기로 결정했다.

돌아보면 잉글랜드에 남는 것이 우리 가족 모두에게 가장 좋은 선택이었다. 첼시는 큰 계획과 야심을 가진 클럽이었다. 내가 이적한 후에 완공된 코범 훈련장은 정말 환상적인 곳이었다. 로만 아브라모비치 구단주 역시 우리를 전적으로 지원해줬고 첼시가 성공을 거둘 수 있도록 하기 위해 수단과 방법을 가리지 않았다.

또한 첼시에서 나는 과거에 그랬던 것처럼 벤치 신세를 전전하는 것도 아니었다. 나는 꾸준히 뛰고 있었고 득점도 올리고 있었다. 그리고 나는 내가 무리뉴 감독의 계획에 포함되어 있다고 느꼈다. 나에게 필요했던 한 가지는 첼시 팬들의 마음을 얻는 것이었다.

그래서 나는 한 가지 계획을 세웠다. 우선 시즌이 끝나자마자 최대한 충분한 휴식을 취하기로 했다. 그 후에 2006 독일 월드컵에 참가해서 코트디부아르를 위해 최선을 다한 후 프리시즌 훈련에 전력을 다하기로 했다. 프리시즌을 어떻게 보내는지는 선수들에게 아주 중요한 요소다. 내 경우는 특히 그랬다. 프리시즌을 잘 보낸 후에 가진 시즌마다 나는 좋은 활약을 펼쳤다. 그리고 그 여름, 첼시에 입단한 후 처음으로 나는 나 스스로 흡족한 프리시즌을 보냈다.

그것이 내가 세운 계획이었다. 맨시티전이 끝난 이틀 후에 벌어진 웨스트햄전에서 우리는 4 대 1 대승을 거뒀다. 그 경기는 나 스스로

가 흡족스러운 경기였다. 우리가 0 대 1로 끌려가고 있었고 한 명이 퇴장까지 당한 어려운 상황에서 내가 동점골을 득점한 후 크레스포의 역전골을 어시스트했기 때문이다. 그 경기가 끝난 후 무리뉴 감독은 기자회견에서 나를 비판하던 기자들을 겨냥하며 나를 지지하는 발언을 했다. 그의 말은 나에게 큰 힘이 되는 것이었다.

"드록바는 내일 신문과 라디오에서 축구 전문가라는 사람들이 뭐라고 하는지 새겨들어야 할 것이다. 며칠 전에 그를 죽이려고 들었던 사람들이 이번엔 과연 그에 대해 상식적으로 말하는지에 대해서 말이다."

4월까지 우리는 여전히 리그 우승과 FA컵 우승이 가능한 상태였다. FA컵 준결승전에서 우리는 그 무렵 한창 뜨거운 경쟁관계를 갖고 있던 리버풀과 올드 트래포드에서 경기를 벌이게 됐다. 신축 공사 중이었던 웸블리 구장이 아직 완공되지 않았기 때문이다.

1월에 부진했던 성적과 그로 인한 여파가 3월 중순까지도 계속됐지만 우리는 2년 연속 리그 우승을 위해 집중력을 되찾고 전력을 다하고 있었다. 또 하나 목표가 있었다면 리그 우승 외에 FA컵 우승도 차지하는 것이었다. 그러나 우리는 결국 그 시즌 FA컵 우승을 차지하는 데는 실패했다. 리버풀은 전반전과 후반전에 각각 한 골씩을 터뜨렸고 내가 후반전 45분에 추격골을 터뜨렸지만 이미 너무 늦은 뒤였다. 그날의 준결승전에서 우리 역시 승리할 기회가 있었지만 리버풀이 더 우세한 경기를 펼친 것은 부정할 수 없는 사실이다.

우리 선수단은 모두 아주 실망했지만, 절망에 빠져 있을 시간이 없었다. 우리는 곧이어서 맨유와의 홈경기를 치를 예정이었고 리그 우승을 확정 짓기 위해서는 최소한 무승부 이상의 결과를 내야만 했다. 우리는 반드시 승리하겠다는 굳은 의지를 갖고 경기를 시작했고 전반 5분 만에 램파드의 코너킥을 이어받은 갈라스가 선제골을 터뜨리면서 승기를 잡았다. 맨유는 곧바로 반격에 나섰고 루니에게 동점골을 터뜨릴 기회가 있었지만 그는 그 기회를 살리지 못했다. 양팀의 경기는 아주 팽팽하게 흘러갔지만 후반전에 조 콜이 환상적인 개인 능력을 통해 추가골을 터뜨렸다. 2 대 0이 되는 순간 승부의 균형은 우리를 향해 기울었다. 맨유는 경기가 끝나는 순간까지 맹렬하게 공격해왔지만 우리는 결국 세 번째 골까지 터뜨리면서 3 대 0으로 맨유를 제압했다.

챌시에서 보낸 두 번째 시즌 역시 나에겐 쉽지 않았다. 무엇보다 여전히 홈팬들의 마음을 사로잡지 못한 것이 크게 다가왔다. 영국 언론은 이미 나에 대한 고정관념을 갖고 있었고 그런 점은 내가 팬들의 마음을 얻는 것에 더 큰 어려움으로 작용했다. 그 전 시즌과 마찬가지로, 두 번째 시즌 역시 좋은 점과 나쁜 점 모두가 존재했다. 가장 안 좋았던 점은 물론 의심의 여지없이 맨시티전이었다. 그러나 나는 이미 챌시에 머물기로 결심했고 그렇게 되기 위해 모든 노력을 다하기로 했다. 그런 끝에 달성한 2년 연속 리그 우승은 내게 챌시에 남는 것이 옳은 선택이었다는 확신을 갖게 했다. 홈구장에서 프리미어리그 최고의 명문이자 우승 경쟁자를 상대로 리그 우승을 확정 짓는 것은 더욱 기쁜 일이었다.

그 시즌 우리는 리그 2위 맨유보다 승점 12점이 높게 우승을 차지했다. 그러나 두 번째 리그 우승을 차지하는 것은 첫 번째 우승보다 훨씬 더 어렵게 느껴졌다. 시즌 초반, 우리는 16경기에서 15승을 거두며 아주 좋은 활약을 이어갔고 2006년 초반에는 2위보다 승점

18점을 앞서며 이미 우승이 확정된 것이 아니냐는 전망을 낳기도 했다. 그러나 그 후로 우리가 부진에 빠진 사이 우승 경쟁 팀인 아스널, 리버풀, 맨유가 모두 우리를 추격해오기 시작했다. 그중에서도 리버풀과 맨유는 10경기 연속 패배를 당하지 않으면서 맹추격을 해왔고 우리는 4월에 웨스트햄, 볼튼, 에버튼에 3연승을 거두고 난 후에야 한숨을 놓을 수 있었다.

그 시즌 우리는 전 시즌과 마찬가지인 29승을 기록했다. 우리는 꾸준한 경기력을 바탕으로 앞으로도 계속 우승을 차지할 수 있다는 것을 증명했다. 무리뉴 감독은 스탬포드 브릿지에서 리그 우승을 축하하던 중 관중석으로 우승 메달을 던져서 한 팬을 아주 행복하게 했다. 그 행동으로 보건대, 그는 더 많은 우승을 차지할 계획이었던 것이다.

'드록신'의 탄생,
2006 – 2007

| DIDIER DROGBA |

2006-2007시즌이 시작되기 전 여름은 이상했다. 우선 코트디부아르가 처음으로 진출했던 2006 독일 월드컵이 있었기 때문에 나는 월드컵에 참가해야 했다. 이때 월드컵에 대해선 뒤에서 다시 이야기할 것이다. 그러나 불행히도 2006 독일 월드컵은 나의 예상보다 훨씬 어려운 경험이었고 나는 그 때문에 전보다 모든 면에서 더 불안한 상황으로 새 시즌을 맞이하게 됐다. 그 당시에는 나의 그런 상태에 대해서도 스스로 제대로 깨닫지 못했다.

첼시에서 맞는 세 번째 시즌에 나는 여전히 무리뉴 감독의 지지를 받고 있었고 이제는 팀 동료들과 경기장 안팎에서 서로를 더 잘 이해하는 사이가 됐다. 그것이 나의 마음을 좀 더 편안하게 했다. 그 전 시즌에 나는 리그에서 12골을 포함해 총 16골을 득점했다. 그 기록은 첼시 소속 선수 중 프랭크 램파드의 20골에 이어 2위 기록이었다. 그 기록은 꼭 나쁜 기록은 아니었고 나는 램파드와도 좋은 호흡을 보이고 있었지만 여전히 내 활약이 부족하다고 느꼈다. 나는 늘 나 자신이 더 잘할 수 있다고 믿는, 그래서 현재의 내 모습에 만족하지 못하는 선수였다. 그리고 나는 내가 좀 더 많은 경기에 나선다면 분명히 내 골도 더 많아질 거라는 자신감이 있었다.

여전히 영국 미디어나 팬들의 비판에서 자유롭지 못했던 그 시절,

흔들리던 내 마음을 잡아준 한 사람이 있었다. 무리뉴 감독은 내게 늘 전폭적인 지지를 보내줬고, 다른 팀 동료들도 마찬가지였지만 거의 혼자의 힘으로 나를 첼시에 남도록 설득했던 사람은 다름 아닌 프랭크 램파드였다. 나는 오늘까지도 그조차 그가 그해 여름에 첼시에 끼친 영향력에 대해 제대로 알고 있지 못한다고 생각한다.

월드컵이 끝난 직후 모로코 마라케시에서 가족 휴가를 보내고 있던 내게 그로부터 메시지가 왔다. 이상한 것은, 나는 그날 이전에 첼시에서 두 시즌을 보내는 동안 한 번도 그로부터 메시지를 받은 적이 없었다는 것이다. 나는 그날 그가 내게 보낸 메시지를 지금도 기억하고 있다.

"드록바, 나는 네가 첼시에 남았으면 좋겠어. 우리 같이 리그도 우승하고, 언젠가는 챔피언스리그 우승도 차지해야 하잖아!"

나는 한참 동안 그 메시지를 보고 있었다. 그는 말이 많은 사람이 아니었다. 그는 첼시의 리더였지만 늘 차분했고 말로 선수들을 이끌기보다는 그가 경기장 위에서 보여주는 결과로 동료들을 이끄는 그런 선수였다. 그와 존 테리, 그 두 선수가 첼시 선수단의 핵심이자 중심이었다. 그 둘에 한 명을 더하자면 페트르 체흐까지. 그 세 선수가 내가 특히 가까운 관계를 갖고 지내는 선수들이었다.

램파드는 정말 영리한 친구였다. 나와 한 번도 내 이적에 대해 이야기를 나눈 적이 없었지만 그는 이미 내 심리상태나 내가 처한 상황을 이해하고 있었다. 그 시즌 내가 첼시에 잔류하는 데 있어 그 메시지는 정말 결정적인 역할을 했다. 그 메시지는 첼시가 나를 필요로 하고 있다는 증거였다. 그 전까지 팀이 나를 필요로 하지 않았던 것은 아니었지만, 나에겐 그 말을 누군가로부터 직접 들을 필요가 있었던 것이다. 그리고 그 역할을 팀의 중심인 램파드가 했던 것이다. 그 효과는 정말 큰 것이었고 나는 그 메시지에 대해(그리고 내가 그 메시지를 보관하기 위해 그때 사용했던 휴대폰을 오랫동안 보관했다는 것도) 누구에게도 말하지 않았다. 그 메시지는 나에게 그만큼 특별했다. 그리고 그것이 램파드라는 선수가 얼마나 특별한지를 보여주는 예이기도 했다.

그날이 내가 스트라이커로서 자유로워지고 다시 태어난 날이었다. 나는 그 시즌 결국 프리미어리그 득점왕을 차지했다. 그 시즌 나는 나 스스로 누구도 나를 막을 수 없다고 느꼈다. 그리고 그 모든 것의 시작이 램파드의 그 메시지 한 통이었다. 그의 메시지 한 통이 여러 가지로 억눌렸던 내 마음을 해방시켜 주고 내 능력에 날개를 달아주고 내 잠재력을 꽃피울 수 있게 해준 것이다.

그 일은 선수들의 심리상태가 그 선수의 성과에 얼마나 큰 영향을 줄 수 있는지를 잘 보여주는 예였다. 어떤 사람들은 "상황이 어떻든 집중해서 최선을 다해 뛰면 된다"고 말할 것이다. 그러나 나는 그것은 불가능하다고 말할 수 있다. 적어도 내 경우는 그렇다. 축구는 감정적인 스포츠다. 축구 선수들은 로봇이 아닌 인간이다. 축구 선수들은 우리의 감정과 생활, 또 경기장 위에서 보여주는 경기력을 분리할 수 없다. 나는 결코 그렇게 할 수 없다. 좋은 경기를 하기 위해 나는 다른 동료들이 나를 필요로 한다는 확신이 필요하다. 일단 그 느낌을 갖게 되면 그 후로는 나는 무엇이든 할 수 있고 그들에게 돌려주기 위해 전력을 다할 수 있다.

그 여름 첼시는 바쁜 이적시장을 보냈다. 크레스포는 다시 한 번 임대를 떠났고, AC 밀란의 안드리 셰브첸코, 바이에른 뮌헨의 미하엘 발락, 그리고 페예노르트의 살로몬 칼루, 노르웨이 클럽 린으로 부터 존 오비 미켈이 영입됐다. 그에 더해 나의 좋은 친구였던 윌리엄 갈라스가 아스널로 떠나는 대신 아스널 소속이었던 애슐리 콜이 첼시에 입단했다. 이후로 콜은 첼시에 아주 큰 공헌을 하지만 갈라스의 이적은 나에게나 팀에게나 큰 영향을 남겼다.

셰브첸코는 당시 유럽에서 대단한 명성을 가진 공격수였다. 그는 이제 막 우크라이나를 사상 첫 월드컵에 진출시킨 데 이어 8강까지 진출시켰다. 세리에 A 득점왕을 두 차례 차지했고, 챔피언스리그 우승을 차지한 선수이자 2004년 발롱도르 수상자였다. 그 시즌이 시작되기 전에 무리뉴 감독은 내게 팀미팅에서 "나는 4-3-3 전술을 좋아하지만 셰브첸코와 너를 투톱으로 쓰는 4-4-2 전술을 시험해 볼 생각이다. 그게 잘 통한다면 계속 그렇게 하겠지만 잘 안 된다면 다시 원톱을 기용할 것이다"라고 말했다. 그래서 나는 셰브첸코와 투톱으로 출격할 때마다 좋은 모습을 보이고자 전력을 다했다. 그 결과 나는 초반부터 득점을 올리며 시즌을 시작할 수 있었다.

골이 이어지자 나와 첼시 팬들의 관계는 즉시 개선되기 시작했다. 그쯤 내 영어도 많이 좋아져서 나는 이제 팬들과 농담도 주고받을 수 있게 됐다. 외국어를 잘 구사하느냐의 여부는 바로 그것에 달려 있다. 현지인과 농담을 주고받을 수 있느냐는 것. 그리고 내 심리적인 부분을 채울 마지막 하나의 퍼즐 조각도 맞춰줬다. 내가 드디어 가장 좋아하는 11번 등번호를 달고 뛸 수 있게 됐던 것이다.

나는 셰브첸코에게 정말 많은 것을 배웠다. 그는 선수로서뿐 아니라 사람으로서도 아주 좋은, 늘 겸손한 사람이었다. 사실 그와 함께 투톱으로 뛰다 보면 좀 이상한 느낌이 들기도 했다. 이전에 아들과 함께 플레이스테이션 게임을 할 때 내가 늘 셰브첸코를 골라서 플레이했었기 때문이다. 그랬던 내가 이제 그와 나란히 서서 플레이하게 된 것이다.

돌아보면 나는 참 운이 좋은 커리어를 보냈다. 르망 시절부터 나는 늘 다른 공격수들과 경쟁을 벌였다. 르망 시절의 다니엘 쿠쟁부터 첼시 시절 초반의 크레스포, 그리고 셰브첸코까지. 그러나 나는 한 번도 그들과 부정적인 경쟁관계를 가진 적이 없었다. 그들과 나의 관계는 늘 긍정적이었다. 팀의 공격수들끼리 잘 지내는 것은 나뿐 아니라 팀에도 큰 도움이 됐다. 나는 셰브첸코가 첼시에 입단한다는 소식에 아주 기뻤다. 그에게 아주 유감스러웠던 것은 첼시에 입단했던 시절 그가 이미 부상을 안고 있었다는 것이다. 그 부상으로 인해 그는 첼시에서 과거의 실력을 제대로 보여줄 수 없었다. 그는 물론 첼시를 위해 중요한 골을 터뜨려줬지만, 그것은 결코 팬들이 그에게 기대한 만큼은 아니었다. 첼시 팬들로서는 그의 그런 모습을 받아들이기가 어려웠을 것이다.

나는 점점 첼시에서 내 자리를 확고하게 만들어갔다. 팬들은 선수들이 구단 내에서 어떻게 잘 지낼 수 있는지를 종종 궁금해하곤 한다. 솔직히 말하자면, 프랑스어를 쓰는 선수들은 대체로 그들끼리 뭉치려고 하는 성향이 있다. 그것은 잉글랜드 출신 선수들도, 포르투갈 선수들도 마찬가지다. 그러나 그렇다고 그것이 꼭 서로를 배척한다는 뜻은 아니다. 같은 언어, 같은 문화를 공유하는 사람들끼리 잘 어울리는 것은 어디에서나 마찬가지다. 그래서 우리는 보통 식사를 할 때마다 서너 개의 테이블에 따로 앉아서 각자에게 편한 언어를 쓰며 식사를 했다. 물론 무리뉴 감독은 그 모든 언어를 구사하며 자유롭게 테이블을 옮겨 다녔다!

　로만 아브라모비치 구단주는 훈련장이나 드레싱룸을 종종 찾아오곤 했다. 그는 아주 내성적인 사람으로 모습을 드러낼 때도 늘 조심스럽게 나타나서 우리와 악수를 나누고 말 몇 마디만 나누고 돌아가곤 했다. 그 시즌 그의 얼굴에서는 첼시에 대한 만족감을 느낄 수 있었다. 그리고 그는 한 번도 우리에게 자신이 첼시라는 팀을 거느린 주인이라는 듯한 태도를 보이지 않았다. 실제로 그가 첼시의 주인인데도 말이다. 지난 몇 년 사이에 나는 그와 많이 가까워졌지만 첼시 시절 초기에는 그와 말을 나눌 기회조차 거의 없었다.

　그 시즌 나는 5경기에서 5골, 7경기에서 6골을 터뜨리며 첼시 입단 후 최고의 시즌 출발을 보였다. 그 시즌은 전체적으로 잘 흘러갔고 우리는 곧 맨유와 우승 경쟁을 벌이기 시작했다.

　그 시즌 우리는 우리의 뜻대로 풀리지 않는 경기에서 승점을 얻어내는 그 마지막 집념이 부족했다. 그리고 그것이 결국 우리의 리그 우승을 좌절시켰다. 우리는 24승(맨유는 28승)을 올렸는데 특히 결정적이었던 것은 우리의 11무(맨유는 5무)였다. 이길 수도 있었던 경기에서 너무 많은 승점을 놓친 것이다. 그러나 컵 대회에서는 상황이 조금 달랐다. 우리는 2월에 열린 칼링컵 결승전에서 아스널을 만났다. 그 시즌 칼링컵 결승전은 카디프의 밀레니엄 스타디움에서 열린 마지막 결승전이었다.

　그 결승전을 앞두고 화제가 됐던 것은 과연 벵거 감독이 결승전에도 유망주들을 출전시킬 것인가 하는 점이었다. 그는 높은 잠재력을 가진 어린 선수들을 당시 영국의 유명 TV 프로그램이었던 〈X 팩터The XFactor〉에 출연하는 무명 가수들과 비교하면서 다음과 같이 말했다.

"첼시전은 첼시의 경험과 파워, 우리의 기동력과 움직임의 승부가 될 것이다."

뱅거 감독은 그의 약속을 지켰다. 그 결승전에 출전한 아스널 팀의 평균 연령은 21세였다. 10대 소년이라고 부를 만한 선수들도 있었다. 시오 월콧은 17세였고, 아르망 트라오레, 아부 디아비는 20세였다. 팀의 중심이었던 파브레가스는 19세였다. 아스널에서 가장 경험이 많은 티에리 앙리, 윌리엄 갈라스 등은 아예 명단에 이름을 올리지조차 않았다. 그들 중 가장 경험이 많은 선수는 콜로 투레와 필리페 센데로스였다. 반면 우리는 1군의 가장 경험 많은 선수들을 출전시켰다. 나는 경기 하루 전날 동료들과 "이 경기에서 지면 어린애들에게 지는 거야"라고 말했던 것이 기억난다. 그렇게 되면 남은 시즌 우리의 자신감도 부정적인 영향을 받을 수 있었다. 그래서 우리로서는 그 경기를 반드시 이겨야만 했다.

경기 초반에 우리는 아스널에 허를 찔렸다. 사실 우리는 아스널에 완전히 압도당했다. 우리는 볼을 제대로 간수하기도 힘들었고 아스널은 연이어서 득점 찬스를 만들어냈다. 결국 전반 12분 만에 아스널의 시오 월콧이 체흐를 뚫고 득점을 만들어냈다. 그 골은 월콧이 아스널 1군에서 터뜨린 첫 골이었고 아스널 팬들은 흥분의 도가니에 빠졌다. 반대로 우리는 큰 타격을 입었다. 그건 정말 좋은 상황이 아니었다. 나는 전반전 20분까지 거의 한 번도 볼을 제대로 터치하지 못했다. 그러나 바로 그때 미하엘 발락이 페널티박스 오른쪽 측면에서 나에게 패스를 보내줬고 내가 시도한 슈팅이 마누엘 알무니아를 통과해 아스널 골문으로 들어갔다. 그 골이 들어간 후에야 우리는 정신을 찾고 제대로 된 경기를 펼칠 수 있었다.

후반전에 들어 우리는 서서히 아스널을 몰아붙이고 경기의 주도권을 가져오기 시작했다. 우리는 어린 아스널에 비해 경험적으로도, 전술적으로도 우월했다. 그러던 중 갑자기 존 테리가 아부 디아비가 시도한 킥에 얼굴을 정통으로 맞아 쓰러지는 사고가 발생했다. 디아비가 볼을 걷어내려다가 실수로 테리의 얼굴을 정통으로 가격한 것이다. 테리의 부상은 한눈에 보기에도 심각해 보였다. 테리는 정신을 잃고 그라운드에 쓰러졌고 잠시 동안 정신을 차리지 못했다. 그의 부상 정도는 정확히 알 수 없었지만, 그 일은 나와 동료들을 더욱 투지에 불타게 만들었다. 우리의 주장을 위해 그 경기에서 반드시 승리하겠다는 결심이 생겼기 때문이다. 우리는 계속 아스널을 몰아붙였고 결국 우리의 노력이 결실을 맺었다. 후반 39분, 아스널이 소유권을 잃은 상태에서 에시앙이 로번 옆으로 빠져나간 후에 페널티 박스에 있던 나에게 패스를 이어줬다. 나는 나를 마크하고 있던 센데로스를 빠져나가면서 시도한 헤딩슈팅으로 역전골을 성공시켰다. 그 골은 나 스스로도 대단히 만족스러운 골이었다. 그 경기에서 나는 혼자 2골을 성공시켰을 뿐 아니라 그 후로 오랫동안 떠올릴 때마다 기쁘게 돌아볼 수 있는 골을 넣었던 것이다.

골 세리머니를 하기 위해 동료들에게 달려가면서 나는 하늘을 향해 주장인 테리의 등번호인 26을 손가락으로 가리켰다. 테리는 그렇게 심한 부상을 당했음에도 오래가지 않아 의식을 되찾고 경기장에 다시 돌아와서 우리의 우승을 축하해줬다. 그는 정말 강한 남자다. 맨유와의 FA컵 결승전은 또 다른 의미에서 우리가 질 수 없었던 경기였다. 우리는 바로 2주 전에 아스널전에서의 무승부를 끝으로 결국 맨유에 리그 우승 트로피를 내줬다. 그 바로 다음 경기가 우리 홈에서 있었던 맨유전이었지만 이미 리그 우승이 확정된 상태에서 두 팀은 모두 FA 결승전에 더 의미를 부여했다.

그해 FA컵 결승전은 새 웸블리 스타디움에서 열리는 첫 결승전이 었다. 어린 시절 나는 웸블리에서 뛰는 꿈을 꾼 적이 있었기에 새 웸 블리 구장의 아름다운 잔디를 보는 것은 내겐 특별한 경험이었다. 첼 시에서는 이미 몇 차례 우승을 차지해본 적이 있었지만, 축구의 성 지라 불리는 웸블리에서는 아직이었다. 그러나 솔직히 말하자면, 구 웸블리 구장에서 뛰어보지 못한 것은 약간의 아쉬움으로 남아 있다.

경기가 시작되기 직전에 경기장 위에 서서 나는 팀 동료들에게 조 금 뜻밖의 이야기를 꺼냈다.

"애들아, 너희는 어떨지 모르겠는데 이상하게 난 좀 긴장이 된다. 그러나 두렵진 않아. 내가 하나 약속을 할게. 이 경기에서 최선을 다 하겠다고. 내 모든 걸 다 던질 거야."

내 말은 진심이었다. 카디프의 밀레니엄 스타디움보다 2만 명이 더 많은 관중이 지켜보는 웸블리에서 처음 뛰는 그날 나는 뭔가 다 른 감정을 느꼈다. 그러나 그날 경기에서 평소와 달라 보이는 것은 나뿐만이 아니었다. 나는 나 자신뿐만 아니라 동료들의 긴장을 풀기 위해 내가 먼저 동료들을 격려하고 나섰다.

훗날 나는 테리로부터 그날 내가 했던 말이 동료들에게 아주 큰 도움이 됐다는 말을 들었다. 돌아보면 나는 내가 그렇게 솔직한 마 음을 동료들에게 털어놓을 수 있었던 것이 내가 그만큼 첼시라는 팀 에 녹아들었다는 증거라고 생각한다. 그런 일은 1년 전에는 절대 불 가능했을 것이다. 그러나 이제 마침내 나는 동료들을 100% 신뢰할 수 있었고 그들도 나를 믿는다고 확신할 수 있었던 것이다.

그 경기를 앞두고 긴장했던 것은 우리뿐이 아니었던 것 같다. 그 경기가 챔피언스리그 결승전 같은 아주 큰 경기였다는 점을 감안해 보면, 그들 역시 새 웸블리 구장에서 뛴다는 사실에 긴장을 했던 것 같다. 그 경기는 또한 20여 년 만에 처음으로 리그 1, 2위 팀 간의 결승전이었다. 그만큼 양 팀 모두에게 큰 의미가 있는 경기였다. 그들은 더블(리그, FA컵 우승)을 노리고 있었고 우리는 칼링컵 우승에 이어 또 하나의 컵 우승 트로피를 차지하고 싶었다.

양 팀의 경기는 정규시간이 끝난 후에도 여전히 0 대 0이었다. 팽팽한 경기가 이어지고 있었고, 어느 한 팀이 우위를 차지하고 있다고 말하기 어려웠다. 연장전이 시작됐고 나는 경련이 나기 시작했다. 나는 무리뉴 감독에게 다가가서 더 이상 뛰기가 어렵다며 교체를 해달라고 말했다.

"아니야. 뛸 필요 없어. 그냥 페널티박스에 있으면 돼. 그럼 분명히 네가 득점을 할 거야. 집중하고 있기만 하면 돼. 볼이 한 번만 너에게 이어지면 넌 득점을 할 거라고."

그리고 그의 말 그대로 됐다. 나는 그 후로 속으로 계속 한 가지만 되뇌었다. "신이시여, 제발 한 골만, 한 골만 주십시오." 계속해서, 계속해서 나에게 한 번만 기회를 달라면서.

그러다가 연장전 종료 4분을 남기고, 승부차기를 눈앞에 둔 상태에서 존 오비 미켈로부터 내게 볼이 이어졌다. 나는 그 볼을 램파드에게 패스했고 그는 다시 내게 그 볼을 이어줬다. 그리고 나는 맨유 골키퍼 판 데 사르를 뚫고 골을 성공시켰다. 우리가 FA컵 우승을 차지하는 순간이었다. 그 골은 내가 3년 동안 맨유를 상대로 기록한 첫 번째 골이었고, 웸블리에서 터뜨린 나의 첫 골이었다. 그것은 나에게 아주 큰 의미가 있었다. 그 경기는 내가 바란 모든 것이 있는 경기였다(다리에 경련이 난 것만 빼고).

그날 경기 후에 있었던 일은 나와 무리뉴 감독의 관계를 여러모로 상징적으로 보여주는 것이다. 경기가 끝난 후에 우리는 모두 트로피를 받기 전에 미리 축하를 하고 있었다. 그러던 중 나는 무리뉴 감독이 경기장에 없다는 것을 발견하고 그를 찾기 위해 드레싱룸으로 들어갔다. 그는 자신의 아내에게 전화를 하고 있었다. 나는 그에게 그가 밖으로 나오지 않으면 우리도 트로피를 받으러 나가지 않겠다고 말했다.

"우리는 한 팀이잖아요. 지금 같이 나가든지, 아니면 제가 끌고 나갈 겁니다!"

나에겐 무리뉴 감독이 첼시가 거둔 성공의 중심인물이었다. 그 없이 트로피를 받는 일은 아무 의미가 없었다. 그는 내가 첼시에서 쌓은 커리어와 나의 인생에 아주 핵심적인 역할을 한 사람이며 나는 그 순간을 그와 함께 축하하고 싶었다.

그날 결승전을 계기로 나는 팬들 사이에서도 빅경기에 강한 선수라는 인식을 받기 시작했다. 그로부터 나와 팬들의 관계도 확고하게 자리를 잡았다. 나는 그해 32골을 터뜨렸고 그것은 나의 전 시즌 기록보다 두 배를 넘는 것이었다. 그중 20골이 리그에서 기록한 골이었고 나는 리그 득점왕을 차지했다. 드디어 나는 첼시에서 없어서는 안 되는 선수로 자리 잡았다.

10

모스크바,
2007 – 2008

| DIDIER DROGBA |

무리뉴 감독과 내가 늘 관계가 좋기만 했던 것은 아니었다. 그럼에도 그가 바로 나를 첼시로 데려왔던 감독이었고 그는 늘 나에게 전폭적인 지지를 보내줬다. 포르투 감독 시절, 그는 나에게 마르세유에서 뛰는 내 모습을 지켜봤다며 나의 태도, 노력, 성과가 모두 마음에 든다고 말했다. 그는 내가 첼시에서 보낸 초반의 세 시즌 동안 내가 비판을 받을 때마다 나를 보호해줬고 나 역시 그를 위해 전쟁이라도 치를 각오로 뛰었다. 그가 나에 대해 했던 말인 "드록바와 함께라면 어떤 전쟁에도 나갈 수 있다"는 말은 수년 동안 회자됐다. 나는 그에게 큰 빚을 졌고, 그는 프랭크 램파드의 경우와 마찬가지로 내가 첼시를 떠나지 않았던 가장 큰 이유였다.

　내가 첼시에 입단한 이후로 어디를 가든 사람들은 나에게 무리뉴 감독에 대해 물었다. "그가 그렇게 성공적인 이유가 뭐야? 도대체 그의 비밀이 뭐야?" 그의 가장 뛰어난 장점 중 하나는 팀에 승리할 수 있다는 마음가짐을 불어넣는 것이었다. 첼시는 이미 존 테리나 프랭크 램파드 같은 뛰어난 선수들을 보유하고 있었다. 그는 그 팀에 프랑스 리그에서 좋은 활약을 하고 있던 나와 체흐를 추가했다. 또 포르투갈에서 히카르도 카르발료, 파올로 페레이라, 티아구 등을 영입했다. 그는 첼시를 오직 승리 하나의 목적에 대해서만 생각하는 선수단으로 바꿔놨다. 그리고 우리는 그런 그의 지도력에 전적인 믿음을 갖고 있었다. 그가 팀을 떠난 후에도 그런 정신은 우리에게 남았다. 그건 마치 자전거를 타는 것과 비슷하다. 일단 타는 방법을 배우고 나면 절대 잊지 않는다. 그는 첼시뿐만 아니라 그가 맡은 어떤 팀에서도 그 일을 해냈다.

몇몇 사람들은 나를 그의 아들 같다고 말하기도 했다. 그러나 나는 내가 좋은 활약을 하지 않는다면 그가 분명히 나를 기용하지 않을 것이라는 걸 알고 있었다. 그는 결코 감정적인 이유나 특정 선수에 대한 호불호에 치우쳐서 선수를 출전시키지 않았다. 그것은 감독에겐 아주 중요한 점이다. 그는 자신이 좋아하는 사람에게 표현을 분명히 하는 사람이었지만, 그런 관계는 경기장 밖의 것이었다. 경기장 위에서는 그는 오직 선수의 성과를 기반으로 평가하고 기회를 줬다. 나는 그의 그런 점을 지금도 아주 높이 평가하고 있다.

그는 뛰어난 활약을 한 선수들에게 표현을 아주 분명히 하는 감독이었다. 어떤 선수가 해트트릭을 하거나 결승골을 터뜨리더라도 그는 자신이 생각하는 경기에서 가장 뛰어난 활약을 한 수비수에게 다가가서 잘했다고 칭찬을 하기도 했다. 수비수들이나 미드필더들은 그들의 공로를 제대로 인정받지 못할 때가 잦지만, 득점을 올리는 공격수와 마찬가지로 중요한 선수들이다. 무리뉴 감독의 그런 면이 많은 선수가 그에 대해 충성심을 갖게끔 만드는 것이다.

그는 나에게도 마찬가지였다. 내가 득점을 올리지 못한 경기에서도 그가 보기에 내가 잘 뛰었다고 생각되면 그는 나에게 다가와서 나를 격려해주고 칭찬해주곤 했다. 그와 나는 정말 멋진 관계를 갖고 있었고 나는 그와 내가 미래에도 언젠가 다시 일할 기회가 있을 것이라고 믿고 있다. 그와 나의 관계는 축구계에서 찾아보기 어려운 진정한 우정이었고, 그것은 내게 아주 큰 의미가 있었다.

불행히도 2007년 초에 무리뉴 감독과 첼시의 관계는 돌이키기 힘든 수준으로 치달았다. 아브라모비치 구단주와 무리뉴 감독은 둘 다 모두 자존심이 강한 남자였고 그들은 같은 목표를 갖고 있었지만, 그 목표에 어떻게 다가서느냐에 대한 의견이 서로 달랐다. 구단주의 목표는 챔피언스리그 우승, 그리고 프리미어리그 우승이었다. 바로 전 시즌에 우리는 그 두 대회에서 모두 우승을 차지하지 못했다. 무리뉴 감독은 첼시라는 팀과 몇몇 선수들의 입장을 보호하고자 했다고 나는 생각한다. 우리는 그가 큰 압박을 받고 있다는 사실을 알고 있었고 시즌 초반부터 구단주와 감독 사이에 분쟁이 있다는 것도 알고 있었다. 그들은 서로 다른 생각을 갖고 있는 인간이며, 결국 두 사람은 돌아갈 수 없는 강을 건너고 말았다.

나는 개인적으로 축구에는 3년의 사이클이 있다고 생각한다. 그 시즌에 우리는 딱 3년 사이클의 끝에 다다르고 있었다. 첫해에 우리는 두 대회에서 우승을 차지했고 두 번째 해에는 리그 우승을 차지했다. 세 번째 해는 그보다 좀 더 실망스러웠다. FA컵과 칼링컵 우승을 차지하긴 했지만 챔피언스리그 준결승전에서 탈락했고 리그 우승도 놓쳤기 때문이다. 세 번째 해가 가장 어렵기 마련이다. 앞서 했던 일들보다 더 잘하지 않으면 퇴보할 수 있기 때문이다.

무리뉴 감독이 맡은 네 번째 시즌이 시작되던 시기에 나는 그와 첼시 선수단이 전과 같이 원활하게 소통하던 분위기를 조금씩 잃어가고 있다고 느꼈다. 우리는 그가 전하고자 하는 메시지를 듣기 위해 노력했지만 어떤 이유에선가 우리는 무리뉴의 첼시가 특별했던 그 요소를 점점 잃어가고 있었다. 그리고 우리는 점점 승점을 잃어가기 시작했다. 내 경우는 무릎 부상의 영향으로 경기에 나서지 못하는 경우가 많았다. 경기에 출전했을 경우에도 몸 상태가 아주 좋지 않아서 제 실력을 발휘하기 어려울 때가 잦았다. 나는 무리뉴 감독을 도울 수 없다는 것이 가슴 아팠다. 이성적으로 생각하자면, 그 시즌에 그가 경질당했던 것은 꼭 나의 잘못이 아니었지만, 나는 내가 부상으로 인해 제대로 뛸 수 없었던 것으로 인해 그에게 피해를 준 것 같아 미안했다.

9월 들어 우리는 아스톤 빌라에 0 대 2로 패했고 블랙번과의 홈 경기에서 0 대 0으로 비겼다. 그 시점에서 우리의 리그 순위는 5위였다. 그리고 홈에서 열린 챔피언스리그 경기에서 로젠베리에 1 대 1로 비긴 것이 치명타였다.

다음 날 저녁, 첼시 인근의 한 극장에서 〈블루 리볼루션〉이라는 이름의 다큐멘터리가 상영됐다. 아브라모비치 구단주가 첼시를 인수한 후 5년 동안의 변화에 대한 다큐멘터리였다. 상영이 끝난 후에 무리뉴 감독과 나는 차로 돌아왔고 나는 그에게 어떻게 되고 있는 거냐고 물었다. 그는 "나는 끝났다"고 말하고는 차를 몰아서 돌아갔다. 그의 얼굴에는 아무런 표정도 없었다. 나는 그의 말에 충격을 받아 한동안 아무 말도 하지 못했다. 그 몇 주 동안 첼시의 상황이 아무리 안 좋았다고 하더라도 나는 그가 그렇게 팀을 떠날 것이라고는 상상도 하지 못했다.

바로 다음 날, 첼시와 무리뉴 감독이 결별하기로 했다는 공식 발표가 나왔다. 그는 코범 훈련장으로 와서 우리에게 작별인사를 건넸다. 아직 보도가 미디어를 통해 전해지기 전에 그는 우리 모두가 모인 앞에서 아주 감동적인 인사말을 남겼다. 그는 지난 몇 년 사이 선수들의 노력에 고맙다고 말하고 우리가 정말 환상적이었다고, 우리를 영원히 잊지 않겠다고 말했다. 그는 또 우리 한 사람 한 사람과 우리의 가족들이 모두 행복하길 바란다고 말했다. 그의 그날 연설은 그리 길지도 않은 몇 분 사이의 일이었지만 선수들의 마음을 울리는, 우리의 마음을 정말 아프게 하는 그런 연설이었다. 지금 돌아봐도 나는 그때 그의 말을 생각할 때마다 소름이 돋는다. 그는 감정적인 사람이다. 그의 경기 중 모습을 본 사람이라면 누구나 그것을 알 것이다. 그리고 그날 그는 정말로 우리를 떠나는 것을 슬퍼하는 것처럼 보였다.

마지막으로 떠나기 전에 그는 나를 꽉 껴안았고 나는 눈물을 흘리기 시작했다. 참을 수가 없었다. 나는 그 전에도 많은 감독이 팀을 떠나는 것을 겪어봤고 그들 중 몇몇 감독들은 내 인생에 정말 중요한 감독들이었지만 그날 무리뉴 감독과의 이별은 내 인생에서 가장 힘든 경험이었다. 내 눈에서 눈물이 흘렀다. 그런 적은 처음이었다. 그 남자는 내 인생을 바꾼 남자였고 그와 나의 관계는 특별한 것이었다.

그날 이후로 나는 변하기로 결심했다. 그런 상황에 덜 감정적으로 대응할 수 있도록. 나는 이후로는 비슷한 상황에서도 다르게 반응하기로 결심했고, 혹은 나 스스로 나를 그렇게 감정적인 상황으로 몰아넣지 않기로 결심했다. 무리뉴 감독이 첼시를 떠난 것은 나로 하여금 축구란 결국 비즈니스라는 것, 그리고 중요한 결정을 내려야 하는 순간에는 감정이 끼어들 틈이 없다는 것을 다시 한 번 깨닫게 해줬다.

나는 구단주를 찾아갔다. 나는 그에게 아주 차분하게 왜 무리뉴 감독이 지금 떠나야 하는지, 왜 지난 시즌이 끝난 시점에 결정을 내리지 않았는지 물어봤다. 그는 새 시즌 초반에 무리뉴 감독에게 한번 더 기회를 주고 싶었다고 말했다. 나는 아브라모비치 구단주를 아주 존중하고 있었기에 그의 말을 이해했다.

"내가 첼시 소속 선수인 한 나는 프로 선수답게 최선을 다할 것입니다. 나는 첼시 선수니까요."

아브라모비치 구단주와 나는 악수를 나누고 헤어졌고 그것이 무리뉴 감독에 대한 마지막 대화였다.

그가 떠난 직후 드레싱룸 분위기는 좋지 않았다. 선수 중에 몇몇은 무리뉴 감독을 위해 최선을 다하지 않았다고 생각하는 선수들도 있었고 그 때문에 처음으로 선수단 사이에 불편한 분위기가 흐르기도 했다. 내가 첼시에 입단한 후로 선수들 사이에 그런 관계는 처음이었고 그것은 분명 팀에 좋지 않은 영향을 끼치는 것이었다. 그러나 우리는 프로 선수들로서 서로 대화를 통해 그 상황을 해결해갔다. 무리뉴 감독이 팀을 떠난 상황에 대해 서로의 생각이 어떻든 우리에겐 새 감독을 위해 더 열심히 하는 것 외의 방법이 없었다.

새로 감독으로 부임한 아브람 그란트 감독은 즉각적인 효과를 냈다. 그가 무리뉴 감독의 뒤를 이은 것은 우리에겐 별로 놀라운 일이 아니었다. 그는 이미 그 시즌 시작 전에 새 단장으로 임명된 후 훈련장에 매일같이 모습을 드러내고 있었다. 그는 아주 영리한 사람이었다. 무리뉴 감독의 수석코치였던 스티브 클라크를 해고하지 않고 그대로 기용했다. 무리뉴 감독은 클라크에 대해 세계 최고의 수석코치라고 말한 적이 있는데 그의 말은 사실이다. 그는 정말 뛰어난 코치다. 이어서 10월에 바르셀로나에서 프랑크 레이카르트 감독을 보좌

했던 헹크 텐 케이테 코치 역시 첼시로 옮겨 왔다. 그때까지 최고 수준의 클럽 축구를 경험한 적이 없었던 그란트 감독은 순식간에 최고 코치들의 도움을 받게 됐고 그것은 물론 우리 첼시에게도 좋은 일이었다.

그의 훈련 방식 역시 대단히 효과적이었다. 그는 하루에 하나씩, 예를 들면 '압박'에 중점을 두는 훈련을 시도했고 그의 지시 아래 스티브 클라크 코치가 훈련을 진행했다. 첼시 선수들은 그 훈련 방식을 정말 마음에 들어 했다. 그런 훈련 방식은 아주 새롭고 즐거운 것이었다.

그란트 감독은 또 아주 차분하고, 느긋한 성격을 가진 감독이었다. 그는 클라크, 텐 케이테 코치에게 세부적인 사항을 맡기고 선수들에게 경기장 위에서 스스로 책임질 수 있는 축구를 하도록 주문했다. 그가 이어받은 팀은 이미 미하엘 발락, 존 테리, 프랭크 램파드, 마케렐레, 에시앙, 그리고 나와 같은 경험이 많은 선수들로 가득했다. 우리에겐 하나하나 세부적인 것까지 지시하는 감독이 필요한 것이 아니었다. 우리는 우리를 믿어주는 그란트 감독에게 힘을 보탤 수 있도록 노력했다.

그란트 감독이 팀에 부임했을 무렵 나 역시 부상에서 복귀했다. 그러나 복귀해서 치른 첫 경기에서 나는 경고 누적으로 퇴장을 당하고 말았다. 프리미어리그에서 처음으로 퇴장을 당한 것이다. 첼시에서 보낸 세 시즌 동안 나는 챔피언스리그 우승을 제외한 모든 대회에서 우승을 차지했지만 한 번도 퇴장을 당한 적은 없었다. 무리뉴 감독이 팀을 떠난 것이 내게 영향을 끼치고 있는 것이 분명했다. 나는 첼시의 선수로서 여전히 첼시를 위해 최선을 다할 각오를 하고 있었지만, 내 마음의 일부는 분명히 예전 같지 않았다.

풀럼전이 끝난 후 우리는 발렌시아와의 챔피언스리그 조별 리그 경기에서 승리했고 나는 득점을 터뜨렸다. 나는 좋은 경기를 치렀지만 조금 팀에서 겉도는 것 같은 느낌을 받기도 했다. 한마디로 나의 정신 상태가 맑지 않았다. 10월 중순, 나는 코트디부아르 대표팀에 소집되어 오스트리아와 경기를 가졌다. 그 기간 중에 나는 〈프랑스 풋볼〉과 인터뷰를 가졌고 내가 다음 시즌에도 첼시에 있을지 확실히 모르겠다고 말했다. 돌아보면 나는 그런 인터뷰를 해선 안 됐지만 그 당시에는 나의 말이 그리 놀라운 것이 아니라고 생각했다. 나는 변화가 필요하다고 느끼고 있었다. 무리뉴 감독이 팀을 떠난 것도 한 이유였지만, 그것이 전부는 아니었다. 그 인터뷰에서 나는 그저 솔직하게 대답했을 뿐이었다.

그 기사를 본 헹크 텐 케이테 코치는 내가 런던으로 돌아가자마자 나에게 그 기사에 대해 따지고 들었다.

"도대체 왜 이런 인터뷰를 한 건가? 팀 동료들 앞에서 사과하게."

나는 내 행동이 뭐가 그리 호들갑을 떨 일인가 하고 생각했다.

"당신은 나를 모릅니다." 내가 차분하게 대답했다.

"그럴 수도 있겠지. 그러나 사과는 반드시 해야 하네."

"알겠습니다. 하죠."

훈련이 시작되기 직전이었다. 나는 그와 그란트 감독이 대화를 나누는 모습을 목격했다. 그리고 그란트 감독은 첼시 선수들이 모두 모여 있는 앞에서 입을 열었다.

"드록바가 할 말이 있다고 한다."

"알겠습니다. 친구들. 인터뷰에서 말했듯 이번 시즌 말에 무슨 일이 있을지는 확실히 알 수 없지만, 첼시에서 뛰는 동안에는 프로답게 뛸 거야. 너희도 마찬가지였으면 해. 나도 그럴 거야."

나로서는 그 인터뷰를 그렇게 크게 다룰 필요가 없어 보였다. 그러나 첼시는 마치 내가 넘지 못할 선을 넘기라도 한 것처럼, 또 내가 첼시와 계약된 2010년까지는 언론에 그런 말을 해서는 안 된다는 것처럼 굴었다. 나는 내 말 그대로 바로 다음 경기였던 미들스브로전에서 골을 넣었고 그 후에 내 유니폼의 첼시 앰블럼에 입을 맞추며 팬들에게 인사를 보냈다. 그 후로 몇 년 동안은 내가 첼시를 떠난다는 소문이 나지 않았다.

그 시즌은 그리 나쁜 시즌이 아니었지만, 가장 결정적으로 첼시는 그 시즌 단 하나의 우승 트로피도 차지하지 못했다. 그것은 아브라모비치 구단주가 첼시를 인수한 후로 처음 있는 일이었다. 우리는 FA컵 8강전에서 반슬리에 패해 탈락했고 칼링컵에서는 결승전에서 토트넘에 패했다. 리그에서는 2년 연속으로 맨유에 이어 2위에 그쳤다. 그 시즌 리그 우승을 놓친 것은 특히 뼈아팠다. 리그 최종 라운드에서 우승자가 결정됐기 때문이다. 최종전에서 우리는 우리가 볼튼에 승리하고 맨유가 위건에 비기거나 져야만 우승을 차지할 수 있었다. 그러나 우리는 1 대 1 무승부에 그쳤고 맨유는 2 대 0 승리를 거뒀다. 지금 돌아보면 우리는 그해 3월에 토트넘전에서 4 대 4 무승부를 거뒀을 때 이미 리그 우승을 놓친 것이나 다름없었다. 3 대 1로 앞섰던 우리는 4 대 3까지 쫓기다가 경기 종료 2분을 남기고 로비 킨에게 동점골을 내줬다. 그 경기에서 승점 2점을 잃은 것이 결정적이었다.

국내 대회에서 우승을 하나도 차지하지 못했기 때문에 우리의 마지막 희망은 챔피언스리그 우승이었다. 준결승전에서 우리는 리버풀을 만났고 나는 홈에서 펼쳐진 2차전에서 2골을 터뜨렸다. 결국 우리는 합산 스코어 4 대 3 으로 승리했다.

우리는 절박한 심정으로 챔피언스리그 결승전에 임했다. 더욱이 그 결승전은 로만 아브라모비치 구단주가 태어난 러시아의 수도 모스크바에서 개최됐다. 그곳에서 우승을 차지하는 것은 구단주를 위해 아주 좋은 선물이 됐을 것이다. 우리의 결승전 상대는 그 전까지 우리가 한 번도 유럽 대회에서 상대한 적이 없는 맨유였다. 맨유 역시 결승전에서의 승리가 절박하긴 마찬가지였다. 2008년은 맨유 역사상 가장 슬픈 날이었던 뮌헨 참사(1958년)가 일어난 지 꼭 50년이 되는 해였기 때문이다. 맨유는 챔피언스리그 참가 도중에 뮌헨에서 목숨을 잃었던 선수들을 위해 반드시 우승을 차지하겠노라는 의지에 불타고 있었다.

내게도 그해 챔피언스리그 우승을 차지하는 것은 큰 의미가 있었다. 챔피언스리그 우승까지 차지한다면 나는 첼시에서 모든 대회의 우승을 차지하는 셈이었다.

우리는 결승전에 이틀 앞서서 모스크바에 도착해서 경기를 준비했다. 우리는 우리 자신을 위해, 또 러시아 출신의 구단주를 위해 만반의 준비를 원만하게 하고자 했다. 그러나 세상 일이 언제나 뜻대로 흘러가는 것은 아니다. 바로 그때쯤 나는 나와 어릴 때부터 가깝게 지냈던 할머니가 위독해서 코트디부아르에 있는 병원에 입원하셨다는 소식을 들었다. 그로부터 이틀 동안 결승전 당일까지 나는 계속 할머니 옆에 있는 어머니께 연락을 드려서 할머니의 안부를 여쭤봤다. 그럴 때마다 어머니는 할머니의 상태가 악화되고 있다는 소식을 들려주셨다.

내가 아주 작은 아이일 때부터 나를 보살펴주셨던 할머니가 서서히 죽어가고 있었던 것이다. 결승전 경기 중에도 나는 경기에 제대로 집중할 수 없었다. 평상심을 되찾기 어려웠고 계속 날카로운 상태로 경기를 치렀다. 만약 그 경기에서 나에게 그렇게 감정적으로 어려운 일이 없었다면, 나는 그 경기가 달라질 수도 있었다고 생각한다. 그러나 우리는 인간이며 인생에서 일어나는 일을 항상 통제할 수는 없는 법이다. 나는 운명을 믿는다. 그 결승전은 우리의 결승전이 아니었다. 그 결승전은 맨유의 것이었다.

결승전은 팽팽하게 시작됐다. 전반 26분, 웨스 브라운의 크로스를 이어받은 크리스티아누 호날두가 헤딩슈팅으로 선제골을 터뜨렸다. 나는 그 직후에 동점골을 터뜨릴 뻔했으나 실패했고 하프타임 직전에 램파드가 동점골을 터뜨렸다. 후반전에 내가 시도한 중거리 슈팅이 맨유 골대를 맞췄고 존 테리는 긱스의 슈팅을 머리로 걷어냈다. 시간이 갈수록 나는 스스로 원하는 수준으로 플레이하지 못한다는 것에 초조함을 느끼기 시작했다. 퍼디난드와 비디치는 아주 지쳐보였고 심지어는 승부차기로 승부가 이어지길 원하는 것처럼 보이기도 했다. 나는 터치라인 부근에서 그란트 감독에게 말했다.

"투톱을 쓰면 득점할 수 있습니다. 저나 아넬카, 또는 다른 선수라도요. 누굴 쓰든 투톱을 써야 합니다."

그날 경기 내내 우리는 원톱을 썼지만, 나에게 가장 적합한 것은 원톱 포메이션이 아니었다. 그러나 그란트 감독은 내 말대로 하지 않았다.

결국 아넬카가 투입됐지만, 공격수가 아닌 윙어 포지션에 배치됐다. 결국 나는 계속해서 여전히 퍼디난드와 비디치 사이에서 뛰어야 했다. 나는 우리가 결승골을 터뜨리고 챔피언스리그 우승을 차지하는 데 아주 근접했다고 믿었기 때문에 점점 더 자제력을 잃어갔다.

결국 연장전 종료 4분을 남기고 나는 감정을 통제하지 못하고 말았다. 카를로스 테베즈의 실수로 우리가 얻은 드로인 상황에서 선수들 간의 실랑이가 벌어졌고 그러던 중 비디치가 내 몸을 밀쳤다. 그리고 나는 본능적으로 그의 뺨을 치고 말았다. 그것은 결코 강한 가격이 아니었지만 바로 옆에서 지켜보던 주심은 나에게 레드카드를 꺼내 들었다.

나는 마치 악몽을 꾸는 기분이었다. 방금 벌어진 일을 믿을 수가 없었고 드레싱룸으로 걸어 들어가는 길이 아주 길게 느껴졌다. 나는 그 길을 걸으면서 '이게 첼시에서 내 마지막 경기가 될 수도 있겠구나'라고 생각했다. 온갖 복잡한 생각들이 머리를 가득 채웠고 나는 첼시 팬들이 나에게 보내는 야유도 들을 수 있었다. 그것이 내 책임이라는 것을 스스로 알았기에 더욱 가슴이 아팠다. 나는 그때의 심정을 영원히 잊지 못할 것이다.

내가 선수입장 터널에 다다랐을 때는 거의 승부차기가 시작되기 직전이었다. 나는 드레싱룸으로 들어가지 않고 거기에 혼자 서서 승부차기가 시작되길 기다렸다. 내가 서 있는 자리에서 간신히 경기장이 보였다. 맨유가 선축을 하게 됐고 맨유 팬들이 앉아 있는 곳 앞에서 승부차기가 시작됐다.

그것은 아주 이상한 경험이었다. 경기장에서 벌어지는 일과 팬들의 함성을 침묵 속에서 지켜보는 일. 나는 마치 경기장 밖에서 안을 혼자 들여다보는 아웃사이더처럼 느껴졌다.

승부차기가 진행될 때, 경기장에는 마치 하늘에 구멍이라도 뚫린

듯 비가 쏟아져 내렸다. 첫 번째 키커는 카를로스 테베즈였고 그는 침착하게 골을 성공시켰다. 다음 키커는 미하엘 발락으로 그 역시 차분히 성공시켰다. 양 팀의 두 번째 키커 마이클 캐릭과 줄리아노 벨레티 역시 성공. 맨유의 세 번째 키커는 크리스티아누 호날두였다. 그는 종종 그러는 것처럼 킥을 시도하려던 중간에 잠깐 멈칫했다. 그는 골키퍼를 속이려고 했던 것 같지만 결국 그 때문에 난처해진 건 그 자신이었다. 체흐가 그의 방향을 완벽하게 읽어내고 그의 슈팅을 막아냈던 것이다. 호날두는 충격에 얼굴을 가렸다.

비는 계속 쏟아졌다. 호날두에 이어 램파드가 그다운 정확한 킥으로 첼시에 3 대 2 리드를 안겼다. 그 뒤에 이어진 세 명의 키커 오웬 하그리브스, 애슐리 콜, 나니 모두 골을 성공시켰다. 스코어 4 대 4 상황에서 첼시의 마지막 키커는 팀의 주장인 존 테리였다. 그다음에 벌어진 일은 모든 축구팬들이 기억하고 있다. 테리가 슈팅을 하기 직전에 살짝 미끄러지면서 그의 슈팅은 오른쪽 포스트를 맞고 밖으로 튕겨져 나가버렸다. 테리는 그 즉시 바닥에 주저앉아 머리를 무릎에 묻고 일어나지 못했다.

그때부터는 실축하는 팀은 곧 패하는 상황이 이어졌다. 그때의 긴장감이란 정말 말로 표현할 수 없는 정도였다. 그 시점부터는 모든 것이 하나의 도박과도 마찬가지고, 축구의 문제라기보다는 정신적인 문제가 된다.

맨유의 안데르손과 우리 팀의 살로몬 칼루가 나란히 골을 성공시켰다. 뒤이어 나온 라이언 긱스도 슛을 성공시켰고 이제 우리의 키커는 니콜라스 아넬카였다. 그는 과기에 레알 마드리드 시절 챔피언스리그 우승을 경험한 적이 있는 아주 경험이 많은 선수이며 승부차기에 능한 선수였다. 첼시 선수들은 그를 전적으로 믿었다. 그 순간 내 머릿속에는 정말 많은 생각이 오고 가서 차마 눈을 뜨고 보기가 어려울 정도였다. 아넬카가 킥을 시도하기 직전에 판 데 사르는 자신의 왼쪽 편을 가리켰다. 마치 아넬카에게 그 전에 첼시 선수들이 슛했던 방향으로 슛해보라고 도발이라도 하듯이. 그의 그 동작이 아넬카의 마음을 바꿨을까? 혹은 그게 판 데 사르의 능력이었을까? 무엇이 정답이든 간에 판 데 사르는 방향을 정확히 예측하고 오른쪽으로 다이빙해서 아넬카의 슈팅을 막아냈다. 우리는 패했고, 맨유가 승리했다. 어쩌면 그것은 운명이었을지 모른다.

나는 돌아서서 곧바로 드레싱룸에 들어가 혼자 앉아 침묵 속에서 그 악몽에서 깨어나기 위해 애썼다. 그러나 내가 깨달은 것은 그것이 악몽이 아니라 현실이라는 것뿐이었다. 나는 그곳에 아주 오래 앉아 있었다. 아브라모비치 구단주는 아홉 살, 열 살 정도로 보이는 그의 어린 아들과 함께 드레싱룸으로 들어왔다. 그의 아들은 계속해서 눈물을 흘렸다. 나는 그를 안고 말했다.

"언젠가 꼭 널 위해 챔피언스리그 우승을 차지할게."

그러나 그렇게 말하면서도 팀이 우승을 차지하는 데 도움을 주지 못한 내 마음은 계속 아팠다.

나는 그 후에 테리가 오랫동안 피치 위에서 눈물을 흘렸다는 이야기와 그란트 감독이 그를 위로하기 위해 애썼다는 말을 들었다. 그밖에도 많은 선수가 눈물을 흘렸다. 나는 퇴장을 당했기 때문에 그날 경기장에서 바로 준우승 메달을 받지 못했고 그란트 감독이 후에 나에게 조용히 전해줬다. 그것은 별로 상관없었다. 나는 우승팀과 준우승팀을 축하하는 그 자리를 떠나 혼자 있고 싶었다. 그란트 감독은 시상식이 끝나자마자 첼시 팬들 앞으로 다가가서 자신의 메달을 던져줬다. 그란트 감독 역시 시상식이나 메달에는 관심이 없었다. 나 역시 팬들에게 메달을 던져주고 싶었지만 나의 아내가 나를 말렸다. 그러나 오늘날에도 그 메달은 나에게 아무런 의미가 없다. "그래도 준우승을 차지했잖아"라고 말하는 사람들도 있다. 마치 2위라도 차지한 걸 기뻐해야 하는 것처럼.

올림픽의 창시자인 피에르 드 쿠베르탱은 "중요한 것은 참가하는 것이다"라고 말했지만, 미안하게도 나는 그의 생각과 좀 다르다. 그곳에 참가하기만이라도 바랐던 팀에게는 그 말이 사실일지도 모르지만, 우리에게 준우승은 결코 괜찮은 성적이 아니었다.

결국 모든 선수가 드레싱룸으로 들어왔을 때, 선수들은 누구 하나 입을 열지 않았다. 침묵만이 흘렀다. 몇몇 선수들이 내게 와서 어떻게 된 거냐고 물어봤지만 나는 그들에게 "이젠 너무 늦었다"라는 말만 남겼다. 나는 정신적으로도, 신체적으로도 아주 지쳐 있었고 가능한 한 빨리 모스크바를 떠나고 싶은 마음뿐이었다. 그 경기는 내게 성공과 실패, 역사에 기록되는 것과 사라지는 것의 차이가 얼마나 작은지를 깨닫게 해줬다. 아브람 그란트 감독은 첼시 역사상 가장 위대한 감독이 되기까지 한 걸음을 남겨두고 있었지만, 결국 그는 며칠 후에, 놀랍지 않게, 경질되고 말았다.

한편 런던으로 돌아온 나는 곧바로 가족과 함께 휴가를 떠났다. 나는 가능한 한 멀리 떠나고 싶은 마음뿐이었다. 그리고 이제 막 휴식을 시작하려고 할 때 나는 나의 할머니가 돌아가셨다는 전화를 받았다.

두 감독, 하나의 트로피,
2008 – 2009

| DIDIER DROGBA |

2007-2008시즌은 좋은 점도 있었지만, 그보다는 어려움이 많았던 힘든 시즌이었다. 그 시즌에 나는 많은 부상에 시달리기도 했다. 나는 결국 아프리카 네이션스컵이 열리기 직전인 2008년 1월에 반월상연골판 수술을 받았다. 보통의 경우라면 다시 훈련할 때까지 한 달 정도가 걸렸겠지만 그 당시 나에겐 그런 시간의 여유가 없었다. 결국 나는 수술 후 10일 만에 다시 훈련을 시작했다. 그러나 그 뒤로 나는 그 시즌 내내 완벽한 상태가 아니었고 내 폼을 되찾지 못했다.

　2008년 여름, 새 시즌을 맞이하기 전에 나는 내 몸 상태를 잘 관리하기 위해 특별히 신경을 썼다. 무릎 전문의를 찾아가기도 했고 한동안 무릎을 쓰지 않는 운동만 하기도 했다. 그 결과 여름휴가가 끝났을 때 나는 전보다 체중이 3kg은 늘어난 상태였다. 보통의 경우라면 그것은 아주 큰 차이가 아니겠지만 당시 내 무릎의 상태를 감안할 때 나는 체중관리를 잘할 필요가 있었다.

　6월, 아브람 그란트 감독이 해임된 자리에 브라질 출신의 루이스 펠리페 스콜라리 감독이 부임했다는 소식이 전해졌다. 그는 포르투갈 국가대표팀을 이끌고 유로 2008 대회 8강에서 독일에 패한 후 곧바로 첼시 훈련징으로 합류했다. 그는 2002 한일 월드컵에서 브라질을 이끌고 우승을 차지한 경력을 자랑하는 감독이었다.

그는 프리미어리그 최초로 월드컵 우승 경력을 가진 감독이었다. 자연스럽게 그에 대한 기대치도 아주 높았다. 영국 언론에서는 그를 '빅 필'이라고 불렀고 그의 거침없는 화법도 큰 관심을 모았다. 문제는 그가 언변에는 능했지만 영어가 서툴렀기 때문에 항상 통역자가 필요했다는 것이었다. 스콜라리 감독은 스티브 클라크 코치가 떠난 자리에 브라질 출신의 수석코치 플라비오 무르토사를 데리고 왔는데 그게 코치진과 선수들의 소통을 더 어렵게 만들었다. 그는 첼시에 있는 내내 영어를 배우기 위해 노력했지만 솔직히 나는 그가 끝까지 언어의 장벽을 극복하지 못했다고 생각한다.

말레이시아, 홍콩 투어를 가기 전에 나는 여전히 무릎이 안 좋다고 느끼고 감독을 찾아갔다. 그것이 나와 스콜라리 감독 간의 첫 미팅이었다. 나는 그에게 훈련을 제대로 소화할 수 없기에 아시아 투어에 참가하기가 어렵다고 말했다. 나에게 가장 필요한 것은 런던에 남아 무릎 완치를 위해 전문가들의 치료를 받는 것이었다. 스콜라리 감독은 처음 내 말을 듣고 알겠다며 문제없다고 말했다.

그러나 그다음 날 그는 나에게 연락을 해서는 마음이 바뀌었다며 나에게 반드시 말레이시아 투어에 참가해야 한다고 말했다. 나는 그가 갑자기 마음을 바꾼 것도, 그의 표현 방식도 이해할 수가 없었다. 차라리 처음부터 "생각해보겠다"고 말하고 거절을 할 수도 있었을 것이다. 결론적으로 나는 아시아 투어에 참가하지 않았지만, 그 사건은 새 감독과 나의 사이에 좋은 시작이라고 보기는 어려웠다.

프리시즌 훈련이 시작된 후 스콜라리 감독의 훈련법은 첼시 선수들, 특히 나에게 충격으로 다가왔다. 그의 훈련 방식은 옛날식의 5km 달리기를 먼저 한 후 볼을 다루는 방식이었다. 나의 플레이 스타일이나 몸 상태에는 맞지 않는 훈련이었다. 나는 프랑스에서 뛰었던 먼 과거 이후에는 그런 식으로 훈련을 받아본 적이 없었다. 결국 내 몸은 그 방식을 버텨내지 못했고 등에 통증이 오기 시작했다. 뛰기는커녕 걷기도 어려웠고 훈련 중에 이탈하는 일도 있었다. 나는 스콜라리 감독이 내가 그를 위해 뛰고 싶지 않다고 느꼈다고 생각했다. 그것은 사실이 아니었다. 그가 첼시를 이끄는 동안 나는 그를 위해 최선을 다해 뛰었다. 그러나 그는 초기부터 나보다 아넬카를 중용했다. 나와 아넬카 사이에는 아무런 문제도 없었다. 그때도 지금도 우리는 아주 가까운 친구 사이를 유지하고 있다. 그러나 스콜라리 감독 부임 후 몇 주 만에 내가 더 이상 첼시의 1옵션 공격수가 아니라는 것이 명백해졌다.

그의 훈련 방식은 5km 달리기가 가장 강도 높은 훈련이었고 그 후의 다른 훈련은 가벼운 것이었다. 그래서 새 시즌이 시작될 무렵, 우리는 프리시즌 기간 내 고된 훈련을 받은 다른 팀들에 비해 몸이 가벼운 상태였다. 다르게 말해서, 우리는 신체적으로는 준비가 됐지만 축구 면에서는 준비가 덜 된 상태에서 시즌을 맞은 것이다. 그리고 프리시즌을 그렇게 보냈기 때문에 우리는 시즌이 세 달쯤 진행된 후에 다른 팀들보다 먼저 지쳐버리고 말았다. 그것은 프리시즌을 제대로 보내지 못한 팀에서 자주 볼 수 있는 상황인데 그것이 그 시즌 우리에게 벌어진 것이다.

내가 생각하는 문제는 스콜라리 감독이 이전에 프리미어리그를 겪어본 적이 없기에 이 리그가 얼마나 피지컬적으로 거친지를 제대로 파악하지 못했다는 것이었다. 시즌 초반, 우리가 나음 날 있을 경기에 대비해 호텔에서 묵을 때의 일이었다. 우리는 리버풀 대 맨유의 경기를 보고 있었고 그 경기는 말할 것도 없이 아주 거칠었다.

"이 팀들은 절대로 시즌 후반까지 저렇게 뛸 수 없을 거야. 5경기만 지나면 지쳐버릴걸." 스콜라리 감독이 말했다.

"아니에요. 이게 프리미어리그입니다. 매주, 매 시즌이 이렇습니다."

"아냐. 그럴 리가 없어." 그가 다시 말했다.

나는 더 이상 그에게 말하지 않았다. 그가 내 말을 믿지 않는다는 것을 느낄 수 있었기 때문이다.

그러나 5경기가 지난 후에 무너지기 시작한 것은 다른 팀이 아니라 우리였다. 크리스마스 기간에는 5경기에서 1승을 거뒀다. 그 무렵 나는 무릎 부상에서 거의 회복하고 있었고 스콜라리 감독은 박싱데이 기간에 열린 웨스트 브롬전에서 나를 처음으로 선발로 기용했다. 나는 그 경기에서 득점을 올리며 2 대 0 승리를 도왔고 나 역시 내 경기력이 만족스러웠다. 다음 경기는 12월 28일에 열린 풀럼전이었다. 그 경기는 2 대 2로 끝났고 나는 평범한 경기를 펼쳤다. 그것은 내가 오랫동안 경기를 뛰지 않았다가 3일 만에 두 경기를 치렀다는 것을 감안하면 크게 이상할 것이 없는 일이었다.

새해 초에 우리는 사우스엔드와의 FA컵 3라운드에서 형편없는 경기를 펼친 끝에 무승부에 그쳤고 이어진 맨유 원정에서 0 대 3으로 패했다. 나에게도 득점 기회가 있었으나 나는 제대로 슈팅을 시도하지 못했고 나는 헛웃음을 짓고 말았다. 나는 그 상황이 웃겼던 것이 아니라, 오히려 그 반대의 이유로 웃음을 지었던 것인데 스콜라리 감독은 내 뜻을 오해했던 것 같다. 그는 그 경기 후에 첼시 선수들을, 특히 나를 공개적으로 비판하기 시작했다. 그는 현재의 우리처럼 플레이하면 리그 우승을 할 수 없을 것이라고 말했다. 그 무렵 이미 스콜라리 감독은 부정했지만, 그는 체흐, 발락과 같은 팀 내 핵심 선수들과 사이가 틀어졌고 드레싱룸의 분위기도 결코 좋지 않았다.

그와 나 사이의 충돌은 그로부터 3일 후에 있었다. 그는 사우스엔드와의 FA컵 원정경기에 나를 아예 명단에서 제외해버렸다. 첼시에 입단한 후로 아예 명단에서 제외된 것은 그때가 처음이었다. 나는 그를 찾아갔다. 그와 싸우고자 한 것이 아니라 그와 대화를 나누고자 한 것이었다. 나는 팀에서의 내 입지를 정확히 이해하고 싶었다.

"자네는 원정에 참가하지 않네. 팀을 떠나고 싶다면, 지금이 그럴 때야."

"제가 팀에 도움이 안 된다고 생각하십니까?"

"자네만 아니라 데쿠도 선발하지 않았네."

"네. 하지만 데쿠는 부상 중이고 저는 아니죠."

"드록바." 그가 마침내 인정하며 말했다.

"자네는 내 팀 구상에 없네. 이번 시즌이 끝날 때까지 다시는 뛰지 않을 거야. 그러니 팀을 떠나고 싶다면 지금 그렇게 하게. 에이전트에게 연락해. 마침 지금 1월이잖아. 1월 말까지 새 팀을 구하고 떠날 시간이 있네."

나는 그가 나를 기용할 생각이 없다는 걸 알고 있었다. 사실 그는 나를 팀에서 제거하고 싶어 했다. 그가 영입하고자 했던 선수는 인터 밀란에서 뛰고 있던 공격수 아드리아누였다.

"아드리아누를 정 원하면, 제가 인터 밀란으로 가겠습니다."

그 말은 진심이었다. 당시 인터 밀란 감독은 다름 아닌 조세 무리뉴 감독이었기 때문이다. 그를 위해 뛸 수 있다면 행복했을 것이다.

스콜라리 감독과 미팅을 끝낸 후 나는 제일 먼저 로만 아브라모비치 구단주의 매니저에게 연락을 해서 그 상황에 대해 설명했다.

"감독이 저를 원하지 않는 것 같습니다. 클럽에서도 저를 원하지 않는다면 팀을 떠나게 해주십시오."

구단주의 매니저는 곧바로 대답했다.

"아니, 자네는 어디도 안 가네. 도대체 누가 자네한테 팀을 떠나라고 했나? 누구도 자네가 떠나길 원하는 사람이 없네."

"그럼 알겠습니다."

그걸로 나는 첼시에서의 내 입지를 확실히 알게 됐다. 나는 스콜라리 감독의 지지는 받지 못했지만, 클럽의 지지는 받고 있었다.

나는 이 책을 통해 내가 스콜라리 감독과 아무런 사적인 문제가 없었다는 걸 분명히 밝히고 싶다. 나는 그가 첼시에서 진심으로 노력했다는 것을 안다. 그는 영어를 공부하기 위해서도 열심히 노력했다. 그러나 결국 그가 이전까지 경험한 축구의 문화는 첼시와는 어울리지 않는 것이었다. 그것은 그에겐 처음부터 어울리지 않는 옷이었다.

스콜라리 감독이 이끈 우리의 마지막 경기는 2월 초에 열린 헐 시티전이었다. 그 경기는 0 대 0으로 끝났고 그는 다음 날로 팀을 떠났다. 그로부터 며칠 후 〈프랑스풋볼〉을 통해 그가 헐 시티전에 했던 인터뷰가 공개됐다.

그는 첼시에 그에게 필요한 선수가 없다고 말했다. 그는 특히 윙어가 부족해서 4-4-2 포메이션을 쓰기가 어렵고 나와 아넬카를 투톱으로 쓰지 못한다고 말했다. 나는 그가 왜 그런 인터뷰를 했는지는 이해하지만, 그런 식으로 언론을 통해 팀을 비판하는 것은 관계를 끝내기에 좋은 방법은 아니라고 생각한다.

스콜라리 감독이 첼시에 있던 무렵, 나는 미디어나 팬들과의 관계를 개선하기로 했다. 당시 잉글랜드에는 나에 대한 너무나도 터무니없는, 왜곡된 헛소문들이 많았고 나는 그런 상황을 더는 가만히 두고 보지 않기로 했다. 그래서 나는 PR 에이전시를 고용했고 그들 덕분에 내 문제는 훨씬 더 좋아지기 시작했다. 그들과 관계가 시작된 직후부터 나는 미디어, 팬들과 훨씬 더 좋은 관계를 가질 수 있게 됐다. 그 계약이 나와 팬들의 관계에 큰 터닝 포인트였다.

결국 스콜라리 감독이 떠났고 러시아 국가대표팀 감독인 거스 히딩크 감독이 첼시의 임시 감독으로 임명됐다. 그가 부임한 후로 여러 가지로 제 상태가 아니었던 첼시는 곧바로 리그 3위, 챔피언스리그 준우승까지 진출하고 FA컵 우승을 차지한 팀으로 바뀌었다. 우리는 전반기와 별다를 것 없는 선수단이었으므로 전반기 우리 팀에 문제가 있었던 것이 틀림없다.

히딩크 감독은 첫 만남부터 느낌이 좋았다. 첼시 선수단은 모두 그를 존경했다. 그는 클럽 감독으로서도 PSV 아인트호벤에서 지도력을 인정받았고 네덜란드, 대한민국, 러시아 등 국가대표팀에서도 좋은 성적을 올렸다. 그는 팀에 도착하자마자 첫 훈련에서 "이 팀은 몸 상태가 완벽하지 못하다"고 말했다. 그건 당연한 사실이었다. 히딩크 감독은 즉시 우리를 강도 높은 훈련으로 단련시키며 바꿔났다.

그는 또한 스콜라리 감독 시절 땅에 떨어졌던 나를 포함한 팀의 자신감을 다시 올려났다. 그는 내게 경기장 모든 곳을 뛰지 말고 공격에만 집중하라고 했다.

"자네는 공격수다. 경기장 전체를 뛸 필요 없어. 슈팅할 수 있는 포지션에 있으면서 득점을 노리게."

그의 다른 전술, 다른 커뮤니케이션 방법 덕분에 나는 활기를 되찾았고 다시 경기에 나서서 골을 터뜨리기 시작했다. 나는 내 능력이 아직 녹슬지 않았다는 것을 보여주고 싶었다. 히딩크 감독 밑에서 활기를 되찾은 것은 나뿐만이 아니었다. 동료들 역시 마찬가지였고 우리는 히딩크 감독이 부임한 후 4경기에서 연승했다. 첼시는 다시 좋은 분위기를 타기 시작했다.

우리는 새 감독을 위해 우승을 차지하고 싶었고, 우리가 새 감독 아래 얼마나 좋아졌는지를 보여주고 싶었다. 그래서 바르셀로나에 당한 챔피언스리그 준결승전에서의 패배가 더욱 뼈아팠다. 나는 경험 많은 선수들로 가득한 우리가 다시 한 번 유럽 최고의 팀이 됐다고 생각했다. 바르셀로나에서 치른 첫 경기는 0 대 0으로 끝났고 홈에서 치른 2차전에서 우리는 큰 압박을 받고 경기를 시작했다. 우리는 바로 1년 전 챔피언스리그 결승전에서 아쉽게 우승을 놓친 것을 떠올리지 않을 수 없었다.

전체적으로 밀리는 경기에서 우리는 마이클 에시앙의 환상적인 중거리 슈팅에 이은 골로 리드를 안기도 했지만, 이번에도 승부의 신은 우리의 편이 아니었다. 그 후로 약 80분 동안 우리는 그 리드를 잘 지키고 좋은 경기를 펼쳤고 바르셀로나의 아비달은 아넬카에 대한 파울로 퇴장을 당하기도 했다. 그 판정은 후에 이 경기가 많은 논란을 낳는 데 한 역할을 한 결정이었다. 그날 우리는 무려 네 차례나 페널티킥을 받을 만한 상황이 있었지만 노르웨이 출신 톰 헤닝 오브레보 주심은 그 모든 상황에서 페널티킥을 선언하지 않았다. 그리고 나 개인적으로는 그 네 번의 결정은 모두 오심이었다고 생각한다. 그중에서도 가장 이해할 수 없었던 상황은 헤라드 피케가 명백하게 페널티박스 안에서 핸드볼을 범했을 때 그 바로 근처에 있던 주심이 페널티킥을 선언하지 않은 것이었다. 어떻게 그 상황에서 페널티킥을 주지 않았는가 하는 점은 내가 지금도 이해할 수 없는 것이다. 사실 그 경기 중에는 페널티킥 판정 외에도 수많은 이해할 수 없는 상황이 있었다. 나는 속으로 이런 생각이 들기 시작했다.

'도대체 이게 뭐지? 어떻게 저럴 수가 있지? 하나의 오심은 그럴 수도 있다고 쳐도 이렇게 중요한 경기에서 네 번이나 그런다고?' 나는 그 심판이 자격 미달이라고 생각했다.

경기 종료를 10분 정도 남겨두고 나는 교체 아웃됐다. 나는 다리를 절고 있었지만 교체될 필요는 없다고 생각했다. 만약 감독이 나에게 내 의견을 물어봤다면 나는 "아직 괜찮다. 조금 더 기다려달라. 내가 못 뛸 것 같으면 이야기하겠다"라고 말했을 것이다. 나는 내가 교체 아웃된다면 피케, 알베스 같은 수비수들이 더 공격적으로 나와서 우리에게 압박을 가할 거라는 것을 예상하고 있었다. 그러나 이미 나를 교체하겠다는 신호가 들어갔고 나는 어쩔 수 없이 경기장을 빠져나와야 했다. 나는 그 교체가 너무 실망스러워서 드레싱룸으로 들어가 마음을 가다듬어야 했다.

내가 '신기'가 있는 사람은 아니지만, 나는 그날 교체 아웃당하면서 분명히 뭔가 불행한 일이 벌어질 것이라는 느낌이 들었다. 왜 그랬는지는 모르겠지만 왠지 그런 느낌이 들었다. 결국 나는 벤치로 돌아와서 내 예상이 틀리기를 빌고 또 빌었다. 정규시간이 끝났고, 나는 어쩌면 우리가 그대로 경기를 끝낼 수 있을 거라고 믿기 시작했다. 그러나 갑자기 페널티박스 바깥에서 이니에스타가 시도한 슈팅이 페트르 체흐를 지나서 골문으로 빨려들어 갔다. 동점골이자 원정다득점 원칙에 의해 첼시의 탈락이 결정되는 순간이었다. 그 후에 또 한 번의 끔찍한 오심이 나왔다. 페널티박스에서 미하엘 발락의 슈팅이 사무엘 에투의 팔에 맞았음에도 페널티킥이 선언되지 않은 것이다. 그 경우에도 주심은 선수들 바로 옆에서 봤음에도 제대로 된 판결을 내리지 않은 것이다. 최종 스코어 1 대 1. 결국 원정다득점 원칙에 의해 바르셀로나가 결승전에 진출했다.

경기 종료 휘슬이 울리자마자 첼시 팬들과 선수들은 모두 분노를 감추지 못했다. 바르셀로나 선수단은 물론 행복을 감추지 못했지만 우리는 그날 경기 중에 벌어진 불공평한 판정에 정말 큰 분노를 느꼈다. 나는 내가 그날 평정심을 잃었다는 것을 인정한다. 나는 곧바로 주심에게 달려가서 이건 정말 터무니없는 일이라고(그리고 내 뜻을 더 정확히 전달하기 위해 일부 욕설도) 말했다. 나는 너무 화가 나서 옐로카드를 받는 일 같은 것은(그 후에 3경기 출장정지로 변했지만) 신경도 쓰지 않았다. 내 머릿속에 든 생각은 그 상황이 얼마나 불공평한지, 우리가 그렇게 잘 뛰고도 누군가의 오심에 의해 결승전에 진출하지 못하게 됐는지에 대한 것뿐이었다.

나는 1년 전에 모스크바에서 한 약속(언젠가는 챔피언스리그 우승을 꼭 차지하겠다는)을 떠올렸고, 우리가 그 시즌 전반기에 보낸 성적을 생각할 때 더더욱 결승전에 진출하는 것이 큰 성과일 것이라고 생각했다. 나는 내가 끝났다고 생각하는 감독 아래서 시즌을 시작했고, 그가 틀렸다는 것을 증명하는 가장 좋은 방법이 바로 첼시를 결승전으로 이끄는 것이었다. 내가 그날 경기장에서 폭언을 내뱉은 것에는 그 모든 생각이 들어 있었다.

물론 나는 내가 그날 욕설을 했다는 것 자체는 뉘우치고 있다. 그러나 내가 후회하지 않는 한 가지는 그날 나의 감정은 나만의 것이거나 잘못된 것이 아니었다는 것이다. 나는 진정으로 우리가 승리를 빼앗겼다고 생각했다. 팬들도 나의 반응을 이해했다. 내 행동이 그들의 감정을 대변했기 때문이다. 그들은 그런 상황에서도 선수들이 힘없이 경기장을 빠져나가길 바라지 않았다. 그리고 TV로만 경기를 보는 팬들이 이해하지 못하는 한 가지는 실제 경기장에 있는 선수들에겐 그 감정이 몇 배로 다가온다는 것이다. 우리는 첼시라는 클럽에 모두 헌신하고 전력을 다하고 있었고, 그렇기에 그런 중요한 경기에서는 그 감정이 강해져서 때때로 선수들이 통제력을 잃기도 하는 것이다. 나는 그런 행동이 옳다고 말하고 싶지 않지만, 그런 상황에 처해보지 않은 사람은 그 상황을 제대로 이해하기도 어려운 것이다.

바르셀로나와의 경기 후 우리는 하나의 결승전을 남겨두고 있었다. FA컵이었다. 결승전에서 우리와 만나게 된 상대 팀은 에버튼이었다. 준결승전에서 우리는 아스널을 2 대 1로 꺾었고 나는 그 경기에서 또 한 번 경기를 결정짓는 골을 터뜨렸다. 나는 늘 모든 골이 중요하지만, 특히 경기의 흐름을 바꾸는 동점골과 누구도 예상하지 못할 때 경기를 결정짓는 결승골이 아주 중요하다고 생각한다. 그래서 나는 늘 경기 중에 '이제 경기를 바꿀 만한 무언가를 할 시점이야. 내가 그래서 경기장에 있는 거야'라고 되뇌곤 했다.

때로는 경기 중에 신에게 기도를 하기도 한다. 그런 기도가 얼마나 많이 이뤄졌는지를 알면 놀랄 사람들도 있겠지만, 나에겐 경기장에서나 경기장 밖에서나 강한 믿음이야말로 나를 움직이는 가장 큰 원동력 중의 하나였다. 나는 진심으로 세상에는 나를 단순히 더 뛰어난 선수가 아니라 더 좋은 사람으로 이끌어주는 그런 존재가 있다고 믿는다. 그런 믿음은 나에겐 다른 어떤 것보다도 중요한 것이며 특히 선수생활의 끝을 바라보고 있는 상황에서는 더욱 그렇다. 나는 가톨릭 신자로 자랐고 나의 인생과 나의 가족에게는 늘 신의 존재가 함께했다. 젊은 시절에는 교회에 잠시 나가지 않을 때도 있었지만 신에 대한 믿음은 절대 잃어버린 적이 없다.

그러던 2008-2009시즌 중에 나는 신에 대한 믿음을 되찾고 소통하기 시작했다. 경기 중에 신에게 기도를 하기 시작한 것도 그 무렵이었다. 그런 점이 몇몇 사람들에겐 이상하게 생각될지도 모르지만 내가 하늘을 올려다보며 말하거나 성호를 긋는 모습을 본 적이 있는 사람들이라면 나의 말이 사실이라는 것을 믿을 것이다.

아스널전은 내가 신의 존재를 더욱 강하게 깨달은 계기였다. 그 경기는 아주 평범한 경기였고, 스코어 1 대 1의 상황에서 나는 좋지 못한 경기를 하고 있었다. 경기를 변화시키기 위해 나름대로 노력을 해봤지만 별다른 효력이 없었다. 나에겐 촉매제가 필요했다. 그리고 경기 종료 10분을 남긴 시점에 나는 신에게 기도를 하면서 나에게 득점할 수 있는 길을 보여달라고 빌었다. 5분 후에 램파드가 보낸 패스를 받은 나는 루카스 파비안스키 골키퍼를 제치고 첼시가 오래 기다렸던 결승골을 터뜨렸다. 나는 거의 충격을 받았다.

몇몇 사람들은 '그때 드록바가 득점한 것은 그에게 좋은 패스가 왔기 때문이 아닌가'라고 생각할 것을 안다. 그러나 나는 그 골에는 분명히 특별한 무언가가 있었다고 믿는다. 그와 비슷한 경우는 그때 말고도 여러 번 있었다. 2012년 챔피언스리그 결승전의 경우에도 마찬가지다. 나는 내가 그런 믿음을 갖고 있다는 것이 아주 행운이라고 생각하며 그 믿음이 나를 인간으로 만들어준다고 생각한다.

FA컵 결승전은 그 시즌 우리에게 남은 마지막 우승의 기회였고 우리는 첼시를 비판하는 사람들이 틀렸다는 것을 증명하고 싶었다. 그 경기는 역사적인 경기였다. 에버튼의 루이 사하가 경기 시작 22초 만에 골을 터뜨린 것이다. 그 골은 FA컵 결승전 역사상 가장 빠른 시간에 나온 골이었다. 그렇게 경기가 시작되자마자 골을 내주는 것은 어떤 팀에게도 불리한 것이었지만 나는 또 한 번 그 경기에서 중요한 동점골을 터뜨렸다. 나의 동점골이 나와 동료들을 다시 힘나게 하고 다시 우리의 리듬으로 플레이할 수 있도록 웸블리에서 펼쳐지는 결승전에서 팬들의 응원을 즐기며 플레이할 수 있게 해줬다.

　그 골은 결국 그 경기의 터닝 포인트가 됐고 후반 27분에 나온 램파드의 골로 우리는 FA컵 우승을 차지했다. 참으로 어려움이 많았던 시즌을 우리는 우승으로 마무리하게 된 것이다. 물론 우리는 한때 리그, 챔피언스리그 우승도 차지할 가능성이 있었지만, 그 시즌의 성적은 전반기에 이미 '끝났다'는 평가를 받은 팀으로선 결코 나쁘지 않은 것이었다.

　그래서 우리는 그날의 우승을 진심으로 즐겼다. 나는 그것이 첼시의 성공의 한 비결이었다고 생각한다. 우리는 어떤 우승도 당연하듯 여기지 않았다. 우리는 그 하나하나를 소중히 여겼다. 그 하나하나의 우승까지 가는 과정과 그 결과가 모두 소중하고 아름다웠기 때문이다.

12

안첼로티와 최고의 시즌,
2009 – 2011

| **DIDIER DROGBA** |

그해 5월 FA컵에서 우승했을 무렵, 우리 가족에게는 그보다 더 기쁜 일이 있었다. 나의 사랑하는 아들 케이란이 탄생한 것이다. 아내와 나는 케이란의 출산을 오래 기다려왔고 그 아이가 태어났던 순간 그 건강하고 아름다운 아이를 보며 우리가 축복을 받았다고 생각했다.

케이란의 탄생은 그 여름뿐 아니라 이어질 시즌 전체에 대한 하나의 길조였다. 나는 그 여름을 아주 즐겁게 보냈을 뿐 아니라, 그 시즌 개인적으로 최고의 시즌을 보냈다. 그것이 과연 우연이었을까? 나는 아니라고 생각한다. 나는 케이란이 태어난 이후로 그 어느 때보다도 행복하다고 느꼈고 어딘가에 정착된 듯한 느낌을 갖고 시즌을 보냈다.

그 시즌이 성공적이었던 또 다른 한 이유는 그해 6월에 첼시에 부임한 새 감독, 카를로 안첼로티 덕분이기도 했다. 미리 계획됐던 대로 그 전 시즌에 임시로 첼시를 맡았던 거스 히딩크 감독은 팀을 떠났다. 안첼로티 감독은 챔피언스리그 우승 2회를 포함해서 많은 우승 경력을 지닌 감독이었고 많은 선수가 큰 기대를 안고 그를 맞이했다.

그 전 시즌 말, 내가 첼시에 남을지 말지에 대한 많은 소문이 돌았다. 실제로 몇몇 사람들은 내가 첼시를 떠나길 바랐다. 그들은 공격수로서의 내 능력을 떠나서 나에 대한 안 좋은 평판이나 나의 이미지가 첼시에 부정적인 영향을 준다고 생각했다. 많은 팬이 나의 경기력이나 내가 첼시를 위해 보여준 헌신적인 태도를 좋아했지만, 몇몇 사람들은 내가 그동안 첼시에서 범했던 몇몇 부적절한 행동으로 나를 떠나보내고 싶어 했던 것이다. 그들은 그런 행동들 역시 첼시에 대한 나의 사랑 때문에 그랬다는 것을 결코 이해하지 못했다.

나는 늘 경기장 위에서 첼시를 위해 싸웠다. 챔피언스리그에서 바르셀로나에 패한 후 내가 보였던 행동은 그 순간 첼시 팬들이 느낀 행동과 똑같은 것이었다. 만약 카메라가 내가 아닌 팬들을 비췄다면, 시청자들은 그들의 입에서 내가 했던 말과 똑같은 말을 봤을 것이다. 그 순간 그들의 반응은 나보다 더 심했으면 심했지 덜하지 않았을 것이다. 물론 나 역시 그 순간 내가 했던 말이나 나의 행동에 대해 자랑스럽게 여기고 있는 것은 아니지만, 나의 그 행동은 내가 첼시라는 클럽에 대해 품고 있는 열정을 보여주는 것이었다.

첼시를 이끈 몇 개월 사이에 늘 나를 지지해줬고, 팀을 잘 이끌었던 거스 히딩크 감독은 나를 아주 잘 이해했고, 나의 자신감을 되찾아줬다. 그는 나를 첼시에 남겨야 한다고 주장한 소수의 사람 중 한 명이었다. 그는 로만 아브라모비치 구단주에게 직접 그 점에 대해서 말했고(아브라모비치 구단주 역시 늘 나를 지지해준 사람이었다), 팀의 코치들에게도 그 점에 대해 강조했다. 그리고 그런 과정을 거쳐서 그들은 내가 첼시의 미래를 위해 필요한 선수라는 것을 분명히 했다.

나와 안첼로티 감독의 사이는 첫 대화부터 긍정적이었다. 그는 내가 여름휴가를 보내고 있던 중에 나에게 직접 전화를 걸어서 자신에 대해 소개하며 나와 함께 일하는 것이 기대된다고 말했다. 나는 그의 그런 점이 대단히 인상적이라고 생각했다. 그의 입장에서 꼭 그렇게 할 필요가 없었기 때문이다. 그는 대부분의 감독이 그러는 것처럼 내가 휴가를 마치고 돌아올 때까지 기다렸다가 만나서 인사를 할 수도 있었을 것이다. 그러나 그는 직접 나에게(아마도 다른 선수들에게도) 전화를 걸어서 먼저 인사를 전했다. 감독의 그런 모습은 선수들로 하여금 그 감독이 선수들을 중요하게 여긴다고 생각하게 만든다. 나는 그가 첼시 감독이 됐다는 사실이 기뻤다. 경험이 풍부하고 명망 높은, 이렇게 선수들을 챙기는 감독과 함께라면 챔피언스리그 우승의 꿈도 이룰 수 있을 것이라고 생각했던 것이다.

그의 훈련 방식은 거스 히딩크 감독과 유사했다. 그것은 부분적으로는 히딩크 감독의 체력 코치가 팀에 남은 영향이기도 했다. 프리시즌 중에 5km를 달리는 그런 훈련은 없었다. 우리는 철저히 축구에 집중한 훈련을 받았다.

또 그 여름에는 크고 작은 국가대표팀 일정이 전혀 없었다. 나는 충분히 휴가를 보내고 완전히 회복한 상태에서 프리시즌을 보낼 수 있었다. 이전에도 몇 차례 그랬듯이, 나는 프리시즌을 잘 보낸 시즌에 실제 시즌 중에도 좋은 활약을 했다. 그 여름 몇 년 만에 처음으로 나는 아무런 통증 없이 훈련을 마쳤다. 고질적인 무릎 부상도 마침내 완쾌됐다. 덕분에 나는 훈련과 경기 중에 나의 100%를 쏟아부을 수 있었다. 새 시즌이 시작되자마자 나는 지난 시즌 후반기에 보였던 경기력을 이어갈 수 있었다.

그해 여름 이적시장에서 네마냐 마티치와 다니엘 스터리지를 영입하긴 했지만, 그 시즌 첼시의 선수단은 대대적인 변화 없이 지난 몇 시즌 동안 이어졌던 핵심 선수들이 모두 그대로 남아 있는 선수단이었다. 팀의 분위기도 아주 좋았고 선수들 사이에는 생산적이고 고무적인 포지션 경쟁이 이어졌다. 1년 전 스콜라리 감독 시절 시즌 초반과는 아주 다른 분위기였다. 그 무렵 내가 가장 가까웠던 선수들은 나의 '아프리카 형제들'(우리끼리 농담으로 쓴 표현)이었던 살로몬 칼루, 마이클 에시앙, 니콜라스 아넬카, 존 오비 미켈, 그리고 내가 갱강 시절부터 알았던 선수인 플로랑 말루다 등이었다. 나는 그가 리옹을 떠나 첼시에 오는 데 도움을 줬다. 그가 첼시에서 무리뉴 감독의 지도를 받아서 뛰길 원했기 때문이다. 나는 말루다에게 무리뉴 감독이 선수들에게 동기부여하는 방법, 그가 클럽을 이끌어가는 방법을 보여주고 싶었다.

나는 그 선수들 사이에서 맏형 같은 존재였다. 그들 중 첼시에서 가장 오래 뛴 선수였고, 첼시에 대해 가장 잘 아는 사람이었기 때문이다. 또 나는 첼시의 모든 선수와 잘 지내는 동료였다. 나는 첼시의 그 누구와도 기쁘게 따로 앉아서 깊이 있는 대화를 나눌 수 있었고 (나는 특히 테리, 램파드, 체흐 등과 친했고 그들과 아주 즐거운 시간을 보냈다) 선수들을 서로 더 가깝게 이어주는 역할을 했다. 특히 팀의 어린 선수들은 나에게 팀에 대한 여러 가지 소소한 질문들을 하곤 했는데 나는 그럴 때마다 그들을 돕기 위해 최선을 다했다. 심지어 다른 클럽에서 뛰는 선수들이 도움을 구할 때도 나는 그들을 위해 시간을 냈다. 나는 그들의 입장에서 생각할 때, 팀에서 중요한 역할을 하고 있으며 쉽게 접근하기 어려울 것 같은 선수가 기꺼이 그들을 돕고 나설 때, 그것이 그들에게 얼마나 큰 도움이 될지를 알고 있었고 그래서 가능할 때마다 그렇게 하기 위해 노력했다.

같은 팀의 동료들이지만, 우리는 훈련장이나 경기장 밖에서는 따로 많이 어울리지 않았다. 시즌 중에는 특히 원정경기가 많기에 나처럼 이미 가족이 있는 선수의 경우에는 원정경기가 없는 날에 동료들끼리 놀러 가는 것보다는 가족과 함께 시간을 보내는 일이 많았다. 가끔 중요한 경기에서 승리를 거두거나 할 때면 몇몇 선수들끼리만 따로 어울리곤 했다. 무리뉴 감독은 늘 우리에게 경기에서 이기지 못했더라도 최선을 다했다면 선수들끼리 함께 저녁 식사를 하는 것은 괜찮다, 그러나 절대로 나이트클럽 같은 곳에 가서는 안 된다고 말했다. 그래서 종종 클럽에 가더라도 우리는 동료 선수의 생일을 축하하거나 아주 중요한 경기에서의 승리를 축하하기 위해 갔지, 그곳에서 부적절한 행동을 하지는 않았다.

우리는 프로 선수로서 사적인 문제를 만들지 말아야 했다. 특히 소셜미디어가 널리 보급되면서 우리는 휴일에도 늘 조심을 해야 했다. 그것은 스포츠 선수로서 받아들여야 하는 숙명 중 하나다. 그런 것에 대해 불평하는 것은 아무런 의미가 없다. 그저 받아들이고 이겨내는 수밖에 없다.

우리는 새 시즌을 아주 좋게 시작했다. 커뮤니티 실드에서 맨유를 승부차기 끝에 꺾고 우승을 차지했고, 첫 리그 6경기에서도 승리를 거뒀다. 우리는 승리하는 방법을 되찾았고 나 역시 계속 득점을 올렸다. 특히 나는 니콜라스 아넬카와 아주 호흡이 잘 맞았고 크리스마스를 앞두고 21경기에서 18골을 터뜨렸다. 그것은 1년 전 나의 상황을 생각해보면 놀라운 반전이었다.

그 시즌에 우리 팀에서 가장 실망스러웠던 점은(나 개인적으로도 마찬가지로) 이듬해 3월에 무리뉴 감독이 이끌던 인터 밀란에 패하면서 챔피언스리그에서 탈락한 일이었다. 무리뉴 감독이 첼시를 상대하는 일은 어려운 일이 아니었다. 첼시 선수들 모두에 대해 아주 잘 알고 있었기 때문이다. 그에게 첼시를 상대로 승리하는 것은 아주 중요한 일이었다. 반면 우리의 경우는 달랐다. 우리 역시 무리뉴 감독이나 그의 코치들에 대해서는 잘 알고 있었지만, 그의 선수들에 대해서는 잘 알지 못했다. 즉 무리뉴 감독이 인터 밀란의 감독이라는 사실만으로는 우리가 예측할 수 있는 점이 많지 않았던 것이다. 우리는 그가 자신의 팀을 승리로 이끌기 위해 무슨 일이든 할 감독이라는 것을 잘 알고 있었다. 결국 인터 밀란 원정에서 1 대 2로 패한 후에 우리는 스탬포드 브릿지에서도 0 대 1로 패했다. 그 패배는 우리에게 아주 쓰라린 것이었다.

로만 아브라모비치 구단주 역시 그 패배를 쉽게 받아들이지 못했다. 그는 그 경기 후에 선수들과 회의를 열고 챔피언스리그에서 우승을 하지 못했으니, 반드시 남은 대회에서 더블을 차지해야 한다고 말했다. 그의 그런 반응은 내겐 별로 놀라운 것이 아니었다. 그리고 우리는 그의 요구를 현실로 만들어냈다.

나는 4월에 열린 맨유 원정경기에서 아주 중요한 결승골을 터뜨렸고 그 경기에서 우리는 2 대 1 승리를 거뒀다. 그 경기로 인해 우리는 리그 5경기를 남긴 가운데 1위로 올라섰다. 그 시즌 우리와 맨유는 아주 치열한 리그 우승 경쟁을 벌였고 결국 리그 최종전에서 우승자가 결정됐다. 그들은 스토크에 4 대 0 승리를 거뒀지만, 우리는 위건에 8 대 0 승리(우리의 리그 최다득점차 기록)를 거두며 승점 1점 차이로 리그 우승을 확정지었다.

그 시즌에 우리는 맨유와 아주 치열한 우승 경쟁을 하는 와중에도 많은 기록을 수립했다. 우리는 그해 103골을 터뜨렸고, 그것은 첼시 역사상 최다골 기록이었다. 우리는 프리미어리그에서 처음으로 100골 이상을 터뜨린 우승팀이 됐고, 4경기에서 7골 이상을 터뜨린 최초의 잉글랜드 팀이 됐다. 또 그 시즌 우리의 골득실 차이(+71골) 역시 잉글랜드 클럽의 신기록이었다. 즉 우리의 우승은 승점 1점 차이로 결정됐지만, 그 시즌 우리는 공격적인 축구를 구사하며 아주 인상적인 기록을 남긴 채 우승을 차지한 것이다. 또 그 시즌 우리의 우승이 좀 더 달콤했던 이유는 우리가 맨유의 4년 연속 프리미어리그 우승을 저지하며 우승을 차지했기 때문이었다.

나 개인적으로도 위건과의 리그 최종전은 아주 특별한 경기였다. 그 경기에서 나는 후반전에 해트트릭을 기록하면서 두 번째로 리그 득점왕을 차지하게 됐다. 그 시즌 나의 리그 골 기록은 29골이었고, 득점 랭킹 2위는 26골을 터뜨린 웨인 루니였다. 다시 한 번 득점왕을 차지한 것은 아주 즐거운 일이었다. 특히 그 시즌 나는 많은 경기에서 아주 중요한 골을 터뜨렸다. 대표적으로 아스널을 상대로 가진 홈경기에서 2골을 터뜨린 경기가 있었다. 그 2골을 포함해서 나의 아스널전 골 기록은 12경기 12골이 됐다. 그 기록은 첼시의 최대 런던 라이벌을 상대로 한 기록이라는 점을 감안하면 결코 나쁜 것은 아니었다.

당시에는 몰랐던 사실이지만, 아스널은 내가 마르세유에서 뛸 때 나에게 관심을 가지고 있던 클럽 중 하나였다. 그러나 그들은 나를 영입하기 위해 정식으로 제안하지는 않았다. 아르센 벵거 감독은 내가 르망에서 뛸 때부터 내가 좋은 선수라고 생각했다고 말했지만 진지하게 영입을 추진하지는 않았다. 그게 인생이다. 어찌됐든 간에 두 번째 득점왕을 차지하면서 나는 나를 비판한 사람들에게 그들이 틀렸다는 것을 증명해냈다. 그 12개월 동안 나에게 벌어졌던 모든 일에 멋진 마침표를 찍은 것이다.

리그 우승을 확정 지은 지 일주일 후에 우리는 웸블리에서 FA컵 결승전을 치렀다. 그 대회에서 우승할 경우 우리는 클럽 역사상 처음으로 리그 우승과 FA컵 우승을 차지할 수 있었다. 안타깝게도 우리의 결승전 상대인 포츠머스는 우리와 정반대의 상황에 놓여 있었다. 우리의 전 감독인 아브람 그란트가 이끈 그들은 재정 상황의 악화로 파산을 선고받았고 이미 강등이 확정된 상태였다. 우리가 그들에 대해 동점심을 느꼈느냐고 묻는다면 그렇다. 맞다. 그러나 그것으로 인해 결승전을 대하는 우리의 태도가 바뀌었느냐고 묻는다면 그 대답은 "절대로 아니다"이다. 그 결승전은 우리에게 새로운 역사를 쓸 수 있는 아주 좋은 기회였고 그런 감상적인 면으로 인해 기회를 놓칠 생각은 전혀 없었다. 그런 상황에서는 경기가 끝난 후에 상대 선수들에게 위로를 전할 수는 있지만(특히 개인적인 친구가 상대 팀에 있는 경우), 경기 중에는 프로 선수로서 100%를 쏟아부어야 하는 것이다.

그 경기는 우리의 1 대 0 승리로 끝났다. 그러나 1 대 0이라는 스코어는 그 경기의 내용을 제대로 반영하지 못한 것이다. 우리는 전반전을 0 대 0으로 마쳤지만, 전반전에만 다섯 차례 상대 골대를 맞췄다. 포츠머스는 전반전 45분에 페널티킥 기회를 잡았지만 체흐가 선방해냈고, 우리도 후반전에 페널티킥에서 득점할 기회가 있었지만, 놀랍게도 램파드가 실축을 했다. 그러나 그 실축은 큰 의미가 없었다. 후반전에 내가 그 경기의 유일한 골을 터뜨리며 우승을 확정 지었기 때문이다. 그날 나의 골은 장거리에서 시도한 완벽한 프리킥골로 포츠머스의 골키퍼 데이비드 제임스가 전력을 다해 다이빙을 했지만 결국 막지 못하면서 그대로 골망을 갈랐다.

나는 또 한 번 결승골을 터뜨렸고 그때까지 첼시에서 가진 다섯 번의 결승전에서 모두 골을 기록했다(칼링컵, FA컵). 또 웸블리 구장에서 뛴 6경기에서 모두 득점을 올렸다. 그 기록은 결코 나쁜 기록이 아니었고 훗날에 내가 더 크게 만족스러워할 만한 기록이 됐다. 나는 팀에 도움이 되는 골을 넣고 싶었을 뿐이었지만, 주변에서 '결승전마다 골을 넣는 선수'라는 말을 하는 것은 물론 듣기 좋은 것이었다. FA컵에서 내가 터뜨린 골은 그 시즌 모든 대회에서 나의 37번째 골이었고 그 기록은 첼시 역사상 두 번째로 높은 기록이었다. 나는 첼시 팬들이 뽑은 '첼시 올해의 선수'에 선정됐고 그 상이 정말 자랑스러웠다. 그런 날이 올 때까지는 오랜 시간이 걸렸지만, 그 기다림은 충분히 그만한 가치가 있는 것이었다.

나는 앞으로도 언제까지나 그 2009-2010시즌을 기억할 것이다. 그 시즌은 프로 선수로서나 개인적으로나 나 스스로가 정말 흡족한 시즌이었다. 몸 상태도 좋았고 축구가 즐거웠다. 내 커리어에는 몇 번인가 내가 아무리 노력해도 득점할 수 없는 순간도 있었다. 그 시즌은 그 반대였다. 어떨 때는 내가 특별히 골을 노리고 있지 않았던 순간에도 골이 들어갔다. 그것은 마치 샤워를 할 때 내가 스스로 버튼을 누르거나 동작을 하지 않아도 물이 저절로 흐르는 것 같은 느낌이었다.

아쉽게도 그 느낌은 계속 지속되지 않았다. 코트디부아르는 2010 남아프리카공화국 월드컵 본선에 진출했다. 그 월드컵은 사상 최초로 아프리카에서 열리는 월드컵이었다. 이후의 장에서 다시 소개하겠지만, 우리는 월드컵 준비를 위해 대회 개막을 10일 앞두고 스위스와 평가전을 가졌다. 나는 그 경기에서 오른쪽 팔이 심하게 부러졌다. 그토록 오래 기다렸던 월드컵에서 뛰지 못한다는 걸 상상도 할 수 없었던 나는 그 즉시 수술을 받고 여전히 팔에 깁스를 사용해야 했던 상황임에도 경기에 나섰다.

월드컵에서 우리의 일정이 끝난 후에 나는 2주 휴가를 보냈다. 나는 그 시즌 첼시와 코트디부아르에서 월드컵까지 소화한 후 지칠 대로 지쳐 있었다. 그리고 그 휴가는 나에게 충분하지 않았다. 특히 그 후에 곧바로 수술을 받아야 했기 때문에 더욱 그랬다. 나는 2004년부터 꾸준히 문제를 겪었던 탈장으로 또 한 번 고생을 했다. 믿기 어렵겠지만, 나는 그 이후로 꾸준히 비슷한 문제를 안고 축구를 했고 이전에 받았던 수술로도 그 문제가 완전히 해결되지 않은 상태였다. 2009-2010시즌은 물론 나에겐 최고의 시즌이었지만, 나는 그 기간 내에 항염증제를 복용하고 뛰었다. 그것은 내 문제에 대한 장기적인 해결책이 아니었다. 갈수록 탈장으로 인한 고통이 점점 더 심각해졌고 결국 나는 2010년 여름에 수술을 받기로 했다. 그 결과 나는 2010년 여름의 프리시즌 훈련에 거의 참가하지 못했다. 과거에도 그랬듯 프리시즌을 제대로 보내지 못한 시즌에는 실제 시즌에서도 나 스스로 기대한 수준의 성적을 내지 못했다.

2010-2011시즌에 나는 웨스트브롬과의 첫 경기에서 해트트릭을 터뜨리며 좋은 출발을 했고, 우리도 리그 5연승을 달렸다. 그때까지만 해도 우리가 지난 시즌에 그랬듯 순조롭게 리그 우승을 향해 나가는 듯했다. 그러나 곧 우리는 부진에 빠지고 말았고 나 역시 10월 초부터 이미 기운 없이 뛰고 있는 듯 몸에 무리를 느끼게 됐다. 나는

구단에 수차례 몸 상태가 좋지 않다는 점과 며칠 휴가가 필요하다고 말했다. 두 차례의 수술이 내가 예상했던 것보다 훨씬 더 큰 악영향을 끼치고 있었다. 그러나 구단 관계자들 중 누구 하나 내 말에 귀를 기울이는 사람이 없었다. 그들은 내가 괜찮다고 판단했고, 나 자신의 문제를 과장하고 있다고 생각했다.

결국 나는 안첼로티 감독을 직접 찾아가서 최소한 4일간의 휴가가 필요하다고 말했다. 그는 내켜 하지 않으면서도 알겠다고 말하고 휴가를 허락해줬다. 나는 즉시 아부다비로 향했다. 그곳에 가서 햇볕을 쐬며 휴식을 취할 계획이었다. 그러나 아부다비에 거의 도착하자마자 나는 몸 상태가 안 좋아서 다시 런던으로 돌아왔고, 팀 훈련에 복귀하자마자 5분 만에 비 오듯 땀을 흘리기 시작했다. 몸살에 걸린 듯 춥고 떨렸다.

나는 코치들에게 "뛸 수도, 어떤 것도 할 수가 없다"고 말했지만 그들은 내 말을 믿지 않고 내가 게으름을 피우고 있다고 생각했다. 나는 그들에게 "내가 당신들에게 왜 거짓말을 하겠어? 나도 당연히 좋은 몸 상태로 훈련을 하고 싶은데 왜 내 말을 안 믿는 거야?"라고 물었다. 그제야 그들은 나를 보며 내가 거짓말을 하는 것 같지는 않다고 믿었고 나를 집으로 돌려보냈다. 그러나 그 와중에도 나는 계속 경기에 나섰다. 그 기간 중에 내가 뛴 경기는 세 번의 리그 경기와 스파르타크 모스크바를 상대로 한 챔피언스리그 홈경기였다. 정말 끔찍한 한 달이었다. 나는 내게 심각한 문제가 있다는 걸 알았지만 아무도 내 말을 믿지 않았다. 나는 고열이 있는 상태에서도 챔피언스리그 경기를 뛰었다. 다른 방법이 없었다. 다른 모두가 내 말을 의심하고 있었기 때문이다.

그 경기 다음 날 나는 집에서 소파에 누워 꼼짝도 하지 못하고 누워 있었다. 내 인생을 통틀어서 그렇게 아픈 날은 없었다. 오한으로 인해 이빨이 덜덜거리고 있었고(실제로 그랬다) 고통으로 인해 환각을 느낄 정도였다. 나의 열 살짜리 딸이 학교에서 돌아와서는 그런 나를 보고 "아빠, 괜찮아요?"라고 물었다. 나는 "괜찮아"라고 대답했지만 실제로 나는 괜찮은 것과는 아주 거리가 멀었다.

그 후에 나는 혈액검사를 받았다. 검사 결과 내가 말라리아에 걸렸다는 것이 밝혀졌다. 오늘날까지도 나는 도대체 내가 어떻게 말라리아에 걸렸는지 이해할 수가 없다. 그해 여름에 코트디부아르에 다녀오긴 했지만 나는 그곳에서 고작 이틀 머물렀을 뿐이었다. 그러나 나는 내가 처음 몸이 안 좋다고 느꼈던 순간부터 약 한 달간 말라리아로 인해 고생하고 있었던 것이다. 첼시에서도 초기에 혈액검사를 받도록 해줬었지만 그 단계에는 아직 내 혈액이 말라리아를 판별할 만한 상태가 아니었던 것이다. 혈액을 통해 내 상태를 판별하기 위해서는 더 많은 시간이 필요했다. 피로로 인해 몸 상태가 몹시 지쳐 있었던 사이에 내 면역체계가 약해졌던 것이리라고 생각한다.

결국 나는 말라리아를 극복할 수 있는 처방을 받고 그 후로부터 서서히 괜찮아졌지만, 시즌 중에 그로 인해 낭비한 시간 때문에 내 시즌은 큰 영향을 받았다. 어떤 날은 몸 상태가 좋아진 것 같았지만, 다음 날은 아니었다. 나는 이미 32세였고 사람들은 '아, 드록바가 예전의 드록바가 아니군. 이미 전성기가 지나갔어'라고 생각하기 시작했다.

우연히도 내가 병으로 고생했던 기간은 1월 이적시장과 겹쳤다. 그리고 첼시는 페르난도 토레스를 영입했다. 그의 영입은 부분적으로 나의 몸 상태와 부진한 폼 때문이었고 또 한편으로는 (그들이 내게 직접 이야기한 내용에 의하면) 장기적으로 나를 대체할 선수를 데려오기 위함이었다. 나는 '난 아직 끝나지 않았어. 문제없다고!'라고 생각했다. 그러나 나는 첼시의 입장도 이해할 수 있었다. 그들은 먼 미래를 준비할 필요가 있었고, 나는 그들의 입장을 받아들여야만 했다.

페르난도 토레스(나는 그를 '난도'라고 불렀다)는 잉글랜드 축구 역사상 최대 이적료인 5000만 파운드(약 730억 원)에 리버풀을 떠나 첼시로 왔고, 그가 입단하자마자 안첼로티 감독은 팀을 그를 위한 포메이션으로 바꾸었다. 그 전까지 우리는 내가 선호하는 투톱 포메이션을 썼고 나는 그것이 팀에 가장 도움이 된다고 생각했다. 그러나 나는 토레스가 팀에 적응하길 바랐고 나 역시 플레이 스타일을 바꿔야 했다. 나는 전보다 좀 더 측면으로 나가거나 깊은 곳까지 내려가서(가짜 No.10처럼) 뛰었고 그가 원톱 포지션에서 뛰게 됐다. 그 전까지 2년 동안 나는 중앙 공격수 자리에서 니콜라스 아넬카와 함께 뛰었고 주로 내가 골을 넣는 역할을 맡았다. 그러나 이제 우리는 토레스가 그 역할을 해주길 바라고 있었는데, 문제는 그 방법이 큰 효과를 내지 못했다는 것이었다.

그가 부상을 당한 채 첼시에 입단했다는 것이 그의 첫 악재였다. 그는 리버풀에서 오랫동안 부상을 당한 상태였고 월드컵 역시 부상을 안고 뛰었다. 첼시에 입단했을 때 그는 스스로도 몸 상태가 완벽하지 않다는 것을 알았다. 또 같은 리그 내 경쟁 팀으로 이적한다는 것, 그럼으로써 이미 오랫동안 같이 뛰고 함께 많은 성공을 이뤄낸 선수들의 그룹 안으로 들어가야 한다는 것 역시 그에겐 정말 어려운 일이었다. 리버풀에서는 스티븐 제라드와 페르난도 토레스가 왕이었다면 첼시에는 22명의 왕이 있었다. 나는 토레스를 지켜보며 안타깝다고 생각했다. 그의 상황이 얼마나 어려웠을지를 다 이해할 수 있기 때문이었다. 나 스스로도 거액의 이적료로 이적을 한다는 것이 얼마나 큰 기대와 압박이 따르는 것인지 알고 있었다.

리버풀은 토레스를 중심으로 공격을 전개하는 팀이었다. 다른 선수들이 득점을 할 수 없어서가 아니었다(리버풀엔 득점을 할 수 있는 선수들이 많았다). 그러나 그들은 토레스를 중심으로 공격 전술을 짜고 토레스에게 볼을 이어줬다. 그가 득점할 것이라고 믿으며. 그러나 첼시는 그렇게 움직이는 팀이 아니다. 나 역시 마르세유에서 뛰던 시절에는 토레스와 비슷한 역할을 맡았던 적이 있다. 내가 직접 많은 골을 넣었고, 내가 왕이었다. 그러나 첼시에 입단했던 첫 시절 나는 32골(마르세유에서 내가 넣은)이 아닌 그보다 절반이 안 되는 골을 넣었다. 그것도 아주 나쁜 기록은 아니었지만, 공격수들에겐 새 팀에 적응할 시간이 필요하고 토레스가 첫 골을 터뜨리는 데는 3개월이 걸렸다.

한편 우리는 칼링컵 3라운드에서 뉴캐슬에 패하며 탈락했고 FA컵에서는 4라운드에 에버튼에 패하며 탈락했다. 리그 우승을 차지하는 것도 힘들어 보였다. 시간이 갈수록 맨유의 우승이 유리해 보였다. 그런 가운데 열린 챔피언스리그 8강전은 우리와 맨유가 정면으로 우열을 가릴 무대였다.

1차전을 며칠 앞두고 안첼로티 감독이 내게 물었다.

"우리가 언제 챔피언스리그 우승을 차지할 수 있을까?"

나는 대답했다.

"저를 중심으로 공격을 하세요. 그럼 우승할 수 있습니다."

내 말은 문자로 보기에는 조금 거만하게 들릴지도 모르지만, 나는 자신이 있었다. 그리고 나는 어떻게 해야 우승을 할 수 있을지도 알고 있었다. 안첼로티 감독은 내 말에 진지하게 대답하기보다는 "그래, 그럴 수도 있지, 그런데"라는 식으로 얼버무렸다. 나는 그에게 "신경 쓰지 마세요"라고 말했다. 나는 그가 어떤 결정을 내리든 받아들였을 것이다.

나는 4월 초에 우리 홈에서 열린 1차전에 선발 출전했다. 그러나 나는 좋은 활약을 하지 못했고 그 경기는 맨유의 1 대 0 승리로 끝났다. 결승골의 주인공은 웨인 루니였다. 2차전에 나는 벤치에 앉았다. 그 경기에 출전했다면, 그 경기는 첼시에서 나의 300번째 경기가 될 예정이었다. 나 대신 안첼로티 감독은 니콜라스 아넬카와 페르난도 토레스를 출전시켰다. 토레스가 아직 득점이 없었다는 것을 감안하면 그것은 도박이었다. 하비에르 에르난데스가 선제골을 터뜨리자 안첼로티 감독이 나를 보며 "준비해라"고 말했다. 나는 물론 그런 상황에서야 나를 필요로 하는 것에 기분이 좋지 않았다. '이렇게 늦게야 나를 투입시킨다니!'

나는 하프타임에 몸을 풀고 후반전이 시작되자마자 토레스를 대신해서 경기에 투입됐다. 그리고 경기장에 들어가자마자 유효 슈팅을 시도하며 판 데 사르를 괴롭혔다. 그리고 후반전 27분에 나는 에시앙의 패스를 가슴으로 트래핑한 후 강하게 슈팅을 날려서 맨유 골문을 갈랐다. 마침내 내가 첼시에 희망을 안겨준 순간이었다. 그러나 우리에겐 제대로 세리머니를 할 시간도 없었다. 내 골이 나온 바로 직후의 공격에서 맨유의 박지성이 골을 터뜨리면서 실질적으로 우리에게 챔피언스리그 다음 라운드에 진출할 희망을 꺾어버린 것이다. 우리가 한 번도 우승을 차지하지 못한 대회이자, 우리의 구단주가 그토록 우승을 염원하고 있는 그 대회에서.

안첼로티 감독이 팀을 떠날 것이라는 사실이 곧 명백해졌다. 5월 중순에 맨유는 또 한 번 리그 우승을 확정 지었고 결국 우리보다 승점 9점이 앞선 채로 시즌을 마무리했다. 늘 그렇듯 시즌이 실패로 귀결될 때는 누군가가 자신을 기용하지 않은 감독에게 불만을 드러내기 마련이다. 카를로 안첼로티 감독은 정말 좋은 감독이지만, 그에겐 그의 옆에서 선수들의 불만이나 개인적인 문제를 처리해줄 만한 사람이 필요했다. 본인이 좀 더 축구 문제에만 집중할 수 있도록.

일반적으로 그런 역할은 수석코치들의 역할이다. 우리는 그 시즌 11월에 뛰어난 수석코치인 레이 윌킨스를 잃었다. 수석코치의 역할은 감독과 가깝게 일하면서 동시에 선수들과도 친밀한 관계를 유지하며 그들의 문제를 해결해주는 것이다. 예를 들어 어떤 선수가 출전하지 못해서 불만이 있을 경우, 그 선수가 처음 대화를 하는 존재는 바로 감독이 아닌 수석코치다. 그럴 경우 수석코치들이 '감독에게 가서 직접 말하라'고 할 수도 있지만, 노련한 수석코치들이라면 직접 자신의 선에서 문제를 설명하고 조언을 해주기 마련이다. 선수가 특정 부분에 대해 더 노력을 해야 한다거나, 감독이 다른 선수를 시험해보고 있다거나 하는 방식으로. 수석코치는 감독과 선수들의 사이를 중재해주는 역할을 한다. 안첼로티 감독 역시 그런 코치를 옆에 두고 있었다면, 그런 역할을 자신이 직접 할 필요는 없었을 것이다. 그는 모든 선수를 행복하게 하려고 노력했지만, 그것은 불가능한 것이다.

안첼로티 감독은 경질되기 이틀 전에 나를 찾아와서 말했다.

"드록바, 너와 같이 일해서 즐거웠다. 몇몇 일들에 대해 의견이 맞지 않은 것은 미안하게 생각한다. 그것이 개인적인 감정으로 인한 결정은 아니었다."

"걱정하지 마세요. 알고 있습니다. 그게 축구죠."

2년 전에 그는 프리시즌 훈련이 시작되기도 전에 나에게 직접 전화를 걸어 인사를 전했다. 그리고 팀을 떠날 때도 그는 선수들에게 직접 인사를 건네며 좋은 이별을 하기 위해 노력했다. 두 경우 모두 그에겐 그럴 필요가 전혀 없었다. 그러나 내가 앞서도 말했듯이 그것은 그의 클래스를 보여주는 행동이었다.

AVB와 RDM,
2011 – 2012

| DIDIER DROGBA |

6월, 새 감독의 임명이 발표됐다. 안드레 빌라스보아스. 영국 언론은 그를 곧 AVB로 부르기 시작했다. 그는 내가 첼시에 입단한 지 7년 사이에 맞는 여섯 번째 감독이었고 2007년 9월에 무리뉴 감독이 첼시를 떠난 뒤 맞는 다섯 번째 감독이었다. 그 전 시즌 말부터 그가 첼시 감독으로 부임한다는 소문이 돌았고 나는 그것이 공식적으로 발표됐을 때 아주 기뻤다. 내가 빌라스보아스 감독을 잘 알고 있었고, 개인적으로는 친구라고 생각하고 있었기 때문이다. 그와 나의 인연은 나의 마르세유 시절로 거슬러 올라간다. 당시 포르투에서 무리뉴 감독의 코치 중 한 명이었던 빌라스보아스는 자주 마르세유에 와서 나의 플레이를 지켜본 후 무리뉴 감독에게 보고하곤 했다. 그는 이후에 무리뉴 감독을 따라서 첼시, 인터 밀란 등에서 일했고 그 기간 내내 나와 계속해서 연락을 주고받았다. 감독으로서 그는 33세의 나이에 포르투에서 리그 무패 우승(2위와 승점 23점차), UEFA 유로파리그 우승 등을 차지했고 그 때문에 유럽 대회에서 우승을 차지한 최연소 감독이 됐다.

　그는 첼시 감독이 될 충분한 자격을 갖춘 채 첼시로 왔고 나는 그가 첼시에서 성공적인 감독이 될 것이라는 큰 기대를 걸었다. 나는 이제부터 나의 친구가 내가 경기에 나설지 말지를 결정하게 된다는 사실은 별로 걱정하지 않았다. 나는 진정한 우정이란, 사적인 것과 공적인 일을 구분할 줄 아는 것이라고 생각한다. 그는 정직하고 올곧은 사람이다. 만약 그가 나를 출전시키지 않는다면, 그는 나에게 "다른 공격수가 더 낫기 때문에 널 출전시키지 않은 거야"라든가 "다른 포메이션으로 플레이하기 위해서"라고 말할 사람이다. 그리고 나는 그의 말이 불쾌하더라도 프로 선수로서 그의 말을 받아들일 것이다. 그래서 나는 그의 부임에 대해 큰 걱정을 하지 않았다.

빌라스보아스 감독은 부임하면서 로베르토 디 마테오를 자신의 수석코치로 임명했다. 디 마테오는 이전에 첼시에서 6년간 미드필더로 활약한 적이 있었다. 빌라스보아스의 훈련 방식은 무리뉴 감독의 그것과 거의 똑같았고 나와 동료들은 그의 방식을 아주 마음에 들어 했다. 그를 과거부터 알고 있던 선수들에게 그의 부임은 과거의 첼시로 돌아가는 것 같은 느낌이었다.

그러나 우리는 동시에 내부적인 정보를 통해 그가 몇몇 노장 선수들을 팀에서 내보내고 싶어 한다는 말을 들었다. 주요 대상은 프랭크 램파드, 애슐리 콜, 그리고 나였다. 물론 그렇게 하는 것 역시 새 감독의 권한이었고 클럽은 계속 진화할 필요가 있었다. 만약 그가 정말 첼시에 와서 자신의 방식대로 첼시를 개혁하고자 했다면, 그는 그 노장 선수들을 그대로 첼시에 남겨둬선 안 됐다. 물론 우리가 그 일에 대해 공식적으로 불평을 하진 않았지만, 우리가 행복하지 않다면 그것은 다른 선수들에게도 분명히 영향을 끼치기 때문이다.

그 시즌은 내가 첼시와 맺은 계약상의 마지막 해였고 빌라스보아스는 3년 계약을 맺었다. 나는 팀 내에서 나의 입지에 대해 감독이 나보다 더 유리한 입장에 있다는 것을 알았고 그가 부임하자마자 내 계약에 대해 논의하지 않을 것이라는 점도 알았다. 첫 번째 경기였던 스토크 시티전에서 나는 벤치에 앉은 채 경기를 시작했고 토레스가 선발 출전했다. 나는 스토크 시티와 경기가 있을 때마다 득점을 하거나 최소한 좋은 기회를 만들어냈기 때문에 내가 최소한 후반전 초반에는 교체 투입될 거라고 생각했다. 그러나 그는 후반전을 10분 남겨두고 나를 투입했고 그 경기는 결국 0 대 0으로 끝났다.

그 주에 나는 그를 찾아가서 말했다.

"팀 내에서 나의 입지에 대해서 알고 싶어. 지난 경기에서 왜 나를 10분만 썼는지도."

그는 내게 솔직하게 대답했다. 처음 프리시즌에 와서 나를 봤을 때는 '디디에는 여전하군. 포지션 경쟁 없이 드록바가 여전히 최고야'라고 생각했지만 프리시즌이 진행되면서 토레스가 나보다 모든 면에서 낫다고 판단했다고 말했다.

"아니, 그렇지 않아"라고 나는 대답했다. "솔직히 공정하게 말하자면 프리시즌을 가장 잘 보낸 건 아넬카야. 토레스도 나도 아니야. 그러니 아넬카가 선발 출전한다면 나도 이의가 없을 거야."

그리고 나는 그에게 다시 한 번 솔직히 그가 팀 내에서 나의 입지에 대해 어떻게 생각하는지를 물었다. 그는 내게 명확한 답변을 주지 않았다. 나는 그 사실 자체가 나에 대한 그의 생각을 보여주는 것이라고 생각했다.

빌라스보아스는 로테이션 시스템을 가동했다. 내가 한 경기를 뛰면 그다음 경기에선 토레스가 뛰고 그다음은 아넬카가 뛰고 그런 방식이었다. 나같이 정기적인 리듬을 유지하는 게 필요한 선수에게 그것은 별로 도움이 되지 않았다. 나는 그것이 다른 공격수들의 경우에도 마찬가지일 것이라고 생각한다. 만약 그들이 이번 경기에서 골을 넣더라도 다음 경기에서 뛸 수 없다는 것을 안다면 집중을 하는 데도, 동기부여에도 문제가 생기게 된다.

추가적으로 우리는 그 시즌에 프리시즌을 강도 높게 보내지 않았다. 스콜라리 감독 때와 마찬가지로 우리는 시즌 초반에는 많은 골을 넣고 승리를 거뒀다. 빌라스보아스 역시 그 시기에는 다니엘 스터리지 같은 어린 선수들을 적극 기용하며 자신감에 가득 차 보였지만 두 번째, 세 번째 달이 되면서 우리의 경기력은 서서히 악화되기 시작했다. 우리는 맨유, 아스널, 리버풀(이 중 아스널, 리버풀전은 홈경기였다)과 같은 우승 경쟁자들과의 중요한 경기에서 패했고, 10~11월 중에 우리는 리그에서만 4경기 중 3경기에서 패하기도 했고, 챔피언스리그에서 레버쿠젠에 패한 경기까지 포함하면 3연패를 당하기도 했다. 그리고 리버풀과의 리그 경기에서 패한 직후에 다시 그들과 칼링컵에서 만나 또 한 번 패하기도 했다. 12월에 우리는 위건, 토트넘, 풀럼을 상대로 3경기 연속 1 대 1 무승부에 그쳤다.

나를 포함한 팀 내의 고참 선수들조차 그 상황을 어떻게 하면 바로잡을 수 있을지 알 수 없었다. 그러니 어린 선수들에게 어떻게 말을 해야 할지, 어떻게 하면 팀 분위기를 끌어올릴 수 있을지도 알아내기 어려웠다. 우리가 그들에게 "왜 그렇게 하는 거야?"라거나 "이렇게 해"라고 말할 수도 없는 것이었다. 가장 큰 문제는 우리가 감독과 제대로 의사소통을 하지 못하고 있었고, 그래서 그가 우리에게 어떤 것을 바라는지도 파악하기 어려웠다는 점이었다.

특히 그 기간 중 리버풀에 당한 홈경기 패배는 당시 우리 팀 전술의 문제를 상징적으로 보여주고 있었다. 빌라스보아스는 수비로부터 빌드업을 해나가는 방식을 선호했다. 골키퍼가 중앙 수비수에게 볼을 연결하고 그로부터 서서히 공격을 전개하는 방식이었다. 나는 개인적으로 그런 방법을 좋아하지 않았다. 그 방식은 프리미어리그에서 하기가 쉽지 않기 때문이다. 프리미어리그에서는 대부분의 팀들이 수비 진영까지 올라와서 압박을 한다. 나는 골키퍼가 롱킥을 해서 공중볼 경합을 한 뒤 공격을 전개하는 방법이 더 효과적이라고 생각했다. 그렇게 하지 않을 경우 실점을 내줄 위험이 있었다. 나는 그에 대한 내 생각을 분명히 밝혔지만, 빌라스보아스는 그의 방식대로 하는 것이 옳다고 주장했다. 리버풀전을 앞두고 가진 팀미팅에서 그는 내가 주장한 방법에는 동의할 수 없다며 그의 방식대로 플레이하기를 주문했다. 그의 생각은 이해할 수 있다. 그리고 나는 그 경기에 선발 출전했고 토레스가 벤치를 지켰다.

나는 그 경기의 후반전 39분에 1 대 1 상황에서 교체 아웃됐다. 그리고 3분 뒤에 우리는 빌라스보아스 감독의 뜻대로 수비수들로부터 빌드업을 시도하다가 리버풀의 글렌 존슨에게 볼을 뺏겼고 그는 몇 명의 우리 수비수들을 제치고 직접 골을 넣었다. 그 장면은 내겐 특히 실망스러운 장면이었다.

다음 날 빌라스보아스는 나와 테리, 체흐, 램파드를 불러서 미팅했다. 그는 우리에게 현재 선수들의 상황, 우리가 왜 승리하지 못하는지 등등을 물었다. 그는 우리에게 조언과 도움을 구하는 것처럼 보였다. 늘 그렇듯 나는 솔직히 내 생각을 말하면서 적어도 스트라이커의 관점에서 보는 문제점에 대해 설명했다. 지나친 로테이션을 중지할 필요가 있다는 점, 나를 3경기만 연속으로 출전시켜 주면 내 능력을 증명해 보이겠다는 점 등이었다. "그렇게 했는데도 내 경기력이 흡족하지 않으면 다른 선수를 써도 상관없다"고. 그는 내 말을 이해하는 듯했다. 나는 그에게 또 우리가 자신감을 되찾고 다시 승리하기 시작할 때까지는 잠시만 그의 철학을 고수하는 것을 멈춰달라고 말했다. 그 점에 대해서도 그는 내 말에 일리가 있다고 생각하는 것 같았다.

그 바로 다음 날, 그는 선수단 전체 팀미팅을 소집했다. 하루 전에 그와 미팅을 가진 나와 동료들은 그가 어떤 말을 할지가 몹시 기대됐다. "우리는 우리의 방식을 고수해야만 한다. 나는 그렇게 해야만 우리가 챔피언스리그 우승을 차지할 수 있다고 생각한다." 그것이 그가 한 말이었다. 그는 아주 명백히 자신의 생각을 전달했다. 마치 나와 체흐, 램파드, 테리와 하루 전에 미팅을 한 적이 없었던 것처럼. 그는 자신의 방식을 그대로 이어가고 싶어 했다.

그는 그 후에 그날 미팅에 모인 모든 선수에게 첼시가 챔피언스리그 우승을 차지할 수 있다고 믿는지를 물었다. 모든 선수가 그렇다고 대답했다. 그러나 그가 나에게 물었을 때 나는 "미안하지만, 난 지금의 우리가 우승을 할 수 있다고 생각하지 않는다"고 대답했다. 나는 그와 오래전부터 알았던 사람으로서 그 역시 내가 솔직하게 말하는 것을 두려워하지 않는다는 것을 알고 있을 거라고 생각했다. 그래서 그에게 솔직한 답변을 하는 것도 전혀 두렵지 않았다. 그러나 그는 내 대답에 아주 실망한 기색이었다.

"드록바, 날 믿어야 해." 그는 이렇게 대답하며 나에게 이런저런 이유를 설명했다.

"미안하지만 나는 못 믿겠어."

그와 나의 대화 후에 특별히 분위기가 나쁘거나 했던 것은 아니었다. 그러나 그 일은 그에게도 나에게도 실망스러운 일이었다. 그로부터 며칠 동안 첼시의 몇몇 동료들은 나를 볼 때마다 "드록바, 믿어야 해"라며 놀리기도 했다.

그리고 12월 초에 아넬카와 브라질 출신 수비수 알렉스가 공식적으로 이적을 요청했고, 그 때문에 그들은 1군 팀 훈련에 참가할 수 없다는 처분을 받았다. 그 결정 역시 선수들에겐 결코 좋은 결정이 아니었다. 첼시에서 보낸 8년 동안 나는 한 번도 그런 처분을 본 적이 없다. 빌라스보아스 감독의 생각은 자신은 팀에 장기적으로 머물 것이지만 선수들은 곧 팀을 떠날 것이고 아브라모비치 구단주 역시 감독의 결정에 문제를 느끼지 않는다는 것이었다. 감독의 생각에 동의하는 선수들은 1군에 남겠지만, 그렇지 않은 선수들은 리저브팀과 훈련을 하게 된다는 것이었다.

그 결정은 곧 우리가 1군 팀에 두 명의 공격수만 남긴다는 것을 뜻했다. 토레스, 그리고 나. 그러나 이미 내가 빌라스보아스 감독의 구상에서 제외됐다는 점이 서서히 분명해지자 다른 팀들이 나의 영입에 관심을 갖기 시작했다. 그로부터 얼마 지나지 않아 나는 훈련에서 돌아와서 에이전트로부터 전화가 왔던 것을 발견했다. 그에게 전화를 걸어서 묻자 그는 중국의 한 클럽이 아넬카와 내게 제안을 했다고 말했다. 나는 감독을 찾아가서 말했다.

"불만 있는 선수들에 대해 했던 말 생각나?"

"그래 기억나."

"다른 팀으로부터 제안을 받았어."

그는 곧 그가 주의하지 않으면 1군에 경험 있는 공격수가 한 명만 남는다는 것을 깨달았다. 그는 내게 그 사실에 대해 주변에 알리지 말라고 요청했고, 결정을 미뤄달라고 말했다. 나는 그의 요구대로 그 제안에 대한 결정을 뒤로 미뤘다.

1월 초에 나는 아프리카 네이션스컵에 참가했다. 그 전까지 그 대회는 나로 하여금 리그에 집중하는 것을 힘들게 만들던 대회였지만, 그해만큼은 대회에 참가하는 것이 행복하게 느껴졌다.

또 한 번 결승전에서 승부차기 끝에 패한 후(잠비아에) 2월 말에 첼시로 돌아올 무렵, 나는 감독과 선수들의 관계가 한계점에 와 있다는 것을 느꼈다. 그는 몇몇 선수들과는 이미 돌이킬 수 없는 관계가 됐고, 다른 선수들도 이미 대부분 의욕을 잃은 상태였다. 챔피언스리그 16강전 나폴리전에서 램파드, 콜, 에시앙과 같은 고참 선수들은 모두 벤치에 앉은 채 경기를 시작했고, 우리는 1 대 3 패배를 당했다. 그리고 빌라스보아스 감독 부임 이후 처음으로 아브라모비치 구단주가 팀 선발 이유에 대해 의문을 제기하고 나섰다.

리그에서도 결과가 좋지 않기는 마찬가지였다. 우리는 이미 리그 우승 경쟁에서 탈락했고 2월 중순부터는 4위권에서도 벗어나 있었다. 3월 4일 웨스트 브롬에 당한 패배는 마침내 빌라스보아스 감독에게 더 이상 극복할 수 없는 치명타가 됐다. 우리는 당시 리그 4위였던 아스널보다 승점 4점을 뒤져 있었고 그런 상황은 내가 첼시에 입단한 후로 처음 겪는 것이었다. 그리고 바로 다음 날 그가 경질당했을 때 그 사실에 놀란 선수는 아무도 없었다.

그는 진심으로 첼시에서 성공하길 원했고 감독으로서 많은 장점을 지닌 사람이다. 나는 그를 인간적으로 아주 좋아한다. 내가 생각하는 그가 첼시에서 실패한 이유는 그가 그의 방식대로 하면 첼시가쉽게 승리할 것이라고 생각한 점이었다. 아마도 포르투에선 그랬을 것이다. 그러나 축구는 그렇지 않다. 자신만의 방식으로 승리하는 것은 불가능하다. 축구란 많은 개인들이 합해져서 이뤄진 것이며 그들 중에는 경험이 많은 사람들도 많다. 그러므로 모두 함께 힘을 합쳐서 앞으로 나갈 필요가 있다. 다른 사람들의 말을 듣고 그들과 소통할 줄도 알아야 한다. 첼시와 같은 팀을 맡았을 때 그렇지 않다면 몰락의 길을 걸을 수밖에 없다.

빌라스보아스의 수석코치였던 로베르토 디 마테오가 임시 감독으로 임명됐고 팀은 그 즉시 좋은 결과를 거두기 시작했다. 우리는 리그, FA컵, 챔피언스리그에서 연승을 거두기 시작했고 특히 챔피언스리그에서는 나폴리와의 1차전 스코어를 뒤집고 2차전에서 4 대 1 대승을 거두며 다음 라운드에 진출했다. 그 경기에서 나는 팀의 선제골을 터뜨리며 역전승에 일조했다.

FA컵 8강에서 우리는 레스터 시티에 5 대 2 승리를 거둔 데 이어 웸블리에서 열린 준결승전에서 토트넘에 5 대 1 승리를 거뒀다. 그 무렵 토레스는 첼시에 입단한 후 처음으로 많은 골을 터뜨리기 시작했다. 그것은 그 자신에게도 안심이 되는 일인 동시에 우리 모두에게 자신감을 되찾고 팀의 사기를 끌어올릴 수 있는 요인이 됐다.

디 마테오는 다소 자신 없는 듯한 모습으로 감독직을 시작했고 우리와 별로 의사소통을 하지 않았다. 대신 선수단 전체가 미팅을 가진 자리에서 존 테리가 우리에게 책임감을 갖고 다시 한 번 팀으로서 뭉치자는 말로 팀에 다시 한 번 동기부여를 불어넣었다. 나도 그 자리에서 팀의 결속을 강조했다.

"난 사실 1월에 첼시를 떠날 수도 있었다. 하지만 난 아직 첼시에 남았다. 왜냐고? 우리가 챔피언스리그 우승을 차지할 수 있다고 믿기 때문이다. 내가 틀렸을 수도 있겠지만, 난 그 우승을 위해 모든 것을 다할 것이다. 나는 첼시에서 8년을 뛰었고, 선발로 출전하지 못할 때에도 불평을 늘어놓지 않았다. 그러니 지금 누군가 선발로 출전하지 못한다고 불만을 갖고 있는 사람이 있다면, 그는 나와 문제가 있을 것이다. 그런 불만이 있다면 감독에게 가서 말해라. 그러나 우리 선수들 사이에서는 우리 모두가 행복하게 축구를 즐기길 바라고 모두가 함께 챔피언스리그 우승을 향해 노력했으면 한다."

그게 우리가 첼시를 다시 일으켜세우기 시작한 방법이었다. 가장 중요한 것은 우리의 심리적인 상태였다. 테리, 램파드, 콜, 체흐 등 팀의 고참 선수들이 중심을 잡고 팀의 사기를 끌어올리기 시작했다. 오래 지나지 않아서 디 마테오 감독도 그것을 이해하고 우리를 포함해 팀 전체와 소통을 하기 시작했다.

예를 들어 그는 나를 불러서 "드록바, 넌 모든 경기에서 뛸 순 없어. 이번 경기는 토레스가 뛸 거야"라거나 "이번 경기는 쉬어. 다음 경기가 중요하니까. 다음 경기에선 네가 뛸 거야"라고 말했다. 그럴 경우 나는 그의 말을 듣고 다음 경기를 준비할 수 있었다. 나는 그에게 종종 말하곤 했다. "내가 바라는 단 한 가지는 무슨 일이든 내게 미리 알려달라는 것이다. 내가 어떤 경기에서 뛰지 않는 것은 괜찮지만, 나는 경기 시작을 앞두고 팀시트를 보고서야 내가 뛰지 않는다는 것을 보고 싶지는 않다. 그러면 실망을 하게 된다. 걱정하지 말고, 이유를 길게 설명할 필요도 없으니 나에게 미리 알려만 달라"고 말하곤 했다.

감독과 선수 간의 소통. 그것이 내가 거친 모든 감독에게 요구했던 유일한 것이다. 그것은 아주 간단한 것이지만, 그 간단하게 보이는 것이 제대로 되지 않을 때가 많다. 그러나 디 마테오는 똑똑한 사람이었고 그는 나를 포함해서 다른 선수들에게 귀를 기울였다. 그리고 그의 그런 노력은 곧 결과로 나타나기 시작했다.

우리가 4월 중순에 토트넘과의 FA컵 준결승전에서 거둔 5 대 1 승리가 아주 좋은 증거였다. 나는 그 경기의 전반전이 종료되기 직전에 내 첼시 커리어 전체에서 최고의 골 중 하나를 터뜨렸다. 램파드의 롱패스를 받은 나는 그 볼을 받고 돌아서서 윌리엄 갈라스와의 몸싸움을 이겨낸 후에 강한 왼발 슈팅을 토트넘 골문 톱코너에 꽂아넣었다. 카를로 쿠디치니가 그 볼을 막아내기 위해 손을 뻗었지만 막지 못했다. 그 골은 나에게도 팀에게도 중요한 골이었다. 그 골로 인해 우리는 후반전에 자유롭게 플레이하며 많은 골을 넣을 수 있었다.

그로부터 몇 주 후에 열린 리버풀과의 결승전에서 라미레스가 11분 만에 선제골을 터뜨렸다. 나는 그 경기에서 정말로 골을 넣고 싶었기에 압박감으로 좋은 플레이를 하지 못했다. 하프타임에 나는 너무 긴장하지 말고 그저 팀의 승리를 돕자고 생각했다. 그리고 후반전 7분 만에 램파드가 나에게 완벽한 패스를 이어줬고 나는 왼발 슈팅으로 그 경기의 결승골을 터뜨렸다. 우리의 2 대 1 승리. 또 한 번 나의 골은 그 경기에서 가장 중요한 골이 됐다.

그 골은 내가 첼시 선수로서 웸블리에서 기록한 여덟 번째 골이었고 나는 네 차례의 다른 FA컵 결승전에서 골을 터뜨린 최초의 선수가 됐다. 나는 그 기록을 아주 자랑스럽게 생각한다. 그러나 그 기록은 램파드 없이는 달성할 수 없었을 것이다. 그는 내가 첼시에서 기록한 중요한 골들에 아주 많이 관여한 선수였다. 사람들이 어떻게 생각하든 간에 그런 기록은 결코 우연히 이뤄지는 것이 아니다. 그와 나는 훈련이 끝난 후에 따로 남아서 5분이든 10분이든 함께 공격 훈련을 하곤 했다. 그런 점들이 모여서 그와 나는 본능적으로 누가 어느 위치에 있을지, 다음 동작은 무엇일지를 아는 사이가 된 것이다.

램파드는 끊임없이 노력하는 선수였고 나 역시 마찬가지였다. 우리는 서로가 더 좋은 선수가 될 수 있도록 끊임없이 서로를 격려하고 이끌어줬다. 나와 마찬가지로 그 역시 그 자리까지 올라가기 위해 엄청난 노력을 해야 했다. 우리에겐 비슷한 마음가짐이 있었고 그래서인지 서로를 더 잘 이해했다. 우리의 성공은 쉽게 얻어진 것이 아니며 우리는 둘 다 재능만으로는 부족하며, 열정과 노력이 재능을 이길 수 있다고 생각했다. 그런 근면성이야말로 내가 램파드에 대해 아주 큰 존경심을 갖고 있는 이유이며 그와 함께 첼시에서 뛰었다는 사실을 영광으로 생각하는 이유다.

내가 그날 웸블리에서 열린 결승전에서 팀의 두 번째 골을 터뜨렸을 때, 나는 너무나도 행복해서 방금 내게 무슨 일이 있었는지도 제대로 이해할 수 없었다. 골 세리머니는 대부분 본능적인 것이지만, 그날의 경우에 나의 첫 번째 생각은 신에게 나의 득점에 대해 감사하는 것이었고, 그 후에 나는 '왜 나는 이렇게 중요한 결승전에서 늘 골을 넣는 것'인지 생각했다. 나는 결코 그에 대한 정답은 알 수 없을 것이지만 그것은 중요하지 않다. 그건 정말 짜릿한 기분이다. 특히 그 시즌의 우승은 우리의 전반기를 생각해보면 거의 기적에 가까운 것이었다. 우리 축구 인생의 가장 중요한 경기가 그로부터 2주 후에 있었고, 그 결승전에서의 우승은 우리가 다시 우승을 차지할 수 있는 팀이 됐다는 것을 자각하는 계기가 됐다. 우리에게는 그보다 더 좋은 준비가 있을 수 없었다.

14

뮌헨에서의 어느 밤

| DIDIER DROGBA |

내 축구 인생에서 가장 빛났던 이날의 이야기를 어디서부터 시작해야 할까? 아마도 벤피카와의 8강전에서부터 시작해야 할 것이다. 우리는 벤피카 원정경기에서 1 대 0 승리를 거뒀고 스탬포드 브릿지에서 열린 2차전에서는 2 대 1 승리를 거뒀다. 합산 스코어 3 대 1로 우리는 4강전에 진출했다. 나는 벤피카와의 8강전에서 대부분 벤치에 앉아 있었기 때문에 좌절감을 느꼈을 법도 하다. 그 대신 나는 우리가 또 한 번 챔피언스리그에서 준결승에 진출했다는 사실이 몹시 기뻤다. 그런데 드레싱룸에 돌아갔을 때 의외로 나의 동료 중에는 별로 기뻐하는 사람이 없었다. 그래서 나는 일부러 소리를 지르면서 펄쩍 뛰었다.

　"오, 예! 우리가 또 준결승에 진출했다고!"

　다른 선수들은 모두 그저 나를 쳐다보기만 했다. 아마도 '드록바가 드디어 미쳤구나. 쟤 왜 저러지?'라고 생각했을 것이다.

　나는 우리 선수단 중 어린 선수들에게 "네가 마지막으로 챔피언스리그 준결승에 진출해본 게 언제야?"라고 물었다.

　"글쎄…."

　"기억이 안 나지? 왜냐하면 이번이 처음이니까. 그러니까 좀 즐기라고! 행복하게 생각하고!"

디 마테오 감독마저 승리를 즐기지 못하고 나에게 말했다.

"몇몇 선수들을 경기에 출전시키지 못하는 건 힘든 일이야."

그래서 나는 그를 돌아보며 말했다.

"감독님, 마지막으로 챔피언스리그 준결승전에 가본 게 언제예요?"

"응, 한 번도 없어."

"그러니까요. 그런 거 걱정하지 말고 좀 즐겨요. 지금 이 순간을 즐기라고요!"

나는 필요한 순간에는 아주 진지한 사람이고, 또 필요할 때는 아주 열심히 노력하는 사람이지만, 가능하면 그 순간을 즐기고 주변을 즐겁게 하고자 노력하는 사람이다. 바로 그 순간이 그런 순간이었다. 첼시의 모든 선수가 마치 챔피언스리그 준결승전 진출이 당연한 일인 듯 행동하고 있었다. 그것은 결코 당연한 일이 아니다. 적어도 내게 그것은 아주 중요한 일이었으며, 개인적으로는 준결승전에서 바르셀로나를 만나게 된 것이 우리가 2009년에 같은 준결승전에서 같은 바르셀로나에 논란 속에 지며 탈락한 것에 대한 복수를 할 기회라고 여겼다.

매 시즌 2월부터 5월까지의 기간은 아주 중요한 기간이다. 그때가 우승팀이 결정되는 시기다. 그 시즌 나는 이번 시즌이야말로 우리의 시즌이 될 수 있도록 심혈을 기울였다. 나 개인적으로도 몸 상태를 최고의 상태로 준비했고 동료들에게도 그 기간이 우리에게 얼마나 중요한지를 강조했다. 어느 날 후안 마타에게 이렇게 말했던 것이 기억난다.

"마타, 챔피언스리그 우승을 위해서는 네 도움이 필요해." 그는 아주 놀란 표정이었다.

"그래, 바로 너야. 네가 도와줘야 해. 나는 첼시에 8년을 있었지만 한 번도 챔피언스리그 우승을 차지하지 못했어. 어쩌면 네가 바로 마침내 내 염원을 풀어줄 사람일지도 몰라."

그는 계속해서 놀란 눈으로 나를 바라봤다. 너무 놀라서 대답도 할 수 없을 정도로.

"그리고 만약 우리가 챔피언스리그 우승을 차지하면 친구, 내가 너에게 아주 좋은 선물을 줄게!"

나는 거기까지 말하고 웃음을 터뜨렸고 그도 그런 나를 보며 따라 웃었다. 여전히 조금 이해가 안 된다는 얼굴로.

그에게 별다른 인센티브가 필요한 것도 아니었고 나는 웃는 얼굴로 그에게 말했지만, 실제로 내 마음속에서는 챔피언스리그 우승에 대한 아주 강한 열망이 있었다. 나와 첼시가 유일하게 우승을 차지하지 못했던 그 대회.

준결승 1차전은 스탬포드 브릿지에서 열렸다. 바르셀로나에는 세계 최고의 선수인 리오넬 메시, 그리고 뛰어난 선수들인 알렉시스 산체스, 사비, 세스크 파브레가스 등등이 뛰고 있었다. 그 경기 하루 전, 우리는 평소처럼 팀 미팅을 갖고 상대 팀에 대해 분석했다. 그들이 어떻게 공격을 전개하는지, 한 경기에 얼마나 많은 패스를 구사하는지, 그들을 상대로 점유율을 높이 가져가는 건 불가능하다는 것도 미리 알았다.

우리는 그 경기가 얼마나 어려울지 알고 있었다. 디 마테오 감독은 그가 상대 팀의 최다득점자에게 늘 사용하는 방법을 꺼내 들었다. 보통의 경우에 그 선수들의 기록은 이렇다. 루니 22골, 판 페르시 15골 등등. 그러나 바르셀로나의 경우에는 세 번째 다득점자가 사비로 14골이었고 산체스도 같은 수의 골을 넣었다. 그리고 최다득점자는 리오넬 메시로 그는 챔피언스리그에서만 14골, 모든 대회에서는 63골을 득점 중이었다. 한 시즌에 63골이라고? 그 기록이 너무 믿을 수가 없어서 우리 선수들은 그 숫자를 보며 웃어버렸다. 심지어 나는 그 기록을 사진으로 찍어서 남겨놨다. 너무 믿을 수가 없는 기록이어서.

경기가 시작되자 보통 볼을 많이 터치하며 경기를 풀어나가는 후안 마타가 볼도 거의 잡지 못했고 내 상황도 별로 나을 것이 없었다. 내가 볼을 잡는 순간에도 바르셀로나 선수들의 압박이 너무 강해서 그들의 골대가 한참 멀어 보였다. 그들을 꺾을 수 있는 유일한 방법은 역습 상황에서 램파드의 도움으로 발이 빠른 라미레스를 이용해서 압박을 벗겨내는 방법뿐이었다.

그것이 우리가 생각한 하나의 방법이었다. 그들은 경기 중에 70% 이상의 점유율을 유지했고 두 차례 골대를 맞추는 등 우세한 경기를 이어나갔다. 파브레가스가 시도한 슈팅을 애슐리 콜이 가까스로 골라인에서 걷어내기도 했다. 하프타임 직전에 램파드가 메시에게서 볼을 뺏어냈고, 좌측면에 있던 라미레스에게 완벽한 로빙 패스를 이어줬다. 라미레스는 그 볼을 머리로 완벽하게 컨트롤한 후 바르셀로나 수비수들을 주력 경쟁에서 이겨낸 후 박스 안에 있던 나를 향해 날카로운 크로스를 이어줬다. 그리고 나는 그 크로스를 이어받아 강한 왼발 슈팅을 날렸다. 골! 그 모든 것이 눈 깜빡할 사이에 일어난 일이었고 나는 코너 플래그 방향으로 달려가 팬들을 향해 세리머니를 했다.

솔직히 말하자면, 나는 그때 너무 지쳐서 멀리 달리며 세리머니를 할 힘이 없었다. 잠시 후 하프타임에 드레싱룸에 들어갔을 때 나와 동료들은 전반전에 우리가 해야 했던 수비 가담과 경기장 전체를 달려야 하는 플레이에 너무 지쳐서 깊은 숨을 내쉬었다. 나 역시 공격수였지만 그 경기에서는 미드필더처럼 뛰었다. 그만큼 바르셀로나의 압박이 강했던 것이다.

드레싱룸에서 후안 마타는 볼을 제대로 터치하기도 어렵다고 불평을 했다. 그러나 내 생각엔 그것은 우리에게 아주 작은 문제 중 하나에 불과했다. 내가 그에게 말했다.

"마타, 오늘은 볼을 못 만지더라도 걱정하지 마. 일단 뛰어. 뛸 수 있는 대로 뛰고 더 이상 못 뛸 것 같을 때 벤치에 이야길 해. 그럼 교체해줄 거야. 오늘 경기는 그런 게 문제가 아니야. 나는 오늘 거의 볼도 못 만졌지만 불평하지 않잖아. 중요한 건 결과야. 알겠지?"

우리의 다음 과제는 그들의 홈구장인 캄프 누에서 아주아주 뛰어난 홈팀을 상대로 좋은 결과를 내야 한다는 것이었다. 우리는 같은 전술을 사용했다. 그러나 우린 전반 35분 만에 선제골을 내줬고 결국 합산 스코어에서 동률을 이루게 됐다. 그로부터 몇 분 후에 우리는 엄청난 타격을 입게 됐다. 존 테리가 알렉시스 산체스와의 충돌로 인해 퇴장을 당하게 된 것이다.

그 후로 메시의 어시스트를 받은 이니에스타가 추가골을 터뜨리며 스코어는 0 대 2가 됐다. 경기 상황상 우리가 포기할 수도 있는 상황이었지만, 우린 결코 그대로 포기하지 않았다. 지난 8년 사이에 캄프 누에서 가진 원정경기 중 우린 거의 모든 경기에서 득점을 올렸다. 아마도 그것이 우리가 그날 골을 넣을 수 있다고 믿은 이유였을 것이다.

하프타임 휘슬이 울리기 전에 램파드가 라미레스에게 날카로운 패스를 이어줬고 라미레스는 빅토르 발데스의 키를 넘기는 슈팅을 시도했다. 골! 그 골은 우리에게 정말 중요한 골이었다. 그 골 덕분에 합산 스코어상으로 동점을 이뤘을 뿐 아니라 원정다득점 원칙에 의해서는 우리가 승리할 수 있는 상황이 됐기 때문이다.

특히 그 골은 우리에게 심리적으로 아주 중요했다. 하프타임에 드레싱룸에서 우리는 "괜찮아, 10명으로 싸워야 하긴 하지만 45분만 버티면 된다고!"라고 이야기했다. 그런 순간이 바로 선수들이 책임감을 갖고 나서야 하는 상황이다. 디 마테오 감독은 이바노비치에게 센터백으로 뛰라고 지시했지만 보싱와가 나섰다. "아니요, 제가 센터백으로 뛰겠습니다." 그리고 그는 다른 선수들이 어떻게 뛰는 것이 좋을지에 대해서도 의견을 내놓았다. 그를 포함해서 선수들은 모두 후반전을 우리가 어떻게 보내야 할지에 대해 적극적으로 의견을 내놓고 논의를 했다.

나는 다음과 같이 말했다.

"나는 어디서 뛰든 상관없다. 필요하면 레프트백으로 뛸 수도 있다. 지금 우리에게 필요한 건 스트라이커가 아니다. 필요하다면 공격수 겸 왼쪽 수비수로 뛰겠다. 팀에 필요한 무엇이든 하겠다."

나와 동료들은 완벽하게 하나가 되어 후반전에 함께 싸우고 저항했다. 마치 우리의 삶이 그 후반전 하나에 모두 걸려 있기라도 한 것처럼.

그러나 아쉽게도 열망이 지나친 나머지 나는 세스크 파브레가스에게 페널티킥을 내주고 말았다. 리오넬 메시가 직접 키커로 나섰다. 그가 득점하면 그것은 곧 바르셀로나가 뮌헨에서 열릴 결승전에 진출한다는 것을 의미했다. 아마도 그날 밤 신이 하늘에서 그 경기를 내려다보고 있었던 것 같다. 또는 메시가 첼시를 상대로는 한 번도 골을 넣지 못했다는 사실이 그의 마음에 영향을 미쳤던 것 같다. 어떤 경우였든지 간에 그의 페널티킥은 크로스바를 맞췄다. 노 골. 그런 일이 일어나는 날도 있는 법이다. 그리고 그런 상황이 발생하고 나면 선수들은 어떤 느낌을 갖게 된다.

우리는 계속해서 싸웠다. 추가 득점을 노리기도 했지만 우리의 가장 큰 목적은 그들에게 실점을 내주지 않는 것이었다. 후반전 35분경이 됐을 때 나는 더 이상 뛸 수가 없었다. 그래서 나를 대신해서 토레스가 투입됐다. 시간은 점점 흘렀다. 그런데 갑자기 후반전 추가 시간에 토레스는 그가 2009년에 우리를 상대로 했던 일을 재현해냈다. 첼시 역사상 가장 특별한 골로 기억될 만한 골을 터뜨린 것이다. 그는 우리의 하프라인 진영에 머물러 있다가 나머지 하프라인을 홀로 달려가서 침착하게 발데스를 제치고 텅 빈 골문에 골을 성공시켰다. 그건 정말 놀라운, 한마디로 미친 것 같은 골이었다. 나도 팬들도 행복의 소리를 질렀고 피치 위에 있던 동료들은 모두 토레스에게 달려가서 함께 기쁨을 나눴다. 그렇게 중요한 경기에서 1시간 동안 한 명이 적은 상태로 뛰면서 다음 라운드에 진출하는 것은 쉽게 벌어지는 일이 아니다. 특히 그 상대 팀이 역대 최고의 바르셀로나라면 더욱 그렇다.

그렇게 우리는 또 한 번 결승전에 진출했다. 모든 사람의 예상을 뒤엎고. 바르셀로나는 2차전에서도 70% 이상의 점유율을 기록했다. 그러나 축구에는 통계적인 수치로는 설명할 수 없는 결과가 있다. 바로 이 경기가 그랬다. 우리는 그 밤 오래 그날의 승리를 기념하고 축하했다.

그 바르셀로나와의 챔피언스리그 준결승전 이후에 치렀던 리버풀과의 FA컵 결승전에 대해서는 이미 앞에서 이야기했다. 그 후로 우리는 2주 동안 바이에른 뮌헨을 상대로 뮌헨에서 열릴 결승전을 준비했다. 보통 그렇게 중요한 경기를 상대의 홈에서 치르게 된다는 것은 엄청난 불이익을 안고 경기를 시작하는 것과 마찬가지다. 그 경기는 그 자체로 우리에게 아주 어려울 경기였다. 그러나 이상하게도 나는 그 점에 대해 크게 걱정하지 않았다. 나는 그들과 두 차례 경기를 한 적이 있었는데 두 번 모두 골을 터뜨렸다. 그중 한 번은 그들의 옛 홈구장에서 가진 경기였다. 그들은 의심할 여지 없는 아주 강한 팀이었지만, 나는 결승전을 준비하면서 계속 좋은 느낌을 갖고 결승전을 맞이했다.

몇 년 전 모스크바에서 가진 결승전과는 달리, 우리는 결승전 하루 전에 뮌헨으로 이동했다. 모스크바의 경우 우리는 이틀 전에 미리 이동했는데 내 개인적인 의견으로 그것은 너무 길었다. 결승전이 시작할 시점이 됐을 땐 마치 우리가 모스크바에 일주일은 있었던 것 같은 느낌을 줬다. 결승전 당일, 선수들은 긴장한 기색이 역력했다. 그들은 평소대로 자연스럽게 행동하지 않았다. 선수들 간의 대화도 적었고, 모두들 이제 곧 펼쳐질 경기에 집중하는 모습이었다.

경기 전에 열린 팀미팅에서 디 마테오 감독은 선수들을 위해 준비한 비디오를 틀었다. 우리는 대부분의 감독이 그렇듯 상대 팀 분석에 대한 설명이 있는 비디오를 기대하고 있었다. 그러나 우리 눈앞에 드러난 영상은 그런 것이 아니었다. 사실 그건 아주 놀라운 것이었다. 그 영상에는 모든 선수의 아내, 여자친구, 아이들이 선수들에게 보내는 응원의 메시지가 담겨 있었다. 그들이 우리를 얼마나 사랑하는지, 우리에 대해 어떻게 생각하는지 등등이 담긴. 그 영상은 첼시가 선수들 몰래 지난 몇 주 동안 촬영했던 것이고 우리에게 아주 큰 감동과 힘을 줬다. 몇몇 선수들은 정말 감동을 받았고, 어떤 선수들은 그 비디오에 대해 농담을 하기도 했다. 그러나 디 마테오 감독의 그 아이디어는 분명히 첼시 선수들 모두에게 아주 특별한 동기부여가 됐다.

우리는 결승전에서도 바르셀로나를 상대로 가진 준결승전과 비슷한 전술을 사용했다. 우리는 그들이 점유율 축구를 구사할 것이라는 점을 알았고, 우리 수비 진영까지 압박해서 우리로 하여금 그들 진영에서 볼을 점유하는 것이 힘들게 만들 것이라는 점도 알았다. 그에 대항해서 이기기 위해 우리는 수비적으로 아주 견고해야 했고, 기회가 생기자마자 신속하게 공격을 전개해야 했다. 그러나 우리는 서로에게 "10명으로도 최고의 팀을 막아냈으니 두려워할 필요 없다"고 이야기했다. 우리는 과거에 뮌헨을 상대로 그랬듯 적어도 한 골 이상은 넣을 거라는 자신이 있었다. 그 모든 요소 덕분에 우리는 아주 긍정적인 마음가짐을 가진 채 결승전을 시작했다.

관중석의 4분의 3이 바이에른 뮌헨 팬이었고 우린 마치 원정경기를 치르는 느낌이었다. 포르투 시절 챔피언스리그 우승을 차지해본 파울로 페레이라와 조세 보싱와를 제외하면 우리 선수단에는 아무도 그 대회에서 우승을 차지해본 선수가 없었다. 그리고 우리 선수단 중 8명은 2008년에 맨유를 상대로 한 결승전에서 패하며 준우승에 그친 적이 있었다. 모든 선수가 그 경기를 아주 중요하게 여겼다. 테리는 지난 경기에서의 퇴장으로 출장할 수 없었고, 램파드가 주장

완장을 차고 경기에 나섰다. 우리는 경기 초반부터 거센 압박을 당했다. 뮌헨 선수들은 공격과 수비 진영을 가리지 않고 우리가 볼만 잡았다 하면 곧바로 압박해 들어왔다.

우리는 계속 그들의 압박을 벗어나기 위해 시도했지만, 좀처럼 우리 마음대로 플레이하지 못했다. 후반전이 된 후에도 경기는 0 대 0으로 흘러갔다. 우리는 통계적으로 이런 경기는 누구든 첫 골을 넣는 팀이 이긴다는 것을 알았다.

후반전 들어 우리는 계속 수비적으로 물러서기보다 전방에서 볼을 뺏어서 공격하려고 했지만 그 방법은 결코 쉽지 않았다. 테리가 징계로 빠졌을 뿐만 아니라 다비드 루이스, 게리 케이힐도 정상 컨디션이 아니었다. 왼쪽 측면에서 뛰고 있는 라이언 버트란드는 아직 어리고 경험이 많지 않은 선수였고 자칫 잘못하면 실책을 범할 위험이 있었다. 하루 전, 자신의 이름이 결승전 명단에 있는 것을 보고 그는 거의 10분 동안 멍하니 자신의 이름을 바라보고 서 있었다. 결국 내가 그의 어깨를 툭 치며 "라이언 뭐 좀 먹어둬. 내일 엄청나게 뛰어야 할 테니까!"라고 말했다.

그리고 후반전 38분에 결국 뮌헨이 선제골을 터뜨렸다. 토니 크루스의 패스를 이어받은 토마스 뮐러의 헤딩골. 그는 노마크 상태였고, 그의 슈팅은 아주 멋진 헤딩슈팅은 아니었지만 아주 효과적인 슈팅이었다. 내 마음속에서 그 골은 곧 승부를 가르는 골이었다. 게임 오버. 첼시가 그 시간대에 골을 넣었을 경우 그것은 곧 다른 팀의 승산이 없다는 것을 뜻했다. 그래서 나는 우리가 먼저 골을 내준 경우에도 그렇게 될 가능성이 높을 것이라고 생각했다. 우리의 꿈이 또 한 번 날아가는 것 같은 순간이었다.

하프라인을 향해 걸어가면서 나는 계속 "안 돼, 안 돼, 안 돼"라고 말했다. 그러나 우리에게 계속해서 기운 내라고 말한 것은 24세의 후안 마타였다.

"드록바, 믿음을 잃으면 안 돼. 할 수 있다고 믿어야 한다고!"

살로몬 칼루가 교체되고 토레스가 들어왔다. 정규시간은 3분 남았다. 그리고 토레스가 코너킥 기회를 얻어냈다. 마타가 코너킥을 차기 위해 달려갔다. 많은 선수가 페널티박스 안으로 몰려들었다. 그 순간 나는 다비드 루이스가 바스티안 슈바인스타이거에게 말하는 소리를 들었다.

"잘 봐, 이번에 우리가 골을 넣을 거니까."

마타가 시도한 코너킥은 높게 솟구쳐서 페널티박스로 날아들었고 나는 나를 마크하고 있던 수비수를 제쳐내고 니어 포스트 쪽으로 달려갔다. 그리고 그 오래전 나의 삼촌이 알려줬던 대로 옳은 타이밍을 기다렸다가 완벽한 타이밍에 점프를 했다. 내 머리를 맞고 방향이 바뀐 그 볼은 그대로 마누엘 노이어가 지키고 있던 뮌헨 골문 안으로 들어갔다.

몇 달 전에 나는 마타에게 챔피언스리그 우승을 위해 도와달라고 말한 적이 있었다. 그리고 지금 그가 완벽한 코너킥으로 우리를 패배로부터 구해내고 우리에게 우승의 기회를 열어준 것이다. 터치라인으로 달려가며 무릎을 꿇고 세리머니를 하면서 나는 무아지경에 빠졌다. 나는 그 코너킥이 있기 전까지 몇 분 동안 계속해서 신에게 기도를 올렸다. 신에게 다음과 같이 애원하면서.

"당신이 정말 존재한다면, 나에게 그 존재를 보여주십시오."

그래서 그 골을 터뜨린 직후에 내가 할 수 있는 것은 오직 신에게 감사하고 또 감사하는 것뿐이었다. 양손의 검지를 하늘을 향해 치켜들면서. 나는 신의 존재를 물었고 신의 응답을 들었다. 그 경험은 상상하기도 어렵고, 절대로 설명할 수도 없는 그런 것이었다.

그 결승전의 연장전은 정말 힘들었다. 우린 모두 탈진할 정도로 지쳐 있었다. 나는 제대로 뛰기도 어려웠고 곧 절뚝거리기 시작했다. 수비에 가담하려고 했지만 내 몸이 내 말을 안 들었다. 그러던 중 나는 프랑크 리베리의 볼을 빼앗아서 역습을 하려고 했다. 그러나 주심은 내 동작에 대해 페널티킥을 선언했다. 그 한순간의 나의 서투른 수비 동작이 상대에게 페널티킥 기회를 준 것이다. 나는 방금 일어난 일을 믿을 수가 없었다.

"오, 내가 지금 무슨 짓을 한 건가. 왜 늘 내게 이런 일이 벌어지는 건가. 나는 바르셀로나에서 있었던 결승전에서도 실수를 했는데 여기서 또 그러다니."

나는 그 순간 만약 뮌헨이 그 기회에서 골을 넣어 우승한다면, 내가 다시는 런던으로 돌아갈 수 없을 것이라고 생각했다.

그리고 나와 동료들은 전에 첼시에서 뛰었던, 나와 램파드의 가까운 친구인 아르옌 로번이 그 페널티킥을 차려고 하는 것을 봤다. 그래서 우리는 그에게 다가가서 심리적으로 압박을 주기 위해 말했다.

"로번, 너도 첼시 선수였잖아. 네가 우리한테 이러면 안 돼. 그러지 마. 어쨌든 우린 이미 네가 어느 쪽으로 슈팅할지 알고 있어."

결국 우리는 분명히 그의 심리상태에 큰 영향을 줬던 것 같다. 그의 페널티킥은 킥 자체도 약했고(그 슈팅은 로번이 평소에 하는 슈팅에 비하면 분명히 아주 약했다), 결국 체흐가 그 슈팅을 막아냈다.

체흐는 늘 그렇듯이 결승전을 앞두고 골키퍼 코치와 함께 뮌헨의 선수들이 어느 방향으로 페널티킥을 차는지를 준비했다. 상대 키커가 처음 내딛는 발 혹은 그들의 보디랭귀지를 읽는 방법을 연구하면서. 그의 그런 엄청난 노력이 그 경기에서 또 한 번 빛을 본 것이다.

마침내 끔찍한 순간이 다가왔다. 승부차기. 우리는 이미 어떤 선수들이 키커로 나올지 대략 알고 있었지만, 그 순간에는 늘 그날의 컨디션이나, 교체에 따른 변동 등 고려할 사항이 있기 마련이다. 그래서 우리는 디 마테오 감독 주변에 모여서 함께 승부차기 키커 순서를 정했다. 나는 언제나 처음이나 마지막 키커를 맡는 편이다.

내가 말했다.

"램파드가 제일 먼저 차야 해요."

그러나 마타가 처음으로 차고 싶다고 나섰다.

"안 돼, 램파드가 처음이야. 넌 두 번째나 세 번째로 차야 해."

"아니야. 내가 첫 번째로 찰 거야."

램파드가 입을 열었다.

"그래, 그럼 네가 먼저 차."

램파드는 세 번째를 맡겠다고 했다.

"가장 잘 차는 선수를 1, 3, 5번에 넣어야 해. 그래야 두 번째 승부차기를 놓쳐도 세 번째 키커가 넣고, 네 번째를 놓쳐도 가장 중요한 다섯 번째 키커가 넣지."

내가 덧붙였다. 그 방법은 대체로 늘 통했다.

마침내 키커의 순서가 정해졌고 우리는 하프라인 부근에 정렬했다. 경기장 전체가 빨간 옷을 입은 뮌헨 팬들로 가득했지만, 우리의 팬들도 그들이 낼 수 있는 가장 큰 목소리를 내며 우리를 응원하고 있었다. 테리도 피치 옆으로 내려와 벤치에서 대기 중인 선수들, 코칭스태프와 함께 그 장면을 지켜봤다. 그를 보며 나는 준결승전에 한순간 실수를 했다고 결승전에 뛸 수 없다는 것이 얼마나 실망스러운 일일지를 생각했다.

바이에른 뮌헨이 선축을 맡았고 키커는 주장 필립 람이었다. 람은 강하고 낮게 깔리는 슈팅으로 골을 성공시켰다. 그리고 후안 마타가 페널티 스폿으로 향했다. 그는 볼을 잘 차긴 했지만 그의 슈팅은 중앙으로 향했고 마누엘 노이어에 걸리고 말았다.

"오, 안돼…."

뮌헨의 공격수 마리오 고메즈는 실수 없이 정확히 체흐의 왼편으로 골을 성공시켰고 우리의 두 번째 키커였던 다비드 루이스는 박스 바깥쪽에서부터 도움닫기를 해서 달려와 골문 오른쪽 상단 구석으로 골을 성공시켰다. 세 번째 키커는 뮌헨의 골키퍼 노이어였다. 그건 대단히 특이한 장면이었지만 골키퍼가 승부차기 키커를 맡는 것이 전례가 없는 일은 아니었다. 아마도 그것은 노이어 본인이 체흐보다 막는 일은 물론 슈팅을 하는 일도 뛰어나다는 것을 보여줘서 심리적인 압박을 주기 위한 선택이었을 것이다. 그의 슈팅은 아주 훌륭한 것은 아니었지만, 결국 방향을 정확히 예측한 체흐의 손보다 조금 빨리 골문 안으로 들어갔다.

우리의 세 번째 키커인 램파드는 강한 슈팅으로 골을 성공시켰고 그때까지 양 팀의 스코어는 '바이에른 뮌헨 3 대 첼시 2'였다.

그 순간까지 뮌헨은 아주 잘하고 있었지만 우리도 포기하지 않았다. 우리는 계속해서 서로를 격려하면서 "한쪽을 선택하고 강하게 슈팅해라.""약하고 낮게 깔리는 슈팅은 하지 말라"고 서로에게 조언하고 있었다. "실축하면 실축하는 거지만 적어도 제대로 슈팅을 해라." 그 순간 우리는 하나였고 더 이상 그러기가 어려울 정도로 서로에게 힘을 불어넣어 주고 있었다. 그때 우리의 집중력은 비정상적인 수준이었다.

승부차기가 진행되는 동안 나를 포함한 첼시 동료 중 몇 명은 하늘을 올려다보며 기도를 하고 있었다. 그때의 그 마음과 그 경험은 내가 죽는 날까지 내 마음속에 영원히 남을 것이다.

뮌헨의 네 번째 키커 올리치의 차례였다. 그는 연장전에 리베리와 교체되며 투입됐지만 경기에 큰 영향은 미치지 않았다. 나는 그가 승부차기에 완전히 자신이 있지는 않았을 거라고 생각했다. 그의 슈팅은 제대로 된 슈팅이 아니었다. 체흐는 왼쪽으로 다이빙했고 올리치의 슈팅을 막아냈다. 그 순간 뮌헨과 우리는 동점이 됐다. 우리에게 희망이 돌아오는 순간이었다.

첼시의 다음 키커는 애슐리 콜이었다. 그는 우리 동료 중 승부차기를 가장 잘하는 선수 중 하나였다. 그는 아주 편안한 모습으로 골을 성공시켰다. 3 대 3. 이제 뮌헨이 오히려 더 큰 압박을 받는 상태가 됐다. 그들의 다섯 번째 키커는 바스티안 슈바인스타이거였다. 그 순간 내가 생각할 수 있는 건 단 한 가지였다.

"슈바인스타이거가 놓치면, 나에게 우승을 결정지을 순간이 온다. 그가 놓치면, 모든 게 나에게 달렸다고."

그는 볼을 내려놓고는 몇 걸음 뒤로 물러섰다. 그리고 볼을 향해 다가오다가 잠시 멈춰서서(그가 그 순간 방향을 바꾼 것일까?) 슈팅을 시도했다. 그리고 그의 슈팅은 왼쪽 골포스트를 맞고 튀어나왔다. 그가 실축을 한 것이다. 그 순간 첼시의 모든 선수가 미친 듯이 기뻐하기 시작했다. 딱 한 사람, 나를 빼고.

그 시점에서 나는 우리가 우승할 것이라는 사실을 알았다. 그러나 나는 반드시 침착해야 했다. '진정하자. 진정하자.' 내가 속으로 말했다. 그리고 주변에서 누군가가 내 이름을 외치며 응원하는 목소리를 들었다. 볼을 향해 걸어가면서 나는 골문을 한 번 바라봤다. 갑자기 골문이 더 넓어 보였다. 나는 노이어가 펄쩍펄쩍 뛰고 크로스바를 건드리는 등 나를 위협하기 위해 온갖 행동을 하는 것을 봤다. 그것은 나쁜 행동이 아니다. 그는 그저 나에게 심리적으로 영향을 주고 자신이 주도권을 쥐고 있다는 것을 보여주기 위한 행동이었다. 나는 볼을 내려놓고 양말을 올려 신은 후에 볼을 내려다봤다. 나는 긴장되지 않았다. 오히려 그 반대였다. 믿기 어려울지도 모르겠지만, 그 순간 나는 정말 자신 있었다. 나 자신에 대한 믿음이 있었다.

'이건 정말 대단한 경험이군.'

그 순간 그렇게 생각했던 것이 지금도 분명히 기억난다. 그 순간은 거의 유체이탈의 순간 같았다.

그리고 나는 한 가지를 바꾸기로 결심했다. 노이어는 우리의 슈팅 방향을 거의 읽고 있었다. 나는 평소에 내가 하던 대로 긴 스텝을 밟고 슈팅을 하지 않고 짧은 스텝만을 밟고 슈팅하기로 했다. 그렇게 해서 그에게 내 슈팅 방향을 읽을 시간을 주지 않기 위해서였다. 또 나는 잠깐이지만 파넨카킥처럼 강슛을 시도하는 척하고 가운데로 천천히 볼을 보내는 특이한 방법을 써볼까도 생각했다. 그렇게도 중요한 순간에 잊을 수 없는 시도를 해볼까 하고 생각했던 것이다. 그러나 그것은 너무 위험이 컸다(메시가 비슷하게 2015년에 한 골을 넣은 적이 있다). 나는 곧 정신을 차리고(다행스럽게도) 내가 어린 시절부터 생각했던 것을 상기했다.

"넌 이런 상황을 좋아하잖아. 네가 득점하면 우리 팀이 이기고, 네가 실축하면 팀도 지는 거야. 그러나 넌 그런 책임감을 좋아하잖아."

그것은 사실이었다. 그리고 종종 그런 순간에 실수를 할 때도 있었지만 실패한 순간보다 성공한 순간이 훨씬 많았다. 승부차기 자체도 골키퍼가 막을 확률보다 키커가 넣을 확률이 높다. 모든 면에서 유리한 것은 분명히 나였다. 또 나에겐 그 모든 상황이 마치 영화의 한 장면 같았다. 그 순간은 내가 아니면 누구도 가질 수 없는 그런 순간이었다. 비슷한 순간에서 스트레스를 받을 때도 있지만, 그 순간에 나는 차분했고 평화로웠다.

나는 골키퍼를 바라보지 않고 아래를 본 상태로 주심을 잠시 올려봤다. 그는 곧 휘슬을 불었고 나는 두 걸음을 걸으며 슈팅하는 척했다가 잠시 멈췄다. 아주 짧은 찰나에 나는 골키퍼가 왼쪽으로 향하는 것을 눈치채고 오른쪽으로 슈팅을 시도했다. 사실 그것은 슈팅이라기보다는 구석으로 패스하듯 정확히 볼을 보내는 것에 가까웠다. 그리고 그 볼은 골문 안으로 들어갔다. 내가 챔피언스리그 결승전의 결승골을 넣는 순간이었다.

"오, 마이 갓! 오, 마이 갓! 오, 마이 갓!" 나는 열 번, 스무 번을 말했다. 그 한마디만이 골을 넣은 후 내 머릿속에 맴도는 말이었다. 나는 곧바로 체흐에게 달려갔다. 바로 그가 우리에게 우승을 안겨준 사람이었다. 그 많은 슈팅을 막아내면서. 그리고 가장 중요하게도 내 슈팅 직전의 슈팅을 막아내면서. 나는 가장 먼저 그와 기쁨을 나누고 싶었다. 그와 잠깐 끌어안고 있는 사이에 모든 선수가 우리에게 다가왔다. 동료들이 모두 나에게 달려들어서 나를 치며 기뻐했다. 그들 사이에서 빠져나오자마자 나는 말루다를 보고 그를 오래 끌어안았다. 그와 나는 프랑스 갱강 시절로부터 아주 먼 길을 함께해왔다. 그리고 이제 우리는 전혀 다른 삶을 살게 된 것만 같았다. 그런 꿈 같은 순간을 그와 함께 기뻐할 수 있다는 것은 내겐 아주 특별한 일이었다.

그리고 나는 경기장 반대편으로 달려갔다. 엄청난 응원을 보내주던 첼시 팬들이 모여 있던 곳. 나는 그들과 함께 그토록 오랫동안 기다렸던, 내 축구 인생 최고의 날을 나누고 싶었다. 첼시는 챔피언스리그 우승을 차지할 자격이 있었고 그 우승할 팀의 일원이 된 것은 아주 행복한 일이었다. 나 스스로 이런 말을 하는 것은 어색한 일이지만 나는 속으로 이렇게 생각했다.

'이게 챔피언스리그에서 우승한 기분이구나. 항상 어떤 느낌일지 궁금했는데, 이제야 알겠어.'

나는 피치를 떠나고 싶지 않았다. 나는 테리, 램파드, 체흐를 만났고 그들에게 고맙다고, 그들과 함께 뛸 수 있어서 영광이라고 말했다. 우리는 너무 행복해서 그 순간이 끝나지 않기를 바랐다. 그러나 동시에 우리는 그 순간 바이에른 뮌헨의 선수들이 얼마나 큰 절망감을 느낄지도 알고 있었다. 몇몇은 눈물을 흘리기도 했다. 그들은 피치에 멍하니 앉아서 침울해하고 있었고 우리는 그들에게 위로를 건넸다. 그 순간에는 어떤 말도 별로 도움이 되지 않는다는 것을 알면서. 그러나 나는 그들에게 내가 그들의 마음을 이해한다는 것을 보여주고 싶었다. 4년 전에 나 역시 그들과 똑같았으니까.

우승 트로피를 받는 행사는 눈 깜빡할 사이에 지나갔고, 우리는 드레싱룸으로 들어가서 서로 우승 트로피를 건네주면서 그 순간을 즐겼다. 그제서야 드디어 그 트로피가 우리 것이라는 것이 실감이

났다. 우리는 그곳에서 몇 시간 동안 머물면서 드디어 챔피언스리그 우승을 차지한 그 느낌을 충분히 즐겼다. 우리는 샴페인을 터뜨렸고, 춤을 췄고, 노래를 불렀다. 그리고 감독으로부터 선수까지 모든 선수들이 각자 한마디씩 짧은 말을 남겼다. 아브라모비치 구단주는 길게 말하지 않았지만, 나는 그가 얼마나 행복한지를 느낄 수 있었다. 그는 선수들에게 진심으로 고마워하고 있었다.

내 차례가 왔다. 나는 코트디부아르 국기를 두르고 그 크고 아름다운 트로피를 쥔 채 일어서서 말했다. 모두들 조용히 내 말에 귀를 기울였다. 구단주, 감독, 동료 선수들 모두가.

"왜! 왜 그렇게 오랫동안 우리를 피해 다녔니?"

그리고 나는 2009년 바르셀로나와의 경기, 그 이전에 있었던 2008년 모스크바에서의 결승전, 그리고 우리가 이번 결승전을 준비하는 과정에서 있었던 일들에 대해서 말했다. 동료들 중 몇 명은 내 말을 들은 이후에 마치 종교적인 경험을 한 것 같다고 말하기도 했다. 나는 이전에 있었던 그 모든 힘든 경험 이후에 마침내 우리가 챔피언스리그 우승을 이뤄냈다는 점을 강조하고 싶었다. 그게 그 우승을 축하하는 나만의 방법이었다.

우리는 그날 자정이 지난 후에도 드레싱룸을 떠나지 않았고 호텔로 돌아가는 버스 안에서도 미친 듯이 우승을 즐겼다. 노래를 부르고, 미친 듯 날뛰면서. 나는 뮌헨의 그 경기장을 떠나면서 계속 그 경기장을 바라봤다. 파란색으로 조명을 밝힌 그 경기장을 보면서 인생이란 얼마나 대단한 것인지를 생각했다.

내 휴대폰에는 불이라도 난 듯 연락이 와 있었다. 그리고 우린 호텔에 도착하자마자 가족, 친구들과 만났다. 나의 아내와 아이들도 그곳에 있었고 나의 부모님으로부터 모든 가족, 그리고 내 인생의 중요한 모든 사람을 초대했다. 르망에서 만났던 마크 베스터로프로부터 내가 전에 만났던 다른 감독들까지. 그날은 그들의 날이기도 했다. 나는 그들의 아들이자 친구가 이뤄낸 일을 그들에게 보여주고 싶었고 나의 행복을 나에게 중요한 모든 사람과 나누고 싶었다. 아내는 나의 승부차기를 볼 수조차 없었다고 말했고 아들 이삭은 뮌헨이 선제골을 터뜨렸을 때 눈물이 났다고 말했다. 그 모든 일이 마치 영화 같았다. 그 경기의 마지막 10분은 특히 그랬다. 그리고 대부분의 영화가 그렇듯, 우리의 영화도 해피엔딩이었다.

아이들이 방으로 돌아간 후에 선수들을 포함한 성인들은 호텔의 옥상 테라스에 올라가서 파티를 즐겼다. 파티 도중에 우리는 축하의 의미로 디 마테오 감독을 수영장에 빠뜨려버렸다. 나는 결국 그날 한숨도 자지 않았다. 동료들도 모두 마찬가지였다. 그 밤은 정말 행복한 밤이었다. 나는 그 옥상에서 도시 전체를 내려다봤다. 그 도시 전체가 잠든 것처럼 조용할 때도 우리는 파티를 즐겼고 그들이 아침에 일어나서 새 하루를 준비할 때에도 여전히 파티를 벌이고 있었다. 그 하루만큼은, 우리는 정말 우리가 뮌헨의 왕인 것처럼 느꼈다.

아침 8시가 되어서야 우리는 버스를 타고 런던으로 돌아가는 비행기에 올랐다. 비행기가 이륙한 후에 다비드 루이스가 스튜어디스의 마이크를 잡고 노래를 부르기 시작해서 잠을 자는 건 꿈꿀 수도 없었다. 히드로 공항에 도착하자 우리가 상상도 못 했던 수많은 팬이 우리를 축하하기 위해 나와 있었다.

그날 첼시 지역의 거리에서 진행된 퍼레이드는 훨씬 더 행복했고 감격적이었다. 우리는 FA컵과 챔피언스리그 우승 트로피를 들고 퍼레이드를 했고 수천 명의 팬들이 우리의 이동 경로를 따라 나와서 노래를 부르며 그 기쁨을 함께 나눴다. 그러나 내게 그 순간은 달콤한 동시에 쓸쓸한 것이었다. 나는 이미(그리고 내 주변의 대부분 사람도) 첼시를 떠날 것이라는 점을 알고 있었다. 그 퍼레이드는 그래서 나에게 더욱 뜻깊은 것이었다. 한 선수가 마이크를 잡고 응원가의 멜로디에 맞춰 노래를 불렀다.

"첼시에 남아줘, 첼시에 남아줘. 디디에 드록바, 첼시에 남아줘."

나는 눈물이 날 것 같았지만 꾹 참았다.

퍼레이드를 마친 후에 우리는 퍼레이드 시작지점으로 돌아왔다. 그곳은 첼시 지역 한 학교의 주차장이었고 나는 그 학교의 체육관으로 동료 선수들을 불러 모았다.

"너희와 함께 이 경험을 할 수 있어 정말 행복했다. 너희는 내가 상상할 수 있는 최고의 선물을 줬어. 나는 분명히 팀을 떠나게 될 거라는 말을 하고 싶어. 하지만…."

나는 말을 끝마칠 수 없었다. 눈물이 났다. 첼시를 떠난다는 것은 내게 너무도 슬프고 가슴 아픈 결정이었지만 나는 이미 챔피언스리그 우승을 차지한 후에는 팀을 떠나기로 결정했었다. 동료들에게 작별인사를 하는 것은 정말 힘든 일이었다. 나는 그들 모두와 가까이 지냈고 특히 칼루, 보싱와, 말루다, 램파드, 체흐 등과는 각별한 사이였다. 나와 그들의 관계는 특별하고 깊은 것이었다. 그런 만큼 그들을 떠나는 것은 힘든 일이었다.

집으로 돌아왔을 때, 나뿐 아니라 아내나 가족들 역시 런던을 떠난다는 생각에 슬퍼하고 있었다. 그러던 중 나는 동료들의 전화를 받고 다시 나가서 우승을 축하했다. 선수들 여럿이서 서로의 가족과 함께 시간을 보내면서 그나마 나는 슬픔을 조금 이겨낼 수 있었다.

그러나 그런 식의 이별이야말로 내 인생을 함축적으로 보여주는 것이었다. 내가 기억할 수 있는 아주 어린 나이부터 나는 한곳에서 정말로 행복하다고 느낄 때마다 그곳을 떠났다. 그것은 나의 어린 시절에도 있었고 르망, 갱강, 마르세유에서도 있었다. 그리고 이젠 첼시의 차례였다. 나는 그저 그 방식을 받아들일 수밖에 없었다.

| DIDIER DROGBA |

우리가 마침내 챔피언스리그에서 우승을 차지했을 때 나는 34세 였고, 내 계약기간도 종료를 눈앞에 두고 있었다. 나는 그 모든 것이 새로운 시작을 하기에 알맞은 상황이라고 생각했다. 그 시즌 중에 나와 첼시는 서로에게 좋은 조건으로 합의를 하고자 많은 노력을 기울였다. 많은 빅클럽들이 그렇듯 첼시는 30세 이상의 선수들에게 1년 재계약을 제시했다. 나는 1년 계약이 아닌 다년간의 계약을 원했다. 나는 스스로 내가 아직 몇 년간은 톱레벨의 축구를 할 수 있다고 생각했기 때문이다.

　나는 잉글랜드의 다른 클럽으로 이적할 생각은 추호도 없었다. 나는 나의 피가 첼시의 파란색이라고 말할 수 있을 만큼 첼시에 아주 많은 빚을 졌고, 잉글랜드에 남아 첼시 이외의 팀에서 뛰는 것은 상상하기조차 어려웠다. 유럽의 다른 리그 팀 중에서도 나를 영입하고자 하는 팀이 많았다. 그러나 나는 뮌헨에서의 결승전 직후에 마침내 결심을 내렸다. 만약 우리가 그 결승전에서 이기지 않았다면, 나는 챔피언스리그 우승에 다시 도전하기 위해 첼시에 남았을 것이다.

　나는 새로운 도전을 원했다. 8년간 첼시에서 머무른 후에 미지의 세계로 뛰어드는 것이 옳은 길이라는 느낌이 들었다. 나는 중국의 상하이 선화로 이적한 니콜라스 아넬카와 계속 연락을 취하고 있었고, 그는 그곳에서의 경험에 만족하는 것 같았다. 결국 상하이는 나에게도 제안을 해왔고 우리는 잉글랜드의 시즌이 끝난 직후에 합의점에 도달했다. 2012년 6월 19일, 나는 상하이와 2년 반 계약을 발표했다. 중국은 11월에 종료되는 시즌이 이미 중반에 접어들고 있었고 나는 7월부터 팀에 합류해서 플레이하기로 했다.

1년 전 여름, 첼시의 프리시즌 투어 도중 나는 홍콩과 말레이시아에 들러서 아시아의 축구에 대한 열정에 놀란 적이 있었다. 그곳의 아주 많은 팬이 첼시와 나를 아주 따뜻하게 맞이해줬고, 우리에 대한 사랑을 한눈에 확인할 수 있었다. 그때의 그 경험 역시 내가 중국행을 결정한 한 이유였다. 물론 상하이 측이 내게 제시한 계약 조건 역시 훌륭한 것이었다. 그러나 나에게 가장 중요했던 것은 내가 잘 알지 못하는 세상에서 새로운 경험, 또는 모험을 하고 싶은 마음이었다.

상하이와 계약을 체결하자마자 나와 가족은 중국으로 이동했다. 그리고 도착한 공항에는 인산인해를 이룬 팬들이 나를 환영하기 위해 나와 있었다. 그건 내가 상상조차 하지 못한 수준의, 마치 세계적인 록스타들이나 받는 것 같은 환대였다. 나를 보기 위해 모인 팬들은 소리를 지르고 더러는 울기도 했다. 일부 서로 밀치는 팬들 때문에 보안요원들이 고생을 하기도 했다. 공항 밖을 나서자 마찬가지의 풍경이 펼쳐졌다. 사방에 나의 팬들이 나와서 내 이름을 부르고 상하이 선화의 깃발을 흔들며 나의 사진을 찍기 위해 열심이었다. 우리는 결국 우리를 위해 준비된 차를 타고 호텔로 이동했다.

그것은 새로운 출발을 결심하고 중국에 온 나에겐 아주 긍정적인 출발이었다. 처음 몇 주 동안 나는 그 편안한 호텔에서 지냈다가 그 후에 양쯔 강이 내려다보이는 전망이 좋은 아파트로 옮겨서 지내게 됐다.

솔직히 말하자면, 나는 상하이에 입단하기 전에 중국이나 상하이 선화라는 팀에 대해 잘 알지 못했다. 예를 들면 나는 상하이가 세계에서 가장 인구가 많은 도시라는 것(약 2400만 명)도 몰랐고, 그 도시의 인구가 코트디부아르라는 국가 전체의 인구와 비슷하다는 것도 알지 못했다. 그건 정말 놀라운 사실이었다.

나의 가족은 아이들의 방학기간 중엔 나와 같이 지냈지만 곧 우리가 예상했던 대로 중국에서 계속 나와 머물긴 힘들었다. 그들은 잉글랜드에 너무 익숙해져 있었다. 아이들도 자신들이 다니던 학교를 좋아했고 이미 그곳에 많은 친구가 있었다. 나와 아내는 아이들이 그렇게 안정적인 환경에서 지내는 것이 좋겠다고 판단했다. 나 스스로가 잦은 이사를 다니며 불안정하게 지냈던 사람으로서 나는 내 아이들마저 그런 유년기를 보내길 원치 않았다. 결국 나를 제외한 가족은 잉글랜드에서 지내고, 나는 시즌이 끝나는 11월에 잉글랜드로 돌아가서 새 시즌이 시작되는 2월까지 지내기로 했다. 그렇게 해도 거의 3개월을 가족들과 함께 지낼 수 있었다. 우리는 또 중간중간 리그가 휴식을 가지는 9월 등에는 내가 런던으로 돌아가 가족과 함께 지내고 가족들 역시 이스터 등 학교가 쉬는 기간에는 중국에 와서 나와 같이 시간을 보내기로 했다.

결국 우리는 서로 떨어져서도 꽤 많은 시간을 함께 보낼 수 있었다. 물론 아이들과 대화하기 위해 스카이프를 써야 하는 것은 힘든 일이었다. 특히 상하이와 런던의 시차 때문에 그렇게 하기 어려운 점도 있었다. 아이들이 잠들기 전에 연락을 하기 위해 새벽 4시, 5시에 일어나서 통화를 해야 할 때도 있었다. 다행히도 아르헨티나 출신의 나의 새 감독 세르히오 바티스타 역시 아르헨티나에 머물고 있는 가족들과 통화하기 위해 같은 문제를 겪고 있었고 우리 외에도 몇몇 그런 선수들이 있었다. 그래서 그는 훈련시간을 늦은 오후로 잡았다. 그래서 우리는 필요한 경우에는 이른 아침에 일어나서 가족과 통화를 한 후에 점심시간까지 다시 잠을 잘 수 있었다.

나의 첫 번째 경기(나는 후반전에 교체 투입됐다)는 광저우 R&F 원정 경기였다. 내가 중국에서 익숙해져야만 했던 한 가지는 원정경기를 갖는 데 필요한 장거리 이동이었다. 광저우도 그중 한 예였다. 광저우는 중국 남부에 있어서 사실 상하이에서 이동하기에 가장 먼 팀이 아니었는데도 1000마일(약 1600km) 거리였다. 차로 이동하는 데는 16시간 정도가 걸리기 때문에 우리는 비행기를 타고 이동했는데, 비행시간은 '겨우' 2시간 30분이 걸렸다. 그건 마치 리그 경기를 치르기 위해 런던에서 마드리드로 이동하는 것 같은 느낌이었다.

또 하나의 충격적인 점은, 내가 방문하는 도시들은 대부분 들어본 적도 없는데 그 도시마다 몇백만 명의 인구가 살고 있다는 점이었다. 예를 들어 광저우는 1400만 명의 사람들이 살고 있다. 내가 원정을 나섰던 가장 원거리 팀인 북부 지역의 창춘의 경우(약 2000km) 인구가 750만 명이었다. 그건 런던보다 조금 적은 수준이다. 그런데 난 그 도시에 대해 들어본 적이 없는 것이다. 내가 그 나라에 대해 거의 아는 점이 없었다는 점에서 나는 내가 아직 모르는 것이 많다고 느꼈고, 그런 것을 하나하나 알아가는 것 역시 즐거운 일이었다.

통역사들이 선수들을 늘 따라다녔기 때문에 언어 차이는 아주 큰 문제가 되지 않았다. 통역사들은 우리가 필요로 하는 모든 곳을 함께 다녔고 늘 필요한 순간마다 도움을 줬다. 중국 선수 중에도 영어를 할 수 있는 선수들이 몇몇 있었고 가장 능숙한 것은 우리 팀의 골키퍼였다. 그러나 그들 중 대부분은 영어를 전혀 할 줄 몰랐다. 내가 그들에 대해 가장 긍정적으로 생각했던 부분은 그들의 배우고자 하는 열망이었다. 그것은 영어라기보다는 축구 그 자체에 대해서였다. 예를 들어 그들은 아넬카와 나의 움직임이나 우리가 훈련 중에 하는 동작, 우리가 같은 팀 선수로서 함께하는 플레이 등을 뚫어질 듯이 보곤 했다. 그들 중 대부분이 아주 어린 선수들이었기 때문에 나의 목표는 그들이 더 발전할 수 있도록, 더 자신감을 가질 수 있도록 돕는 것이었다. 그들은 늘 열정적이었고 근면했으며 나는 그들이 스스로에 대해 더 자부심을 갖기를 바랐다.

내가 처음 선발 출전했던 경기는 8월 초에 있었던 항저우 그린타운과의 경기에서였다(항저우의 인구는 '겨우' 250만 명이다). 나는 그 경기를 결코 잊지 않을 것이다. 그 경기를 통해 중국 사람들의 마음을 알게 됐기 때문이다. 우리 팀의 한 중국인 수비수가 실책을 범해서 상대 팀에 골을 내줬다. 그가 볼을 잃는 바람에 항저우가 역습 상황에서 골을 넣은 것이다. 나는 그가 아주 침울해하는 것을 느낄 수 있었다. 그는 자신의 실책으로 팀이 실점을 했다는 점에 절망감을 느끼고 있었다. 5분 후에 나는 동점골을 터뜨렸고, 곧바로 그에게 달려갔다. 나는 중국어를 한마디도 할 줄 몰랐고 그도 영어를 거의 몰랐지만 나는 그의 등을 두드리며 "괜찮아, 괜찮아"라고 말했다. 자신의 실수에 대해 너무 긴장하지 말라는 의미에서. 나는 또 한 골을 터뜨렸고 결국 우리는 5 대 1로 역전승을 거뒀다.

다음 날 나는 휴일이었지만 그래도 개인 훈련을 하기 위해 훈련장에 나갔다. 그런데 그 훈련장에는 이미 혼자 나와서 훈련을 하고 있는 선수가 한 명 있었다. 다름 아닌 전 경기에서 실책을 범했던 그 수비수였다. 그는 자신의 움직임을 더 완벽하게 하기 위한 동작을 계속해서 연습하고 있었다. 아마도 같은 실수를 다시 하지 않기 위해서일 것이다. 나는 통역사와 함께 그에게 다가갔다.

"친구, 쉬는 날에 무슨 일이야?" 그는 긴 말로 대답했다. 통역사가 그의 말을 전해줬다.

"그가 실수를 저질렀답니다. 그는 자신의 실수가 부끄럽다고 말하고 있고, 또 드록바 당신이 그를 구해줬답니다."

나는 그의 말에 아주 놀랐다. 그는 마치 내가 그의 명예를 회복시켜줬다는 듯이 말하고 있었다.

"아니야." 내가 그에게 말했다.

"그건 동료로서 당연한 거야. 누가 실수를 하더라도 다른 선수가 도와주는 거지. 내가 실수를 할 때도 동료들이 나를 위해 도와줄 수 있는 것이고. 그게 바로 우리 모두가 팀의 일부라는 것 아닐까."

그날 그 훈련장에서 있었던 일은 꽤 감동적인, 강렬한 경험이었다. 그리고 중국 사람들이 어떻게 생각하는지에 대해서 많이 배우게 됐던 경험이기도 했다. 또 나는 그들이 단순히 축구에 대한 열정 외에도 다른 사람을 존중하는 사람들이라는 것을 이해하게 됐다. 그와 나 사이의 그 대화는 내겐 새로운 문화를 이해하는 큰 계기가 됐다.

상하이에 도착했던 순간부터 나는 많은 사람을 만나고 좋은 친구들을 사귀었다. 나는 많은 행사에 초대됐고 모든 사람이 나를 친절히 환영해줬다. 나는 그곳에서의 경험을 충분히 즐기고 싶었다. 그들의 음식, 문화에 대해 배우면서. 그래서 나는 자주 외출해서 그곳의 생활을 즐겼다. 모두들 나를 기쁘게 맞이해주고 때로는 선물을 주기도 했다. 가끔씩은 너무 고맙지만 부담스럽다 싶을 정도로. 나는 그들이 얼마나 서로를 존중하는지를 느낄 수 있었고, 대부분의 사람과 다른 피부색을 가진, 훨씬 더 큰 키를 가진 덕분에 어느 곳을 가나 사람들이 나를 알아보고 한바탕 소동이 벌어지기도 했다.

그러던 중 나는 상하이에서 몇 년 산 코트디부아르 출신의 한 사람을 만났다. 그는 중국에서 쓰는 만다린은 물론 상하이 지방의 방언도 아주 잘 구사하고 있었다. 그는 내가 중국의 문화와 관습 등을 이해하는 데 아주 큰 도움을 줬고 내가 그곳에서 거의 신과 같은 존재로 여겨진다는 사실을 들려줬다. 사실 그로부터 내가 마치 고대의 신이 환생한 것처럼 여겨진다는 말을 들었을 땐 아주 당황스러웠다. 그런 것은 말도 안 되는 것이며, 그저 재밌다고 하기보다는 조금 불편하기도 했다.

그 코트디부아르에서 온 친구는 내가 중국에 간 후로 가깝게 지내는 사람들이 나를 중국어로 '올마이티Almighty(전능한 사람)'라고 부른다고 들려줬다. 내 친구가 프랑스어로 그걸 어떻게 말하는지 알려주자 그 사람들은 이제 나를 같은 뜻의 프랑스어 'Le-tout-puissant'로 부르기 시작했다. 나는 후에 그 사람들과 만났는데, 그들이 중국어 억양으로 나를 그렇게 불렀을 때 나는 그것이 좋은 의도에서 한 말임을 알았기 때문에 웃어넘겼다. 그러나 나는 그들의 말을 진지하게 받아들이진 않았다.

상하이에서 보낸 몇 달 동안 축구의 관점에서 그곳에서의 나의 경험은 아주 긍정적인 것이었다. 그러나 시즌이 끝날 무렵, 클럽 주주들 간에 이해관계로 인한 충돌이 생기면서 우리의 급여가 제대로 지급되지 않기 시작했다. 외국인 선수들은 물론, 우리보다 훨씬 더 급여를 제때 받는 일이 중요했던 중국 선수도 마찬가지였다.

상황은 잠시 괜찮아지는 것 같았지만 결국 우리의 급여가 2주 이상 지급되지 않는 지경까지 이르렀다. 언제 급여를 받을 수 있을지조차 기약이 없었다. 나는 경기를 하루 앞두고 훈련장에서 감독을 찾아가서 경기에 뛰지 않겠다고 말했다. 그것은 나를 위한 행동이 아니라 그 돈이 정말 필요한 다른 선수들을 위한 행동이라고. 나는 내 동료들이 보수를 제대로 받길 원했다.

다음 날 나는 결국 경기에 나섰고 동료들도 그때까지 밀린 주급을 지급받았다. 나는 돈 때문이 아니라도 나의 동료들 역시 경기에 나서길 바랐고, 나 역시 그들을 실망시키고 싶지 않았다.

시즌 종료 후 휴가를 떠나기 전에 아넬카와 몇몇 동료들이 나를 찾아와서 우리가 휴가기간에 대한 급여를 전혀 지급받지 못할 것 같다고 말했다. 나는 런던으로 돌아갔고, 그 후에 선수들이 예상한대로 우리는 11월, 12월에 대한 급여를 전혀 지급받지 못했다. 나와 나의 에이전트가 구단 측에 이메일과 서면으로 수차례 연락을 했음에도 불구하고 말이다.

런던으로 돌아온 후에 나는 나의 전 첼시 동료들을 초대해서 함께 저녁 식사를 했다. 1년 전 2월에 나는 후안 마타에게 농담으로 "우리가 챔피언스리그 우승을 차지하도록 도와주면 선물을 줄게"라고 약속을 했었다. 나는 중국에 있는 동안 그 일에 대해서 생각했고 모두가 기념할 만한 것이 있으면 좋겠다고 생각했다. 나는 농구를 아주 좋아하는데, 미국에서는 우승을 차지한 팀이 기념반지를 받는다. 그래서 나는 동료들을 위해 같은 일을 하기로 결심했다. 나는 경기장 근처의 조용한 호텔로 나와 챔피언스리그에서 함께 우승을 차지했던 선수들을 초대했다.

그저 인사를 나누기 위해 만나는 자리로 생각하고 나왔던 나의 전 첼시 동료들은 내가 그들에게 반지를 하나씩 건네주자 모두 놀란 모습이었다. 그 반지는 보석 디자이너가 특별 제작한 것으로 모든 반지에 챔피언스리그 결승전의 날짜와 각 선수들의 이름이 새겨져 있었다. 또 나는 첼시 스태프들에게 챔피언스리그 결승전 날짜가 새겨진 시계를 선물했다. 나는 첼시와 나의 동료들이 나에게 얼마나 소중한지, 그리고 우리가 함께 달성한 일이 얼마나 특별한 것인지를 기념하기 위해 그 모든 것을 준비하고 진행했다.

1월이 됐고, 나는 남아프리카공화국에서 열린 아프리카 네이션스컵에 참가했다. 그 시기는 유럽의 이적시장 기간이기도 하다. 만약 내가 2월에 중국으로 돌아가면 내가 유럽의 다른 팀으로 이적하는 것이 불가능하다는 것을 떠올렸다. 내게는 돈보다도 바로 그 점이 가장 마음에 걸리는 점이었다.

그래서 나는 상하이를 떠났다. 아넬카도 나와 같은 선택을 했다. 그리고 그 즉시 이적 제안을 받게 됐다. 나는 유벤투스로 갈 수도 있었지만, 그들은 FIFA 규정상 내가 상하이와의 관계로 인해 문제가 있을 점을 염려해서 나에게 완전 이적이 아닌 임대를 제안했다. 또 나는 터키의 갈라타사라이로부터 제안을 받았다. 그들은 심지어 나를 만나기 위해 직접 남아프리카공화국까지 찾아왔고, 나는 다시 챔피언스리그에서 뛰기 위해 터키로 가는 것이 좋은 선택이라는 생각을 했다. 또 그들은 터키의 최고 명문 클럽 중 하나였다. 그래서 1월 말에 나는 갈라타사라이와 1년 반 계약을 맺었고 아프리카 네이션스컵이 마무리되는 대로 새 팀에 합류하기로 했다. 상하이는 나의 이적에 대해 항의했지만, 결국 FIFA가 내가 터키에서 뛸 수 있는 자격을 승인해주면서 모든 것이 해결됐다.

나는 갈라타사라이에 입단한 것에 아주 만족했다. 그들은 강한 팀이며 그들의 감독 파티흐 테림('황제'라는 별명으로 불리는)은 세계 최고의 감독 중 한 명이자, 터키 클럽을 이끌고 유럽 대회에서 우승을 차지한 유일한 감독이었다. 그는 그 자신이 갈라타사라이 선수 출신으로 엄청난 카리스마를 지닌 감독이었고 이미 갈라타사라이를 세 번째 지휘하는 중이었다. 그리고 그는 그해 9월에 팀을 떠나 터키 국가대표팀 지휘봉을 잡았다. 내가 갈라타사라이에 입단하던 것과 같은 시기에 베슬리 스네이더 역시 인터 밀란을 떠나 갈라타사라이에 입단했다. 그의 이적 역시 내가 갈라타사라이행을 확정한 하나의 이유였다. 또 나의 개인적인 친구이자 같은 코트디부아르 대표팀 동료인 엠마누엘 에부에 역시 이미 갈라타사라이에서 뛰며 그곳에서의 생활을 즐기고 있었다. 추가적으로 5만 명의 팬들을 수용할 수 있는 그들의 홈구장은 아주 거대하고 현대적이었으며 유럽 최고의 경기장 중 하나였다.

중국에서와 마찬가지로 내가 갈라타사라이 이적을 위해 이스탄불에 도착하자 믿을 수 없는 광경이 펼쳐졌다. 수천 명의 팬이 나를 기다리고 있었다. 터키는 오래전부터 축구에 대한 열정으로 유명했고 나는 비행기에서 내리는 순간부터 그것을 느낄 수 있었다.

터키에서 느끼는 언어의 차이는 중국처럼 심하지는 않았다. 물론 대부분의 선수가 터키어를 모국어로 사용했지만 많은 선수가 영어로 의사소통을 할 줄 알았고, 그런 점 덕분에 나는 빨리 새 팀에 적응할 수 있었다.

나는 대부분의 축구 선수들이 팀을 옮긴 직후에 그렇듯 처음에는 호텔에서 지냈지만, 5월에는 시내에서 도보로 5~10분 거리에 있는 보스포루스 대교 근처에 집을 구했다. 그 집에는 수영장이 있었고, 나는 터키의 교외생활이나 좋은 날씨를 즐기고 싶었다. 또 나의 아이들도 즐겁게 지낼 수 있는 집을 구하고 싶었다.

나는 2월 중순에 교체 투입되며 갈라타사라이 선수로서 처음 경기에 출전했다. 우리는 아크히사르 벨레디예스포르와 0 대 0으로 비기고 있었고 감독이 내게 뛸 수 있겠느냐고 물었다. "네, 뛸 수 있습니다." 그래서 나는 잠시 몸을 푼 후에 경기에 투입됐다. 그리고 나에게 처음 이어진 크로스를 그대로 헤딩슈팅으로 연결하며 골을 터뜨렸다. 그것은 그 경기에서 나의 세 번째 터치였다. 나는 또 한 번 데뷔전에서 골을 터뜨렸다. 내 기억상으로 나는 거의 모든 팀에서 그렇게 했고, 앞으로도 그 기록을 유지하고 싶다. 나는 그 순간 팬들의 반응을 잊지 못할 것이다. 그들은 미친 듯 기뻐하고 환호했다. 나는 선수생활 도중 분명히 몇 차례 놀라운 팬들의 반응을 겪고 또 봤지만 갈라타사라이의 팬들은 정말 대단했다.

갈라타사라이에 입단하면서 나는 첫 골을 넣을 때까지 동료들과 저녁 식사를 하지 않겠다고 결심했다. 별로 오래 기다릴 필요가 없었다. 그날로부터 터키 언론, 팬들 그리고 모든 사람이 나를 믿고 지지해줬다. 그건 정말 기분 좋은 일이다. 갈라타사라이의 팬들은 경기 중에 배너를 흔들며 노래를 불렀다.

"우리에겐 드록바가 있다. 너희에겐 없지."

그 시즌 가장 즐거웠던 것 중 하나는 다시 챔피언스리그에서 뛸 수 있다는 것이었다. 우리는 16강에서 샬케를 꺾었고 클럽 역사상 두 번째로 8강에 진출했다. 그리고 8강에서 우리는 다름 아닌 레알 마드리드를 만나게 됐고, 레알 마드리드를 이끌고 있던 감독은 누구도 아닌 조세 무리뉴 감독이었다. 마드리드에서 열린 1차전 전에 그와 나는 문자 메시지를 주고받았다. 그와 나는 늘 연락을 주고받고 지내는 사이였다.

그와 내가 주고받은 말은 별로 재밌다고 할 것도 없이 단순히 서로에게 행운을 빈다는 내용이었다. 그러나 무리뉴 감독의 메시지는 언제나 특별한 무언가를 담고 있다. 그는 내가 이기고 싶다는 것을 알고 있었고, 축구는 축구였다. 그의 메시지는 대부분 좋은 의도를 담은 농담이고 나는 그걸 볼 때마다 웃곤 했다. 그럴 때마다 그와 내가 첼시 시절 이후로 여전히 인연을 잃어버리지 않고 이어가고 있다는 생각이 들었다. 나에게 그것은 그와 가까운 관계를 유지하는 하나의 방법이었다.

우리는 1차전에서 0 대 3으로 패했다. 그리고 4월 초에 열린 2차전을 앞두고, 우리는 승부를 뒤집을 수 있다는 희망을 버리지 않았다. 하프타임에 우리는 0 대 1로 끌려가고 있었고 감독은 나를 빼서 그 주말에 있던 리그 경기에 투입하려고 했다. 그가 내게 코치를 보내서 그 사실을 알려왔다.

나는 항의했다.

"안 됩니다. 그럴 순 없어요! 우린 아직도 이 경기를 이길 수 있습니다. 4강에 갈 수 있다고요. 저를 빼는 건 우리가 이길 수 있다는 걸 믿지 않는다는 거예요. 그러나 전 믿습니다."

결국 나는 교체당하지 않고 계속 경기를 뛰었다. 후반전에 우리는 동점골과 역전골을 넣었고, 내가 팀의 세 번째 골을 넣었다. 이제 우리는 한 골만 더 넣으면 합산 스코어에서 동점을 만들 수 있었다(원정다득점상 여전히 유리한 건 레알 마드리드였지만). 나는 그 동점골을 터뜨리는 것 같았지만 아쉽게도 오프사이드에 걸리고 말았다. 그리고 경기 종료 몇 분을 남기고 호날두가 결국 승부를 완전히 결정짓는 골을 터뜨렸다. 우리는 그렇게 챔피언스리그에서 탈락했다. 그러나 그 경기는 갈라타사라이의 최근 몇 년 사이 최고의 경기였고 그 상대 팀은 레알 마드리드였다.

경기가 끝난 후에 무리뉴 감독이 내게 다가와서 말했다.

"무서웠어. 무서웠다고, 이 친구야!"

그 경기는 분명히 내가 갈라타사라이에서 보낸 초반 5개월 중 최고의 경기였을 것이다.

많은 사람은 내가 갈라타사라이에서 보낸 또 다른 최고의 경기는 5월 중순에 열린 갈라타사라이와 페네르바체의 더비 경기였다고 말한다. 갈라타사라이는 이스탄불의 유럽 지역에 자리하고 있고 페네르바체는 아시아 지역에 위치하고 있으며 두 팀은 100년 이상 아주 맹렬한 경쟁관계를 이어오고 있다. 두 팀의 경기에는 양 팀 팬들 간에 싸움도 빈번히 일어나며 "진정한 갈라타사라이 선수가 되기 위해서는 페네르바체를 상대로 골을 넣어야 한다"는 말도 있다. 나는 또 그 더비 경기는 잉글랜드의 유명한 리버풀 대 에버튼의 머지사이드 더비나 아스널 대 토트넘의 북런던 더비와는 또 다른 차원의 치열함이 있다는 말을 들었다.

"곧 알게 될 거야. 페네르바체 팬들은 정말 미친 것처럼 열광적이고 그 더비의 분위기는 어떻고" 등등.

그러나 솔직히 나는 좀 실망을 했다. 그 경기 전에 우리는 이미 리그 우승을 확정 지었다. 그래서 우리가 페네르바체 원정을 떠났을 때, 그 더비의 분위기는 이미 조금 맥이 빠져 있었다. 더 실망스러웠던 점은 페네르바체 팬들이 에부에와 나에게 쏟아붓는 인종차별적인 말을 들어야 했다는 것이다. 나는 그 후로 그에 대한 조치가 취해졌는지는 알지 못하지만 그건 양 팀의 경쟁관계에 있어서는 정말 실망스럽고 흥미롭지 못한 부분이었다.

새 시즌을 앞두고 좋은 프리시즌을 보낸 후에 2013년 8월, 우리는 아스널 홈에서 열린 에미레이츠컵에서 우승을 차지했고 나는 그 대회에서 아스널을 상대로 한 골 기록을 더 늘렸다. 그 시점에서 나의 기록은 15경기 15골이었다. 그리고 8월 중순에 우리는 터키 슈퍼컵에서 페네르바체를 만나게 됐다. 터키 슈퍼컵은 리그 우승팀과 터키 컵 대회 우승팀이 만나 대결을 벌이는 대회다. 이번 경기는 비로소 두 팀 간의 경쟁관계를 제대로 보여주는 것 같았다. 0 대 0으로 정규시간이 끝난 후에 우리는 연장전에 돌입했다. 그전에도 종종 그랬듯, 나는 그 경기의 가장 중요한 골을 터뜨렸고, 경기는 그대로 1 대 0으로 끝났다. 나의 골로 갈라타사라이가 가장 큰 라이벌을 꺾고 우승을 차지한 것이다.

그리고 나는 그 골로 드디어 미션을 완성했다. 드디어 '진정한 갈라타사라이 선수'가 된 것이다. 나의 골이 터진 직후 팬들의 반응은 그야말로 폭발적이었다. 그들에게 갈라타사라이는 하나의 종교였고 그 팀을 응원하는 것은 아버지와 아들의 대를 이어서 계속 이어진다. 그것은 정말 대단한 것이다. 두 팀 사이의 경쟁관계는 너무나도 치열해서 그 후로 몇 주간 우리가 페네르바체에 이어 리그 2위를 달리자 감독이 경질되는 상황에 이르렀다.

그곳에서는 라이벌에 밀려 리그 2위로 처지는 것은(승점 차가 크지 않더라도) 그 자체로 이미 리그 우승을 놓치는 것과 같이 취급받았다. 나는 그래서 감독이 경질당한 것이라고 믿는다. 그건 이해하기 어려운 일이었다. 시즌은 길고 순위를 바꿀 수 있는 시간도 있는데 말이다. 그러나 그곳에선 그렇지 않았다. 결국 새 감독으로 로베르토 만치니가 부임했다. 그는 1년 전 여름에 맨시티에서 경질됐던 바 있다. 우리는 그 후로 12번의 홈경기를 모두 승리했지만 결국 그 시즌 리그 2위에 그쳤다(물론 만치니 감독 역시 경질됐다). 그러나 우리는 터키 컵에서는 우승을 차지했고, 그 결과 챔피언스리그 본선에 진출했다. 그리고 우리는 같은 조에서 유벤투스, 레알 마드리드를 만나게 됐다.

카를로 안첼로티로 감독이 바뀐 레알 마드리드는 두 번의 경기에서 모두 우리를 꺾었다. 우리는 유벤투스 원정경기에서 2 대 2 무승부를 거뒀고, 그건 우리에겐 아주 좋은 결과였다. 우리 홈에서 가진 유벤투스와의 경기는 12월 초에 열렸다. 하루 전날 우리는 팀이 묵고 있던 이스탄불의 한 호텔에서 방금 전까지 내리던 비가 눈으로 변한 것을 지켜봤다.

다음 날 경기장 관리자들이 피치를 정리하기 위해 많은 노력을 한 끝에야 우리는 경기를 시작했다. 그러나 그로부터 얼마 지나지 않아 엄청난 눈보라가 도시 전체에 몰아치기 시작했다. 몇 분 만에 피치 전체가 눈으로 덮였고, 터치라인조차 분간하기 어려웠으며 시야를 가리는 눈 때문에 선수들이 제대로 뛰기조차 어려웠다. 나는 그렇게 큰 눈덩이를 본 적도, 눈이 그렇게 강하게 빨리 내리는 것을 본 적도 없었다. 5분 만에 피치의 잔디가 완전히 눈에 덮여 보이지 않았다.

결국 그날의 경기는 그렇게 취소됐다. 그대로 경기를 하는 것은 너무 위험했기 때문이다. 우리는 결국 하루를 기다려서 경기를 치르게 됐고, 만약 하루 후에도 경기를 할 수 없게 되면, 그 경기는 0 대 0으로 처리되어 그 상황대로라면 유벤투스가 레알 마드리드와 함께 다음 라운드로 진출할 상황이었다. 우리는 모두 제발 다음 날 경기를 치를 수 있길, 그래서 우리가 유벤투스를 꺾을 수 있길 빌었다.

또 한 번 경기장 관리인들은 눈을 치우고 경기가 진행될 수 있도록 엄청난 수고를 했다. 다음 날 오후는 정말 얼 듯한 추위가 이어졌다. 그러나 우리의 열정적인 팬들은 경기장 모든 자리를 가득 채웠다. 그날은 여전히 경기 내내 눈이 내렸고 피치는 전날 내린 엄청난 눈으로 여전히 끔찍한 상황이었다. 사실 그 피치는 거의 정상적인 플레이가 불가능할 정도로 여건이 안 좋았다. 그러나 우리에겐 다른 방법이 없었다. 우린 그 상황에서도 계속해서 유벤투스를 압박했고 경기 종료를 5분 남기고 나는 헤딩으로 베슬리 스네이더에게 골 찬스를 만들어줬다. 그는 침착하게 그 골을 성공시켰고 우리는 결국 모든 이들의 예상을 뒤엎고 1 대 0으로 승리한 후 그 위대한 유벤투스를 제치고 16강에 진출했다.

우리에게 그건 정말 대단한 성과였다. 우리는 손꼽아서 우리가 16강에서 누굴 만날지를 기다렸다. 놀랍게도 우리의 상대는 첼시였고, 그 당시 첼시의 감독은 바로 조세 무리뉴였다. 갈라타사라이의 현 감독인 만치니 감독이 2008년에 인터 밀란을 떠났을 때 그 후임자가 됐던 사람이 다름 아닌 무리뉴 감독이었고, 그는 그 후 레알 마드리드를 거쳐 첼시로 돌아간 상태였다. 언론은 두 감독의 관계에 대해 각종 스토리를 쏟아내기 시작했고 우리는 그 경기를 두 달이나 남겨놓고서도 주변으로부터 그런 이야기를 들었다.

1차전은 이스탄불에서 열렸다. 첼시는 좋은 출발을 했고 토레스가 9분 만에 선제골을 터뜨렸다. 무리뉴의 첼시는 우리를 상대로 어떻게 플레이해야 하는지를 알았다. 그들은 우리의 모든 공격을 막아내고 있었을 뿐 아니라, 나도 잘 막아내고 있었다. 나는 돌파구를 찾아내기 위해 최전방에만 서 있지 않고 좌우로 많이 움직이면서 동료들을 위한 공간을 만들어내기 위해 애썼다. 결국 우리는 후반전에 동점골을 터뜨렸다. 그러나 우리는 스탬포드 브릿지에서 열릴 2차전이 매우 어려울 것이라는 점을 알았다.

첼시 홈에서 첼시를 상대로 갖는 경기는 내겐 이상한 경험이었다. 그 경기는 또 내가 득점을 잘 올리지 못하고 있던 시기에 치러졌다. 그런데 갑자기 경기 하루 전날 스탬포드 브릿지에서 가진 훈련 중에 나와 동료들의 호흡이 척척 맞아 들어가기 시작했다. 내 컨디션은 그보다 더 좋을 수가 없었다. 동료들도 나에게 "드록바, 컨디션 최곤데!"라고 말했다. 그들은 그것이 그 경기의 중요성 때문이라고 생각했지만 다른 무엇보다 그것은 아마도 내가 스탬포드 브릿지의 크기, 넓이, 그 경기장의 감각 등 그 모든 것에 이미 익숙했고 그런 감각이 내게 돌아오고 있기 때문이었을 것이다. 나는 심지어 눈을 감고도 골대가 어딘지를 알 수 있었고, 어디로 슛을 해야 하는지 알았고, 어떻게 플레이해야 하는지를 알았다. 나는 그 경기장을 내 손바닥 보듯 훤히 알고 있었다. 그것은 마치 집을 떠났다가 다시 집으로 돌아오는 것 같은 기분이었다. 어두워서 잘 보이지 않아도 모든 것을 기억할 수 있는 것이다. 불을 켜는 스위치가 어디 있는지, 계단은 몇 개인지, 어디로 가려면 어떤 문을 열어야 하는지 등등. 그리고 그때 나는 내가 얼마나 그곳을 그리워하는지를 깨달았다.

별로 놀라울 것도 없이, 나는 그리 좋지 않은 경기를 펼쳤다. 그곳에서의 경기는 내겐 너무나도 감정적인 것이었다. 그곳에 돌아와서 그 팬들의 소리를 듣고, 경기장 곳곳에 놓인 첼시의 파란색 깃발을 보는 것. 그곳에서 나의 감정을 억누르고 마치 그 팀이 내겐 아무 의미도 없는 것처럼 상대로 여기고 뛰는 것은 내겐 불가능했다. 우리는 경기가 시작되고 나서 얼마 지나지 않아 실점을 했다. 첼시를 상대로 스탬포드 브릿지에서 선제골을 내줬을 때 그걸 뒤집기는 정말 어려운 일이다.

그 경기에서 첼시의 2 대 0 승은 놀라운 일이 아니었다. 물론 우리가 그 이상 더 나아가지 못한 것은 아쉬운 일이었다. 그러나 나는 내가 왜 그렇게 첼시를 상대로 뛰는 것이 어려웠는지를 잘 알 수 있었다. 그것은 내가 몇 년 전 마르세유를 상대로 뛰었을 때도 마찬가지였다. 몇몇 선수들은 전 소속 팀을 상대할 때도 감정을 잘 억누르곤 한다. 나는 그럴 수 없다. 특히 그 클럽이 내가 8년이라는 시간 동안 함께하며 많은 성공을 함께 이뤄냈던 첼시라면.

16

첼시로 돌아오다,
2014 – 2015

| DIDIER DROGBA |

갈라타사라이와의 계약이 얼마 안 남았던 2013-2014시즌 말, 그들은 내게 팀에 남아주길 바란다는 뜻을 전해왔다. 그러나 나는 그 무렵 유벤투스로부터 제안을 받았다. 당시 유벤투스 감독이었던 안토니오 콘테 감독이 나를 꼭 영입하고 싶어 했고 나 역시 늘 이탈리아 리그에서 뛰어보고 싶은 생각이 있었다. 그러나 나는 갈라타사라이에서 행복한 시간을 보내고 있었기 때문에 팀에 남아야 할지 떠나야 할지 고민을 하고 있었다. 그러던 2014년 7월, 콘테 감독이 유벤투스를 떠났다. 만약 내가 유벤투스로 갔다면 나는 전방에서 테베즈와 함께 멋진 공격진을 만들 수 있었을 것이라고 생각한다. 또 유벤투스는 위대한 역사를 가진 빅클럽이며 그들을 위해 뛰었다면 분명 내겐 영광이었을 것이다.

무리뉴 감독이 첼시를 떠나 있었던 동안에도 그와 나는 정기적으로 연락을 주고받았고, 가까운 관계를 계속 이어왔다. 내가 첼시를 떠났을 때 레알 마드리드를 이끌고 있던 그는 내게 "언젠간 반드시 첼시로 돌아가야 한다. 첼시가 너의 클럽이야"라고 말했다. 그는 또 "내가 만약 첼시로 돌아간다면 너 없인 안 되니까 꼭 첼시로 돌아올 방법을 찾아야 해"라고 말했다. 2013년 여름 첼시로 돌아온 그는 나를 영입하기 위해 시도했지만 갈라타사라이가 첼시의 제안을 거절했다. 내가 팀에 입단한 지 반년밖에 되지 않았기 때문이다.

내가 그에게 유벤투스 이적을 고민 중이라고 말했을 때, 그는 다시 내게 "안 돼. 기다려. 조금만 더 기다려"라고 말했다. 또 하나 중요했던 것은 로만 아브라모비치 구단주 역시 내가 첼시로 돌아오길 바랐다는 점이다. 결국 7월 말에 첼시는 내게 1년 계약을 제안했다. 무리뉴는 직접 입을 열고 나를 다시 영입하는 이유가 감정적인 것이 아닌, 내가 여전히 유럽 최고의 공격수 중 하나이기 때문이라고 말했다. 그의 그런 말은 나에겐 정말 행복한 것이었다. 내게 첼시로 돌아가는 것은 어렵지 않은 결정이었다. 첼시는 곧 나의 고향이었고, 나는 무리뉴 감독과 특별한 인연을 맺고 있었다. 그와 다시 함께할 수 있는 기회를 거절할 순 없었다. 그 결정은 아주 단순하고 당연한 것이었다.

첼시로 돌아간 첫날, 나는 마치 내가 떠난 적이 전혀 없었던 것처럼 느껴졌다. 2012년 이후로 새로 입단한 선수들이 많았지만, 우리는 여전히 같은 유니폼, 같은 앰블럼을 한 채 같은 경기장에서 뛰고 있었다. 물론 같은 첼시의 팬들 앞에서. 체흐와 테리도 여전히 뛰고 있었다. 나는 특히 내가 첼시를 떠나기 전에 사용했던 등번호 11번을 나에게 돌려준 오스카에게 고마웠다. 그건 정말 고마운 배려였다. 그는 전혀 그럴 필요가 없었지만 이제 막 첼시에 돌아온 나로서는 아주 고마운 일이었다.

새로 만난 동료 중 특히 함께 뛰는 것이 즐거웠던 선수는 에당 아자르였다. 2012년 여름, 첼시를 떠나면서 나는 그에게 첼시에 입단하라고 설득했었다. 그는 그 무렵 챔피언스리그에서 뛰고 싶다는 이유로 첼시행을 선뜻 결정하지 못하고 있었다. 우리는 리그를 6위로 마무리했기 때문에 리그 성적으로는 챔피언스리그 진출권을 따내지 못한 상황이었다. 그를 영입하고 싶어 하는 클럽 중에는 맨유, 레알 마드리드 등도 있었다. 그러나 챔피언스리그에서 우승한 이후에 나는 제르비뉴를 통해 아자르와 직접 통화를 했고 그에게 첼시가 가장 적합한 클럽일 것이라고 말했다. 그는 후에 첼시에 입단한 후 내가 직접 그에게 전화를 했다는 사실에 아주 놀랐었고, 나와의 통화가 그가 첼시를 선택한 큰 이유 중 하나였다고 말했다.

무리뉴 감독과 다시 같이 일하는 것은 이상한 느낌이었다. 그는 2007년에 첼시를 떠났고 내가 그의 아래서 마지막으로 뛴 후로 아주 많은 일이 일어났다. 흥미로운 것은 그가 선수들에게 말하는 방식이 달라졌다는 점이다. 2004년에 그와 내가 모두 첼시에 처음 합류했을 때, 그는 좀 더 직설적이고 거칠었다. 다시 만난 그는 전보다 훨씬 더 부드러워졌다. 그가 선수들에게 말하는 방식 자체가 시간이 지나면서 점점 순화된 것이다. 아마도 그것은 지금의 첼시가 2004년의 첼시보다 훨씬 더 젊은 선수들이 많았기 때문일 것이다. 경험이 많은 선수들에게 말하듯이 젊은 선수들에게 말해서는 안 된다. 나는 그가 말할 때 훨씬 더 조심스러워졌다고 느꼈다.

변하지 않은 것은 아주 세세한 사항들까지 꼼꼼히 챙기는 그의 모습이었다. 2004년에 첼시 선수단 전체가 상대 팀에 대한 정보를 모으고 그들의 경기 영상을 보며 분석을 했다. 무리뉴 감독은 우리에게 온갖 종류가 담긴 노트를 전해주고 우리로 하여금 공부를 하게 만들었다. 하루 전에 갖는 팀미팅은 그저 그 정보들을 상기하는 정도에 불과했다. 그는 우리로 하여금 그렇게 미리 상대 팀에 대해 파악하도록 하면서 자연스럽게 우리가 이길 수 있도록 해줬다. 물론 최근에는 거의 모든 팀이 그런 세세한 면에 대해 챙기고 있지만 2004년에는 몇몇 빅클럽을 제외하곤 아주 드문 것이었다.

2004년과 비교해서 또 하나 달라진 것은 우리의 플레이 스타일이었다. 이전에 첼시는 좀 더 직선적이고 효율적인 축구를 구사했다. 우리는 우리의 피지컬적인 강점과 역습 시의 강점을 적극적으로 활용했다. 당시 우리는 수비적으로도 아주 단단했고, 볼을 소유하고 있다가 50% 정도로 골을 넣을 수 있는 찬스가 있을 경우면 곧바로 슈팅을 시도하곤 했다. 그러나 이제 첼시는(마찬가지로 선수단의 차이 때문에) 이전보다 좀 더 점유율을 중요시하고 패스를 더 많이 하는 덜 직선적이고 좀 더 빌드업을 통해 만들어가는 공격을 시도했다.

무리뉴 감독의 새로운 전술은 프리미어리그에서 아주 잘 통했고 우리는 시즌 초반부터 리그 선두를 달리기 시작했다. 리그 선두는 12월 초에 우리가 뉴캐슬 원정에서 패할 때까지 유지됐다. 불운하게도 나는 시즌 개막 직전에 열린 친선경기에서 발목 부상을 당했고 그 때문에 한동안 정상적인 컨디션으로 뛸 수 없었다. 그래서 나는 10월 말에 디에고 코스타가 부상을 당한 후에야 경기에 출전했고 첫 3경기에서 모두 골을 터뜨렸다.

내가 첼시로 복귀해서 가진 첫 경기는 마리보와의 챔피언스리그 경기였다. 그 경기에서 나는 페널티킥을 성공시키고 팀의 환상적인 6 대 0 대승에 일조했다. 이 경기에서 우리가 거둔 6 대 0 승리는 챔피언스리그에서 첼시가 기록한 최다 점수차 승리였다.

나의 두 번째 골은 맨유 원정에서 나왔다. 내가 마지막으로 올드 트래포드에서 골을 넣었을 때, 그 골은 우리의 리그 우승을 확정 짓는 골이었다. 그 올드 트래포드로 돌아가는 것은 내겐 아주 감격적인 것이었다. 이번 경기는 후반전 초반까지 0 대 0으로 이어졌지만 나는 후반 8분에 코너킥 상황에서 헤딩슈팅으로 맨유 골문을 갈랐다. 아주 기분 좋은 순간이었다. 맨유는 우리의 단단한 수비를 뚫지 못했고 경기는 그대로 끝나는 듯했다. 그러나 경기 종료를 얼마 남기지 않고 판 페르시가 왼발 슈팅으로 골을 넣으면서 결국 우리는 1 대 1 무승부에 만족해야 했다. 동점골을 내준 것은 실망스러웠지만, 그 시점에서 우리는 여전히 리그 2위였던 사우스햄튼에 크게 앞서 있었다.

나의 세 번째 골은 이틀 후 화요일 저녁에 열린 슈루즈버리와의 경기에서 나왔다. 그날의 경기는 비바람이 부는 가운데 치러졌고 슈루즈버리의 피치 역시 젖어 있었다. 솔직히 말하자면 나는 그 팀에 대해 캐피털원컵 4라운드 상대로 배정된 후에 처음 알았다. 스카이벳 리그 투(잉글랜드의 4부 리그-옮긴이)에 소속되어 있던 슈루즈버리는 우리와의 경기에 추가로 관중을 수용할 수 있도록 임시 스탠드를 활용해야 했다. 그 경기는 우리에게 결코 쉽지 않았다. 그것은 아마 부분적으로는 경기 당일의 기후나 경기장 조건이 아주 나빴기 때문일 수도 있고, 또한 그들이 첼시와 맞붙는다는 생각에 최고조로 기대하고 있는 상태였기 때문이기도 했을 것이다. 우리는 하프타임까지 0 대 0으로 대등하게 맞서고 있다가(하프타임 직전에 내가 골을 넣었지만 무효로 선언됐다) 후반 3분에 결국 내가 모하메드 살라의 패스를 이어받아 골을 터뜨렸다. 우리는 후반 32분에 터진 그들의 동점골로 당황했지만 계속해서 그들을 밀어붙였고 결국 그들의 젊은 수비수 중 한 명이 나를 견제하던 중 자책골을 내주고 말았다.

그 세 경기는 6일 사이에 열렸고, 6일 사이에 세 경기를 치르면서 많은 선수가 지쳤지만(나보다 어린 선수들도) 내게는 그 일정이 오히려 내 폼을 끌어올리는 기회가 됐다. 나는 언제나 일주일에 한 번씩 뛰는 것보다 더 자주 뛰는 것을 선호했다. 그편이 나로 하여금 리듬을 찾고 폼을 향상시키는 데 도움이 되기 때문이다. 또 나는 여전히 내 커리어 내내 함께했던 개인 코치인 스테판 르노와 마티유 브로드벡과 함께 훈련하고 있었다. 그들 덕분에 나는 어떤 경기에서 근육에 통증을 느끼거나 부상을 당하더라도 훨씬 더 빨리 회복할 수 있었다.

새해 1월에 나는 축구기자협회가 사보이 호텔에서 주최한 FWA 시상식에서 공로상을 받게 됐다. 그 상은 축구계에 큰 공헌을 한 선수에게 주어지는 것이었고, 나는 수상 소감에서 2004년에 나를 그렇게도 많이 비판했던 기자들이 나에게 이런 상을 주리라고는 상상도 하지 못했다고 농담을 했다. 그리고 바로 그 이유 때문에 그 상은 내게 더 각별했다. 특히 나는 그 시상식에서 체흐와 앙리가 나에게 아주 따뜻한 말을 해준 것에 감동했다. 두 사람은 내가 아주 존경하는 선수들이다. 무리뉴 감독 역시 그날 시상식에서 발행된 프로그램에서 나에 대한 메시지를 남겼다.

나는 그의 글을 읽으면서 정말 겸허한 마음이 들었다. 사실 내가 그런 존경의 말을 가장 표하고 싶은 사람이 다름 아닌 그 무리뉴 감독이었기 때문이다. 그는 수많은 '괜찮은' 선수들을 '위대한' 선수들로 키워낸 감독이다. 그는 자신이 지도했던 모든 클럽에서 그런 일을 해냈고 그의 그런 정신이 첼시에 남아 있었다. 그는 또한 나로 하여금 나 스스로를 믿을 수 있게 만들어준 감독이었고 그 점은 내가 첼시로 돌아온 후에도 마찬가지였다. 그는 내가 종종 볼을 제대로 컨트롤하지 못하고 뺏기더라도 나는 여전히 한 번의 좋은 패스, 좋은 찬스를 통해 골을 넣을 수 있는 선수라고 말했다. 나는 그의 말을 들으면서 '그의 말이 맞고, 내가 여전히 해낼 수 있다는 걸 보여주고 싶다'고 생각했다. 그는 늘 내게 그런 마음을 갖게 하는 감독이었다. 그것이 그와 내가 오랜 시간 가깝고도 특별한 관계를 유지해온 이유다.

3월 1일, 나는 캐피털원컵에서 우승하며 첼시에 돌아온 후 첫 우승 트로피를 들어 올렸다. 그 우승은 무리뉴 감독이 첼시로 돌아온 후 처음이자 2013년 이후 첫 우승이었다. 나에게나 동료들에게, 또 무리뉴 감독에게도 그 우승은 실제 우승보다 훨씬 더 오래 기다렸던 우승처럼 느껴졌다. 우리는 토트넘에 2 대 0 승리를 거뒀는데, 그 경기 내용 자체가 아주 훌륭한 것은 아니었다. 그러나 무리뉴 감독이 늘 말하듯 결승전은 이기기 위해서 하는 것이다.

나는 추가시간에 교체 투입됐다. 2012년에 첼시를 떠난 이후 나는 내가 첼시에서 다시 우승을 차지할 것이라고는 상상도 하지 못했다. 그래서 그 우승은 내게 아주 특별한 의미가 있었고 나는 그 결승전이 끝난 후 아주 오랫동안 그 우승을 즐겼다. 그날의 동료 중 2004년에도 함께 뛰었던 선수들은 테리, 체흐 그리고 나밖에 없었다. 그리고 몇몇 젊은 선수들에게는 이 우승이 그들이 첼시에 합류한 후 차지한 첫 번째 우승이었다.

그 우승 이후로 우리는 아주 긍정적인 마음가짐으로 남은 시즌을 치렀다. 물론 FA컵 4라운드에서 브래드포드 시티에 당한 패배는 아주 충격적이었다. 그 경기에는 나도 출전했지만 우리는 전반 35분 만에 2 대 0으로 앞서나갔음에도 결국 그들에게 패하고 말았다. 무리뉴 감독은 경기 후에 우리에게 이 패배에 대해 부끄러워해야 한다고 말했다(물론 그의 말이 상대 팀을 얕보는 것은 아니었다). 선수들도 모두 비슷한 감정을 느꼈다.

그러나 3월 중순에 챔피언스리그 16강에서 파리 생제르망에 합산 스코어에서 밀리며 탈락하게 됐을 때 우리는 정말 크게 실망했다. 게 다가 2차전에서 전반 30분 만에 그들의 핵심 공격수인 즐라탄 이브 라히모비치가 퇴장당하면서 우리는 11 대 10의 이점을 안고 경기를 했다. 나는 후반전 45분에 1 대 1 상황에서 라미레스와 교체 투입됐고 우리는 연장전에 돌입했다. 결국 그 경기는 2 대 2로 끝났지만, 우리는 연장전에 제대로 된 찬스를 만들어내지 못했다. 결국 파리 생 제르망이 원정다득점 원칙에 의해 8강에 진출했다. 그 밤은 많은 이야깃거리들과 긴장이 뒤섞인, 결과적으로 우리에겐 아주 절망스러운 밤이었다.

그러나 리그에서 우리는 계속해서 순조롭게 우승을 향해 나아갔다. 4월 중순 무렵(물론 우리가 이미 우승을 한 것처럼 여기지는 않았지만), 이미 시즌 초반부터 리그 1위를 달려왔던 우리는 맨유에 1 대 0 승리를 거두면서 2위 아스널과의 승점 차이를 10점 차이로 벌렸다.

우리의 다음 경기는 런던의 라이벌 아스널 원정경기였다. 그 경기에서 승리한다면, 우리는 남은 5경기 중 1경기만 승리해도 우승을 확정 지을 수 있었다. 아스널전 바로 다음 경기가 레스터 시티전이었기 때문에 우리는 아스널전에서 승리할 경우 레스터에서 우승을 차지할 수 있기를 기대하고 있었다.

그래서 아스널과의 0 대 0 무승부는 다시 한 번 실망스러웠다. 우리는 그곳에서 누가 잉글랜드 최고의 팀인지를 증명하고 싶었다. 아스널과의 무승부 이후 로만 아브라모비치 구단주가 드레싱룸으로 직접 들어와서 선수들을 모두 안아주며 남은 경기들에서 최선을 다해달라고 부탁했다. 그의 그런 모습 덕분에 나와 동료들은 아스널과의 무승부에 대한 실망을 조금이나마 덜어낼 수 있었다.

일요일 치러진 아스널전 이후 우리는 바로 다음 날에 레스터로 이동해서 이틀 뒤에 레스터 시티와 경기를 가졌다. 그 시즌에 우리가 원정경기를 위해 이틀 전에 이동한 것은 그날이 처음이었다. 대부분 우리는 하루 전에 이동했다. 나는 그 레스터 시티와의 경기가 이번 시즌 전체의 결과를 위해 아주 중요할 것이라고 생각했기 때문에 무리뉴 감독이 좀 더 일찍 이동해서 선수들끼리 더 많은 시간을 보내게 한 것이라고 생각한다.

레스터 시티는 강등권 경쟁을 펼치고 있었다. 우리와의 경기를 앞두고 그들은 4연승을 거두면서 11월 이후 처음으로 강등권에서 벗어난 상태였지만, 여전히 강등의 위험이 도사리고 있었다. 따라서 그 경기는 우리에게도 그들에게도 아주 중요한 경기였다. 프리미어리그에서 원정경기는 언제나 어렵지만, 시즌 종료를 얼마 남기지 않은 상태에서 그런 상황에 놓인 팀을 상대하는 것은 더더욱 어려운 것이다.

그러나 레스터 시티전을 앞두고 우리는 평소와 다를 것 없이 준비했다. 몇몇 사람들은 다음 내용에 놀랄지도 모르지만, 무리뉴 감독은 경기 전에 선수들에게 대단히 많은 자유를 부여하는 감독이다. 물론 우리는 점심시간, 팀미팅 시간 등은 엄수해야 하지만, 그런 점들을 제외하면 많은 면이 아주 자유로운 편이다. 심지어 훈련조차 그렇게 강도가 높지 않다.

우리는 월요일 저녁에 레스터에 도착해서 저녁 식사를 했다. 그 후로 몇몇 선수들은 TV를 보거나 영화를 봤다. 자유시간에는 무엇을 해도 관계없다. 다음 날 아침 식사도 선수들의 선택 사항이다. 몇몇 선수들은 아침 식사를 하는 대신 더 오래 자고 12시 30분 혹은 1시경에 점심을 먹는 것을 선호한다. 원정경기를 나설 때 우리는 늘 첼시 선수들의 식성에 대해 잘 알고 있는 구단 요리사와 함께 이동한다. 딱히 고정되어서 나오는 식단이 있는 것도 아니다. 치킨, 파스타, 밥 요리, 파에야 등등. 공통점이 있다면 탄수화물이 많은 음식이 주로 나온다는 점이다. 식단이 엄격하지 않은 점에 대해 놀라는 사람들도 있을지 모르지만, 우리는 모두 성인 선수들이며 일단 구단에서 제공하는 음식 중 어떤 것을 먹을지도 전적으로 선수들의 자유다.

우리는 화요일 점심시간 전에 30분 정도 정말 가벼운 오전 훈련을 했다. 훈련장을 걷고 선수들끼리 농담을 하면서 몸을 푸는 정도의 훈련으로 땀도 거의 나지 않았다. 예를 들면 우리는 여덟 명, 아홉 명의 선수가 원을 이루고 두 명의 선수들이 그 원 안에 들어가서 원터치로 패스를 동료에게 보내지 못한 선수와 중앙의 선수가 자리를 바꾸는 게임을 하기도 했다. 우리의 목적은 몸이 굳지 않도록 계속 움직이는 것이었다.

점심 식사를 한 후 오후에는 자유시간을 가졌다. 그리고 저녁을 먹기 전에 팀미팅이 있었다. 무리뉴 감독은 레스터의 전술에 대해 설명하고 우리가 어떻게 수비를 해야 할지, 그들이 어떻게 공격을 하고 수비하는지에 대해 설명했다. 레스터는 한 달 전쯤에 플레이 스타일을 바꿨고 새로운 스타일을 통해 최근에 4연승을 달리고 있었다. 무리뉴 감독은 우리에게 그들의 새로운 방식과 과거에 했던 방식 둘 다에 대해 설명했다. 무리뉴 감독의 좋은 점 중 하나는 팀미팅이 결코 그리 길지 않다는 것이다. 보통 10분에서 길어도 15분 정도. 그것은 그와 그의 코치들이 모두 필요한 사항을 미리 준비해두기 때문에 가능한 것이다. 그들은 그들이 우리에게 미리 전달하고 싶은 사항을 일목요연하게 정리하고 상대 팀에 대한 정보도 마찬가지로 요약해서 선수들에게 전달한다. 그날 경기에서 뛸 선수들의 명단은 당일 아침에 내부적으로 발표되고, 선수들은 그 명단을 보고 자신이 그 경기에서 무슨 역할을 해야 하는지를 미리 알 수 있다.

나는 그날 저녁에 에당 아자르가 그 방 한쪽 구석에서 볼을 찾아내서 게임을 하자고 제안했던 것을 기억한다. 테이블에 앉은 채로 머리만 이용해서 골을 넣는 게임이다.

"제발, 지금 저녁 먹는 중이잖아."

"알았어." 그가 못 내켜 하면서 동의했다.

결국 저녁 식사가 끝나자마자 그는 다시 볼을 가져왔고 우리는 그의 제안대로 게임을 하게 됐다.

그 테이블에는 한쪽에 세 명씩 총 여섯 명이 앉았다. 그리고 테이블의 끝에는 쓰레기통이 놓여 있었다. 게임의 규칙은 그 쓰레기통의 반대편에 앉아 있는 두 선수로부터 시작해서 머리만 사용해서 서로에게 패스한 후 마지막 선수가 그 볼을 쓰레기통에 넣는 것이었다. 첫 번째 시도에서 아자르가 마지막에 그 '슈팅'을 시도하는 역할을 맡았으나 실패했다. 그 모습을 보면서 동료들은 물론 무리뉴 감독마저 크게 웃었다. 이제 실패한 그는 쓰레기통으로부터 가장 먼 지점으로 이동하고 레미의 맞은편에 앉게 됐다. 나는 가운데에서 테리 맞은 편에 앉았고 미켈과 티보 쿠르투아가 쓰레기통에서 가장 가까운 위치로 이동했다. 우리는 다시 그 게임을 시작했고 서로의 머리로만 패스를 이어가면서 존 오비 미켈까지 볼을 무사히 옮겼다. 미켈은 그 볼을 정확히 머리에 맞히면서 쓰레기통 안으로 깔끔하게 '골'을 성공시켰다. 그 순간 방 안에 있던 모든 사람이 큰 환호성을 지르며 모두 함께 그 순간을 즐겼다. 그 모든 과정을 촬영하고 있던 누군가가 그걸 곧바로 소셜미디어에 올렸고 그 영상은 큰 화제를 불러모았다. 나는 지금도 그 영상을 볼 때마다 웃음이 난다.

나는 보통 자기 전에 마사지를 받는다. 그렇게 하면 잠이 더 잘 오기 때문이다. 경기 당일이었던 다음 날 아침, 나와 동료들은 점심을 먹기 전에 짧은 산책을 했고 오후에는 휴식을 취하기 전에 몇몇 선수들이 함께 탁구를 했다. 우리는 선수들이 같은 방을 쓰지 않고 늘 선수별로 각자 방을 쓴다. 그렇게 하는 것이 휴식을 취하기에 훨씬 더 좋기 때문이다. 레스터 시티 홈구장까지 이동하는 데는 우리가 예상했던 것보다 긴 45분이 걸렸고 우리는 경기장에 늦게 도착했다. 그 때문에 우리는 우리가 늘 하던 방식으로 경기 전 준비를 할 수 없었다.

우리는 빨리 워밍업을 마쳐야 했고 모든 것을 서둘러서 준비해야 했다. 아마도 그것이 우리가 전반전에 제대로 된 경기를 하지 못한 이유였을 것이다. 물론 상대 팀인 레스터 시티가 경기를 잘 한 것도 또 다른 하나의 이유였다. 그들은 사방에서 우리를 압박해왔다. 전반전에는 분명 그들이 우리보다 더 나은 플레이를 한 팀이었고, 그러므로 전반전이 0 대 1로 끝난 것도 공평한 결과였다. 0 대 1로 끌려가면서 우리는 어쩌면 이 경기가 우리의 뜻대로 흘러가지 않을 수도 있다는 것을 깨달았다. 우리가 가장 원하지 않은 상황은 프리미어리그 우승이 마지막 한두 경기에서 결정되는 것이었다. 무리뉴 감독 역시 하프타임에 그런 점을 지적했다. 그는 몇몇 선수들이 자신의 수준으로, 또는 프리미어리그 챔피언이 될 수준으로 플레이하고 있지 않다고 말했고 수비수들 역시 고생을 하고 있다고 말했다. 공격수들 역시 너무 수비 진영까지 내려와 있어서 팀에 도움이 되지 못하고 있다고 말했다. 그의 말은 사실이었다.

그런 식의 메시지는 둘 중 하나의 결과를 낳는다. 특정 선수의 심리상태를 무너뜨려서 후반전에 오히려 더 불안한 모습을 보이거나, 책임감을 느껴서 후반전에 팀을 위해 도움을 주기 위해 더 노력을 하거나. 나의 경우에는 내가 무엇을 해야 하는지 이미 알고 있었다. 수비 가담에 대한 부담을 덜어내고 계속 공격을 하는 일. 물론 후반전이 시작된 지 3분 만에 나는 골을 터뜨렸다. 이바노비치가 측면에서 나에게 볼을 이어줬고 나는 그의 패스를 이어받아 그대로 슈팅을 시도했다. 또 한 번 나는 첼시가 꼭 필요로 하는 중요한 골을 터뜨려서 경기의 흐름을 바꿔놨다. 그건 몇 번을 경험해도 언제나 짜릿한 기분이다.

그 골은 그해 나의 첫 골이었다(당시의 나는 첼시의 No.1 공격수가 아니었고 정기적으로 선발 출전하지도 않았다). 그래서 그 골은 나 개인적으로도 오래 기다린 골이었다. 이런 유형의 경기에서는 세 번째, 네 번째 골이 중요한 것이 아니다. 심리적으로 가장 중요한 것은 동점골이다. 나의 골 이후로 우리는 경기를 지배하며 후반전을 치렀다. 나는 그 후 몇 번 좋은 찬스를 놓쳤지만 테리와 라미레스가 각각 추가골을 터뜨리면서 우리는 3 대 1 승리를 거뒀다. 하프타임 스코어가 그랬듯, 최종 스코어 역시 그날의 경기 내용을 보여주는 공평한 결과였다.

그날 저녁 런던으로 돌아가는 길에 우리 선수단의 분위기는 아주 행복하고 안도하는 분위기였다. 우리는 그 승리를 특별히 대단하게 즐긴 것은 아니었지만(아직 그러긴 너무 일렀다) 우리는 그 승리로 인해 우리가 리그 우승을 차지할 수 있다는 자신감을 갖게 됐다. 우리의 다음 경기는 스탬포드 브릿지에서 열리는 크리스탈 팰리스전이었다. 홈에서 우승을 확정 지을 수 있다는 생각에 큰 기대가 됐다. 그들은 늘 상대하기 까다로운 팀이지만, 나는 우리가 홈에서 그들을 이길 것이라는 점을 추호도 의심하지 않았다.

그 경기에 대한 나의 느낌과 프로 선수로서 처음 리그 우승을 준비하는 선수들의 그것에는 차이가 있었다. 나에게 그 경기는 나 개인의 플레이가 중요한 것이 아니라 우리가 우승을 확정 지을 수 있는, 팀플레이가 중요한 것이었다. 그러나 나는 젊은 선수들이 그런 상황에서 어떤 느낌을 받는지도 이해할 수 있다. 나 역시 그럴 때가 있었기 때문이다.

그럴 때는 그 경기에서 8 대 0 대승을 거두고 본인도 많은 골을 넣어서 그 경기의 영웅이 되고 싶어 한다. 그러나 실제 현실은 그와 많이 다르다. 나 역시 경험을 통해 어느 순간 생각이 바뀌었다. 나는 그런 경기에서 더 중요한 것은 내가 아니라 팀이며 내가 득점을 하거나 그날의 영웅이 되는 것이 중요한 게 아니라는 것을 깨달았다. 그러고 나니 압박감도 줄어들고 그 결과 더 좋은 플레이를 할 수 있었다. 팀을 위해 플레이하다 보면, 나에게도 좋은 결과가 돌아왔다. 어쩌면 그렇게 생각하는 것 역시 나의 성격일 수도 있지만, 그것이 내가 경험을 통해 배운 것이었다.

일반적으로 스트라이커는 수비 진영까지 깊이 내려와서 수비에 가담하지 않는다. 물론 공격수들도 어시스트를 하지만 보통의 경우 그들은 전방에 남아서 득점을 노린다. 나 역시 스트라이커지만 동시에 팀플레이어기도 하다. 일반적인 공격수들은 팀이 0 대 3으로 지고 있을 때 한 골을 넣어서 1 대 3으로 패한다면 자신이 골을 넣은 사실에 만족한다. 그들은 득점을 올림으로써 그들의 역할을 다했다고 생각하고 다른 선수들이 제 역할을 못 했다고 생각한다. 그러나 내게는 내가 어시스트를 해서 1 대 0으로 이긴 것이 내가 직접 득점을 올리고 1 대 2로 패하는 것보다 훨씬 더 행복하다. 내게 중요한 것은 골이 아니기 때문이다. 나는 중요한 골을 넣는 것을 원한다. 레스터 시티전에서 터뜨린 동점골처럼 말이다.

나는 나와 비슷한 생각을 가진 공격수를 별로 보지 못했다. 대부분은 자신의 성공, 자신의 업적을 위해 뛴다. 때때로 그런 태도를 가진 선수들이 첼시에서 뛰다가 다른 팀으로 갈 때 나는 그들에게 조언을 하기도 한다.

"좋은 패스를 받는 최고의 방법은 네가 먼저 그들에게 좋은 패스를 해주는 거야. 때로는 네가 먼저 그들에게 득점을 올리거나 영광을 차지할 기회를 주기도 해야 해."

팀의 분위기가 좋지 않으면 좋은 일도 생길 수 없다. 때로는 더 큰 그림을 보고 팀 전체를 위해 좋은 선택을 할 줄도 알아야 한다.

그것은 축구를 떠나 인생에 있어서도 마찬가지다. 내게 축구와 인생은 서로 아주 깊은 연관을 갖고 있다. 축구는 사람들이 일상생활에서 행동하는 방법이자 그 사람이 어떤 사람인지를 보여주는 스포츠다. 축구와 인생을 완전히 분리하는 것은 불가능하다. 축구는 행동을 수반하고(달리기, 패스하기 등등) 인생도 마찬가지다. 완벽한 사람은 아무도 없다(물론 나도 마찬가지다). 그러나 나는 나의 단점을 알고 있고 그 문제를 개선하기 위해 노력하고 있다. 나는 늘 내가 할 수 있는 최선을 다하고자 노력하며 언제든 더 많은 사람에게 이로운 선택을 하려고 한다.

크리스탈 팰리스와의 홈경기 아침이 밝았다. 홈경기 전에 우리는 매번 같은 절차대로 움직인다. 전날 밤은 경기장에서 5분 거리의 첼시 하버 호텔에서 모두 같이 보내고 그날 아침에는 훈련장에서 상대팀에 대한 정보를 공유하며 팀미팅을 갖는다. 즉 호텔에 도착할 때면 이미 모든 준비가 마무리되고 다음 날 있을 경기에 대해 더 이상 따로 준비할 것이 없는 것이다. 우리는 전날 밤 호텔에 충분한 휴식을 취하기 위해 모인다. 다음 날 아침에는 세트피스에 대한 짧은 미팅을 갖고 누가 누구를 막고 어떻게 수비를 할 것인지에 대해 논의한다. 그게 마지막 준비 사항이다.

크리스탈 팰리스에는 아주 뛰어난 몇몇 선수들이 있었다. 우리는 경기를 시작할 때 우승에 대해서 생각하기보다는 평소처럼 승점 3점을 차지하기 위해 뛰자는 생각으로 경기에 나섰지만, 경기 초반은 우리 생각대로 흘러가지 않았다. 그들은 그 경기에서 아무것도 잃을 것이 없었고 나는 곧바로 그 경기가 예상보다 어려울 것이라는 걸 느꼈다.

우리는 하프타임 직전에 페널티킥을 얻어냈고, 솔직히 말하자면 그건 아주 좋은 타이밍이었다. 그러나 에당 아자르가 그 페널티킥을 준비하는 것을 보고 나는 조금 걱정이 됐다. 레스터 시티전에서 상대 선수와 충돌한 후로 그는 이틀 동안 훈련을 하지 않았고 크리스탈 팰리스와의 경기를 앞두고도 컨디션이 그리 좋지 않다고 말했기 때문이었다. 그래서 나는 그가 혹시 페널티킥을 실축할까 봐 걱정이 됐다. 그는 중앙을 향해 슈팅을 했고(선수가 어떤 방향으로 찰지 결정을 못 했을 경우 종종 그런 선택을 할 때가 있다), 나는 그 즉시 '오, 저건 안 들어갈 거야'라고 생각했다. 그러나 다행히도 골키퍼가 막아낸 볼은 아자르의 바로 앞으로 이어졌고 그는 침착하게 그 볼을 골문 안으로 밀어 넣었다.

아자르는 평소 페널티킥을 잘 차는 선수다. 그는 늘 침착하고 좀처럼 기회를 놓치는 법이 없다. 그런 그를 알기에 그가 크리스탈 팰리스전에서 시도한 페널티킥은 실망스러운 것이었다. 그 시즌 초반 우리는 첼시의 페널티킥을 담당할 세 선수를 지정했다. 아자르는 항상 그 세 명의 후보 안에 드는 선수였다. 페널티킥을 찰 때마다 나는 다소간 스트레스를 받지만 그것도 우리 일의 일부다. 아자르 역시 같은 스트레스를 느끼겠지만, 그는 그것을 드러내지 않는다.

나는 페널티킥을 찰 때 마지막 순간에 방향을 결정하곤 한다. 내가 페널티킥을 성공하지 못했을 경우는 대부분 내가 미리 방향을 정해뒀고 골키퍼가 그 방향을 읽어냈던 경우였다. 아마도 나의 보디랭귀지를 통해 방향을 유추해내는 것이다. 골키퍼들은 경기를 앞두고 상대 팀 페널티키커의 보디랭귀지를 통해 방향을 읽어내는 훈련을 한다. 예를 들면 어떤 선수의 왼쪽 팔이 조금 올라가거나, 상체가 한쪽으로 약간이라도 쏠려 있다거나 등등. 그러므로 페널티키커는 골키퍼의 계산보다 한 발을 더 나가야 한다. 나의 경우 페널티킥을 놓친 경우는 그리 많지 않았다(2012 아프리카 네이션스컵 결승전 등). 그리고 때로는 나와 관계없이 상대 골키퍼가 잘 막는 경우도 있다. 페널티킥을 실축하는 것은 실망스러운 일이지만 그 일로 인해 주눅 들지 말고 다음 페널티킥을 또 시도하는 것이 중요한 것이다.

좀 더 구체적으로 말하자면, 나는 페널티킥을 찰 때 세 가지를 분명히 한다. 도움닫기를 하고 달려가는 동작에 집중을 유지하고, 볼을 힘 있게 차며, 시선은 볼을 바라보되 볼만 보지 않고 한편으로는 골문과 골키퍼에 대해서도 인식할 수 있도록 한다는 것이다. 그 방법은 내가 23~24세에 갱강에서 뛰던 시절에 배운 것인 동시에 내가 본능적으로 그렇게 하는 방법이다. 페널티킥을 차는 것은 모든 선수가 훈련을 통해 향상시킬 수 있는 능력이다.

지난주에 했던 헤딩으로 쓰레기통에 볼을 집어넣는 게임이(아자르가 하자고 했던) 도움이 된 것인지도 모른다. 그는 골키퍼에 막혀서 나온 볼을 결국 골로 성공시킨 것에 안도했고 자신의 이마를 탁 치며 세리머니를 했다. 그것은 분명한 안도의 제스처였고 그 순간 그런 느낌을 받은 것은 그 혼자가 아니었다.

후반전에 우리에게 중요한 것은 침착함을 유지하는 것이었다. 우리는 추가골을 넣는 것보다는 실점을 하지 않는 것에 좀 더 초점을 맞추었다. 크리스탈 팰리스가 득점력이 있는 팀이라는 것을 알고 있었기 때문에 우리는 긴장 속에 후반전 45분을 보냈다.

마침내 경기 종료 휘슬이 울렸을 때 우리는 2010년 이후 처음 차지하는 리그 우승에 환호했다. 테리는 무릎을 꿇고 그 순간을 즐겼다. 그에게 있어서, 또 2010년 이후로 첼시에서 뛰었던 모든 선수들에게 있어서 리그 우승을 차지하지 못한 5년은 아주 긴 시간이었다. 로만 아브라모비치 구단주 역시 기쁨에 겨워(그는 평소에 늘 침착하기로 유명하다) 공중을 향해 손을 꽉 움켜쥐며 우승의 순간을 즐겼다.

그 우승은 곧 나에게도 나의 가장 큰 목표가 달성되는 순간이었다. 선수생활을 은퇴한 후에 나는 내가 첼시로 다시 돌아와서 다시 한 번 우승을 차지했었노라고 말할 것이다. 재밌게도 이번 시즌 나는 내가 첼시에서 뛴 첫 시즌과 정확히 똑같은 우승을 차지했다. 리그 우승과 리그컵 우승. 어쩌면 그것은 우리의 인생에서 종종 나타나는 것처럼 하나의 운명이었을지도 모른다. 그러나 이번에 우리는 아주 인상적인 방법으로 리그 우승을 차지했다. 우리는 리그 첫날로부터 1위를 달리기 시작해서 274일 동안 1위를 놓치지 않았다. 그것은 리그 신기록이자 다른 어떤 클럽도 해내지 못한 일이었다. 우리에겐 테리, 체흐 그리고 나처럼 나이와 경험이 많은 선수들도 있었고 세스크 파브레가스, 에당 아자르, 디에고 코스타처럼 젊고 재능 있는 선수들도 있었다.

아자르는 첼시로 오면서 자신의 커리어에 최고의 선택을 했다. 그는 이제 첼시의 모든 선수가 그렇듯, 챔피언의 정신자세를 가진 채 플레이하게 됐다. 일단 우승을 차지하고 나면, 또 그 팀이 충분히 경쟁력이 있다면, 계속해서 우승해나가는 법을 배우게 된다. 나 역시 첼시에 처음 입단했을 때 그것을 배웠고 이제 나는 어떻게 해야 선수들에게 동기부여할 수 있는지, 시즌 중의 꼭 필요한 순간에 어떻게 감독이나 몇몇 핵심 선수들이 팀의 분위기를 바꿀 수 있는지도 알게 됐다. 나는 중요한 골을 넣는 방법을 배웠고, 어디에서나 나의 경험과 지식을 다른 선수들에게 전파하기 위해 노력했다. 아자르 역시 나와 같은 것을 배웠으며 그는 그런 경험을 통해 앞으로 첼시를 위해 필수적인 선수가 될 것이다.

디에고 코스타는 물론 첼시에 오기 전부터 이미 뛰어난 선수였다. 피지컬적으로 강하고 기술 역시 뛰어난 공격수. 이미 잉글랜드 리그에 익숙한 우리들은 그를 위해 이 리그에서 적응하는 방법, 상대 수비수들의 특징 등에 대해 알려줬다. 예를 들어 나는 그에게 특정 수비수들이 어떻게 움직이고, 태클하고 플레이하는지에 대해 알려줬다. 그가 잉글랜드 축구에 더 빨리 적응할 수 있도록. 그는 결국 아주 빠르게 적응했고(특히 그가 첫 시즌 중 일부 부상으로 시간을 보낸 점을 감안하면) 덕분에 그는 아주 좋은 첫 시즌을 보낼 수 있었다.

그 시즌 리그 우승은 첼시 선수단뿐 아니라 팬들에게도 아주 행복한 일이었다. 우리는 3주 후에 리그 우승 트로피를 받았지만, 크리스탈 팰리스전이 끝난 후 오랫동안 피치에 남아 그 우승을 축하했다. 우승의 기쁨을 팬들과 함께 나누고 싶어서였다. 나는 첼시 선수들과 팬들이 서로를 이해하는 것과 열정을 함께한다는 사실을 정말 기쁘게 생각한다. 그 시즌의 우승은 그들로서도 아주 오랫동안 기다린 것이었고 나는 그들 역시 우리만큼이나 행복했을 것이라고 생각한다.

결국 우리는 드레싱룸으로 들어가서 선수들끼리 장난을 치고, 샴페인을 뿌리고, 큰 소리로 노래를 부르면서 춤을 췄다. 나는 열심히 노력하는 것이 결국 빛을 본다는 사실을 믿고, 필요한 순간에는 즐길 줄도 알아야 한다고 믿는다. 바로 그 순간이 즐길 순간이었다.

우리는 아주 오랜 시간 동안 우승을 즐겼다. 나는 우승에 대한 행사가 리그 마지막 경기가 끝난 후에 있을 것을 미리 알았기 때문에 그날 오후에 집으로 돌아가서 가족과 함께 시간을 보냈다. 집에 도착해서 나는 몇 주 만에 처음으로 아무 걱정 없이 편하게 휴식을 즐겼다. 나에겐 이제 더 이상 준비할 것도, 증명할 것도 없었다. 그날 저녁 나는 런던으로 돌아가서 테리를 비롯해 몇몇 선수들과 함께 시간을 보내며 우승을 축하했다. 우리가 마지막으로 리그 우승을 차지한 것은 2010년이었고, 그 시즌 우리는 리그 마지막 경기에서야 우승을 확정 지었다. 이번 시즌의 경우도 물론 쉬운 것은 아니었지만, 분명히 그때보다는 덜 힘들었던 것도 사실이다. 우리는 아주 드문 방법으로 우승을 차지했고 그렇게 우승을 차지하는 것이 자주 있는 일이 아니라는 것도 알았다. 우리는 우리가 그날 이뤄낸 것이 어떤 의미인지를 잘 알았고, 그에 걸맞게 우승을 즐겼다.

17

전쟁을 멈추다

| DIDIER DROGBA |

나에겐 여권이 두 개 있다. 하나는 코트디부아르, 다른 하나는 프랑스 여권이다. 나는 프랑스에서 자랐고 두 나라의 국가대표팀에서 뛸 기회가 있었다. 내가 최종적으로 코트디부아르를 선택한 데는 여러 가지 이유가 있었다.

　첫 번째 이유는 내가 프랑스에서 자라는 동안 한 번도 한곳에 오래 머문 적이 없었으며 그 때문에 프랑스의 어떤 연령별 대표팀에도 소집된 적이 없다는 점이었다. 두 번째 이유는 프랑스 국가대표팀에는 티에리 앙리, 다비드 트레제게, 니콜라스 아넬카를 비롯한 많은 공격수가 이미 자리를 잡고 있었고, 나는 20대 초기에는 별로 두각을 드러내는 선수가 아니었다는 점이었다. 그 시기에는 내가 프랑스 대표팀에 선발될 가망이 없었다. 마지막으로, 나의 삼촌 역시 코트디부아르 대표팀에서 뛰었으며 비록 내가 태어난 도시와 나라를 떠나서 오래 생활했음에도 나는 여전히 코트디부아르와 뗄 수 없는 유대관계를 맺고 있었기 때문이다. 나는 내 가족의 전통을 이어서 '코끼리'라는 별명으로 불리는 코트디부아르의 유니폼을 입고 싶었다. 나는 어린 시절에도 국가를 들을 때마다 전율을 느끼곤 했다. 그래서 마침내 내가 처음으로 코트디부아르 대표팀에 소집됐을 때, 나는 이미 아주 오랫동안 프랑스에서 지냈음에도 큰 기쁨을 느꼈다.

나에게 처음 대표팀 합류를 위한 미팅에 관해 전화가 왔던 것은 2002년 8월이었다. 대표팀 미팅은 파리 교외의 르와씨 공항에서 열렸다. 당시 나는 24세였고 이제 막 갱강에서 나의 첫 풀 시즌을 시작했을 때였다. 그날 나는 나의 국가대표팀 동료들을 처음 만났고 그들 중에는 이미 인터 밀란, 마르세유, 페예노르트 등에서 유럽 대회 우승을 차지해본 유명한 선수들이 있었다. 그리고 나는 브루타뉴 지역의 작은 클럽에서 이제 막 본격적으로 프로 선수로서의 커리어를 시작하는 선수에 불과했다.

코트디부아르에는 로베르 누자레라는 프랑스인 새 감독이 있었다. 그는 내가 르망에 있던 시절부터 나를 눈여겨봤고 그 후에 바스티아의 감독을 맡은 바 있었다. 그 무렵 코트디부아르 축구협회는 새 회장 자크 아누마가 부임하면서 큰 목표를 갖고 국가대표팀을 재정비하고 규율을 바로잡는 등의 노력을 기울였다. 그는 당시 코트디부아르 대표팀 선수들의 면모를 보면서 우리가 반드시 2004 아프리카 네이션스컵, 그리고 사상 처음으로 2006 독일 월드컵에 진출할 수 있다고 생각했다. 그의 생각은 옳았다. 우리가 과거에 이뤘던 것보다 앞으로 더 잘하지 못할 이유는 하나도 없었다. 나로서도 그렇게 새로운 목표를 가진 팀의 일원이 되는 것은 흥미로운 경험이었다.

그 미팅이 있고 2주 후에 프랑스 국가대표팀 감독을 맡고 있던 자크 산티니가 직접 나의 에이전트에게 전화를 걸어 물어봤다.

"드록바가 프랑스 국가대표팀에서 뛸 수 있을까요?"

프랑스 국가대표팀 감독으로부터 그렇게 직접 전화를 받는 것은 내가 예상하지 못한 뜻밖의 일이었다. 그러나 나의 에이전트는 그에게 다음과 같이 대답했다.

"미안합니다. 조금 늦었네요."

나는 내가 코트디부아르와 먼저 연락을 취했고 그 후에 프랑스로 부터 연락을 받았다는 것이 다행이라고 생각한다. 돌아보면 내가 코 트디부아르 대표팀을 선택한 것이 옳은 결정이었고 나는 그 결정을 결코 번복하지 않을 것이었기 때문이다.

나의 첫 경기는 2004 아프리카 네이션스컵 본선 진출을 놓고 펼쳐 진 조별 예선 중 한 경기로 2002년 9월에 우리의 수도 아비장에서 열 린 남아프리카공화국과의 경기였다. 그 경기는 우리에게 본선 진출 행 티켓을 따낼 수 있는 마지막 기회였지만 우리는 0 대 0으로 비기 면서 결국 본선에 진출하는 데 실패했다. 우리는 모두 실망했지만, 우리가 발전하고 있으며 앞으로 점점 더 결과가 향상될 것이라고 굳 게 믿었다. 내가 지금도 기억하는 것은 그날 경기의 결과가 아니었 다. 내가 결코 잊을 수 없는 것은 코트디부아르의 홈구장 펠릭스 우 푸에부아니 경기장에 처음 들어갈 때의 그 감정이었다.

그 경기장의 열기는 내가 그때까지 경험한 그 어떤 것과도 비교할 수 없는 대단한 것이었다. 마치 관중이 경기 내내 우리와 함께 움직 이는 것 같았다. 그날 아침 10시부터 경기장이 떠내려갈 듯했다. 유 명한 가수나 연주자들이 초대를 받고 경기장에 와서 공연을 가졌고 경기장에 모인 모든 사람이 그 분위기를 즐겼다. 경기가 펼쳐지기 몇 시간 전부터 그곳은 음악과 춤을 즐기는 사람들로 가득한 축제의 현장 같았다. 그런 분위기도 국가대표팀을 위해 뛰는 선수들에게 아 주 중요한 의미가 있었다. 나는 곧 그 분위기가 그날만 특별한 것이 아니라 매 경기 마찬가지라는 것을 알게 됐다.

그날 또 한 가지 기억에 선명한 점은 그 숨 막힐 듯한 더위였다. 마치 사우나에 들어가는 것 같은 느낌이었다. 워밍업을 마칠 무렵 경기장의 기온은 40도였고 습하기까지 해서 나는 이러다 질식하는 것은 아닐까 싶기까지 했다. 피치를 통해 그 열기가 축구화를 뚫고 발까지 느껴졌다. 도대체 어떻게 그 상황에서 90분 동안 뛸 수 있단 말인가?

경기 시작 전, 국가가 연주되자 경기장을 가득 채운 모든 사람이 국가를 따라 불렀다. 자랑스러움을 느끼면서 아주 큰 목소리로. 그리고 나는 그 소리에 또 한 번 전율이 돋았다. 그날을 돌아볼 때마다 내가 느꼈던 그 감동을 다시 떠올릴 수 있다. 그 장면은 그 자체로 나를 내가 수년 전에 떠났던, 그러나 그 후로도 내가 늘 연결되어 있었던 코트디부아르라는 나라와 하나가 되게 만들어줬다.

10일 후 코트디부아르에 내전이 시작됐다. 나는 그때까지 늘 나의 나라로 돌아가는 것을 쉬운 일로 생각했지만, 갑자기 모든 것이 복잡해졌다. 외국에서 살고 있는 모든 코트디부아르인에게 멀리 떨어져 자국에서 일어나는 전쟁을 지켜보는 일은 정말 힘든 것이었다. 적어도 나는 코트디부아르에 머물고 있는 내 가족들이 안전하다는 것을 확인할 수 있었지만 나의 나라가 그토록 갈라져서 대립하는 것을 보는 것은 충격적인 경험이었다.

내전은 잠시 휴전이 선언된 2003년 1월까지 지속됐지만 프랑스와 UN의 중재 노력에도 불구하고 그 후로도 꾸준히 반란군과 정부군 사이에 충돌이 벌어졌다.

내전이 지속되는 중에도 우리는 2006 아프리카 네이션스컵과 월드컵 준비를 위해 끊임없이 우리 국가대표팀을 리빌딩했고 나는 그 기간 중에 있었던 거의 모든 경기에서 골을 넣었다. 한 경기에서

2골, 3골을 넣는 경우도 많았다. 그럴수록 점점 더 팀 내에서 나의 중요성은 커졌고 어느 순간부터는 단순한 한 명의 팀원이 아닌 동료들을 대표해서 목소리를 낼 수 있는 사람이 됐다. 나는 마르세유에서의 경험과 2004년 첼시에 합류한 이후에 겪은 경험 등을 통해 나보다 나이가 많고 팀 내에서 경험이 많은 선수들을 존중하는 것이 중요하다는 것을 배웠고, 동시에 필요할 때는 나서서 의견을 낼 줄도 알아야 한다는 것도 알게 됐다. 2005년에 코트디부아르 주장을 변경할 때, 팀에서는 나에게 새 주장이 될 생각이 없느냐고 물었다. 그건 내게 정말 큰 영광이자 내가 꼭 도전해보고 싶은 새로운 임무였다.

2005년 9월, 코트디부아르는 또 한 번 전 국가적인 내전에 휩쓸렸다. 비슷한 시기에 코트디부아르의 국민들은 우리가 꼭 사상 처음으로 2006 독일 월드컵에 진출하기를 희망하며 축구를 통해 하나로 뭉치고 있었다. 당시 우리는 조 1위를 달리고 있었지만 카메룬을 상대로 적어도 무승부를 거둬야 남은 일정을 유리하게 이끌어갈 수 있는 상황이었다. 만약 카메룬을 상대로 이긴다면 우리는 바로 월드컵 진출을 확정 지을 수 있었다. 전 국민이 카메룬전의 승리를 열렬하게 희망하고 있었다.

카메룬은 과거에도 현재에도 아프리카 대륙에서 우리의 가장 큰 경쟁 팀 중 하나다. 두 국가대표팀이 경기를 가질 때마다 두 나라 사이에는 축구 이상의 긴장감이 형성되곤 한다. 그들의 별명은 '사자', 우리의 별명은 '코끼리'였다.

2005년 9월 4일, 우리는 아주 중요한 일전을 치렀다. 그 경기를 앞두고 몇 주 동안 그 중요한 경기에 대한 압박감과 기대가 공존했다. 아프리카 축구에서 '좋은 결과'는 무승부를 포함하지 않는다. 3 대

0이나 4 대 0 같은 승리를 해야만 팬들이 정말로 기뻐하고 축하한다. 언론, 팬, 구단 관계자들 모두가 승리를 원한다. 내전으로 고통받고 있던 코트디부아르에 카메룬을 상대로 한 승리는 국가적인 통합의 계기를 만들어줄 수 있었다. 그런 이유 때문에 카메룬전을 앞두고 나와 동료들에겐 더 많은 부담이 있었다.

나는 그 경기를 보기 위해 로만 아브라모비치 구단주와 조세 무리뉴 감독이 직접 경기장까지 찾아오겠다는 말에 큰 감동을 받았다. 그들은 전용기를 타고서 직접 코트디부아르까지 왔다. 그것이 아브라모비치 구단주가 처음으로 아프리카에 왔다는 점을 생각하면, 나는 그가 완전히 새로운 경험을 했을 것이라고 확신한다. 그들이 먼 런던에서 그곳까지 직접 찾아오는 수고를 했다는 점은 그들이 나와의 관계를 중요하게 여긴다는 점을 상기시켜 줬고, 그들의 존재로 나는 더더욱 그 경기에서 반드시 승리하고 싶다는 마음을 갖게 됐다.

그 경기에서 나는 내가 코트디부아르 국가대표팀에서 뛴 모든 경기 중 가장 좋은 활약 중 하나라고 할 만한 경기를 했다. 그러나 경기는 우리의 뜻대로 흘러가지는 않았다.

카메룬이 첫 골을 터뜨렸고 내가 동점골을 터뜨렸다. 그리고 전반전 종료를 조금 앞두고 그들이 다시 한 번 골을 터뜨렸다. 하프타임에 나는 드레싱룸에서 동료들에게 말했다.

"우리는 이겨낼 수 있어. 분명히 골을 넣을 거고 2 대 2가 되면 그 스코어를 지키기만 하면 돼. 승점 1점이라도 우리에겐 충분히 좋은 결과야."

결국 후반전 10분 만에 나는 프리킥 찬스에서 내 커리어 전체를 통틀어 가장 잘 찬 프리킥으로 동점골을 터뜨렸다. 2 대 2.

"침착해야 해. 볼을 지키고, 점유율도 잃어버리지 말고." 내가 동료들에게 말했다.

그러나 우리는 계속 공격하고 또 공격을 했다. 그 경기의 후반전은 양 팀 간에 공격이 계속되는 아주 역동적인 경기가 됐고 관중들은 위험한 경기 내용에 기절을 해서 앰뷸런스에 실려 병원으로 후송되기도 했다. 그리고 경기 종료 직전에 카메룬은 프리킥 찬스를 살려서 골을 터뜨렸다. 2 대 3. 카메룬의 승리.

선수들도 팬들도 모든 사람이 크게 좌절했다. 그 패배는 코트디부아르 대표팀이 지난 10년 동안 처음으로 홈구장에서 당한 패배였다. 우리는 경기가 종료된 후 한참이 지난 뒤에야 경기장을 떠났다.

그 경기의 패배로 결국 월드컵 진출 여부는 한 달 뒤에 열릴 마지막 예선전에서 결정 나게 됐다. 우리는 수단 원정을 떠나서 반드시 이겨야 했고, 카메룬은 이집트 카이로에서 우리와 같은 시간에 경기를 펼치게 됐다. 카메룬이 이집트에 이길 경우 그들이 월드컵 본선에 진출하는 상황이었다.

보통의 경우라면 카메룬이 이집트를 이기는 것이 자연스러운 결과였다. 나는 마지막 경기가 있기 하루 전날 내가 마르세유에서 함께 뛰었던 공격수 미도로부터 전화를 받았다. 그는 내게 말했다.

"드록바, 수단에게 꼭 이겨. 이집트가 카메룬을 끝까지 괴롭힐 테니까."

"알겠어. 우리는 수단을 이길 거야. 그러나 카메룬이 비기거나 질지는 잘 모르겠어."

"그건 걱정하지 마. 우리한테 맡겨."

우리에게 수단전은 그렇게 어려운 경기가 아니었고 우리는 곧 선제 골을 터뜨렸다. 벤치에서는 여권을 분실해서 프랑스로 돌아가 있던 팀의 물리치료사와 계속해서 연락을 취했다. 그가 카메룬의 경기를 TV로 보면서 소식을 전해줬기 때문이다.

후반전 종반 무렵, 우리는 3 대 1로 앞서고 있었고(최종 스코어도 3 대 1이었다) 카메룬과 이집트의 경기는 1 대 1이었다. 이집트가 후반전 35분에 동점골을 터뜨린 것이다. 나는 그 무렵 다리가 저려서 더 이상 뛸 수가 없었다. 나는 사이드라인 쪽으로 가서 잠시 휴식을 취했다.

"드록바, 뛰어!" 벤치에서 코치들이 소리를 질러댔다.

"카메룬 대 이집트 스코어 몇 대 몇이예요?"

"그건 신경 쓰지 말고 뛰기나 해!"

"못 뛰어요. 스코어나 좀 알려줘요!"

"아니야. 넌 일단 경기나 해!"

그러나 나는 우리가 결국 월드컵에 진출하지 못할 거라고 생각했고 더 이상 움직일 수가 없었다.

결국 우리의 경기가 끝났다. 그런데 이집트와 카메룬의 대결은 아직 정규시간이 끝나지 않은 상태였다. 그건 사실 두 경기가 동시에 시작됐다는 점을 생각하면 조금 이상한 점이다. 그러나 아프리카에서는 그런 일이 발생하곤 한다. 나는 무엇 때문에 그들의 후반전이 뒤늦게 시작됐는지를 알 수 없었다. 그리고 마침내 정규시간이 끝났을 때 우리는 주심이 5분의 추가시간을 선언했다는 소식을 전해 들었다. 5분! 양 팀의 경기는 여전히 1 대 1이었고 아직 경기가 끝나지 않았음에도 코토디부아르 선수들은 마치 월드컵 본선행을 확정 지은 것처럼 뛰며 좋아했다. 나는 반대였다.

"아냐, 아냐, 아냐. 경기가 아직 안 끝났잖아."

말은 그렇게 했지만 나 역시 아드레날린이 치솟고 마치 심장이 튀어나오기라도 할 것처럼 강하고 빠르게 뛰기 시작했다. 우리는 모두 그 전화기 한 대 근처에 어깨동무를 하고 서서 프랑스에 있는 물리치료사와 계속 대화를 나누면서 카이로에서 있는 경기가 끝나기를 1초, 1초 기다리고 있었다.

나는 알았다. 나에겐 불길한 예감이 미리 들 때가 있다. 나는 카메룬이 페널티킥을 얻을 것이라는 예감이 들었다. 그리고 잠시 후에 실제로 카메룬은 페널티킥 기회를 얻었다. 나중에 그 영상을 돌려봤을 때, 난 그 장면이 절대로 페널티킥이 아니라고 생각했다. 백보 양보해도 그건 너무 쉽게 내준 페널티킥이었다. 아마도 그 경기장의 분위기나 팬들의 엄청난 반응이 주심의 결정에 영향을 줬을 것이다. 어찌 됐든 결국 카메룬은 후반전 추가시간 5분 만에 경기 종료 몇 초를 남겨두고 페널티킥을 준비하고 있었고 그 경기의 소식을 전화기 넘어 기다리고 있는 우리는 그 한 번의 킥에 우리의 운명을 걸고 있었다.

나는 몸에서 통증을 느꼈다. 내 동료들 역시 모두 충격에 빠졌다. 우리는 모두 어깨동무를 한 채로 아직 남아 있는 실낱같은 희망을 버리지 말자고 이야기했다. 이전에 코트디부아르 대표팀 선수였고 이제는 코치로 일하고 있는 아메드 와타라가 말했다.

"모두 기도하자. 드록바, 같이 기도하자."

나와 몇몇 동료들은 곧 무릎을 꿇고 하늘을 향해 기도를 하기 시작했다. 신께서 제발 우리의 기도를 들어주길 바라면서. 그 페널티킥을 기다리던 몇 초의 시간이 우리에겐 영원처럼 느껴졌다. 그리고 갑자기 우리는 전화기 너머로 우리의 물리치료사가 소리를 지르는 걸 들을 수 있었다. 카이로에서 일어난 일의 소식이 파리를 건너 우리에게 전해진 것이다.

"노 골! 카메룬의 페널티킥이 골포스트에 맞았다! 카메룬이 실축을 했다고!"

우리가 월드컵에 진출하는 순간이었다.

콜로 투레와 나는 여전히 그 사실을 믿을 수가 없었다.

"쉿!"

그와 나는 상황을 정리하고자 애를 썼다. 그러나 우리 동료들은 이미 펄쩍펄쩍 뛰고 있었고 다른 몇몇은 기도를 하고 있었다.

"아직 안 끝났어. 경기가 아직 안 끝났다고!"

다행히도 그 후 몇 초 후에 이집트와 카메룬의 경기는 그대로 끝났다. 그 소식을 듣고서야 나는 미친 사람처럼 경기장을 뛰어다니면서 눈앞에 보이는 모든 사람을 끌어안고 기뻐했다. 우리의 꿈을 이뤄준 앙리 미셸 감독도 물론 마찬가지였다. 나는 믿을 수 없는 이 결과에 기쁨과 안도의 눈물을 흘리기 시작했고 내 동료들도 마찬가지였다. 우리는 모두 무릎을 꿇고 신께 감사하며 경기장에서 오래 기쁨을 즐기다가 감독과 함께 드레싱룸으로 들어왔다.

드레싱룸에서도 축제의 분위기는 계속됐다. 드레싱룸은 곧 선수들과 우리의 업적을 축하해주기 위해 모인 사람들로 가득 찼다. 우리는 방금 사상 최초로 월드컵 본선 진출을 확정 지은 것이다. 그것은 진실로 국가적으로 큰 어려움을 겪고 있는 와중에 이뤄진 역사적인 일이었다.

갑자기 그 축제의 분위기 속에서 나는 코트디부아르의 공영 방송국에서 우리를 촬영하고 있다는 것을 깨달았다. 나는 카메라맨에게 마이크를 달라고 요청했고 그는 즉시 내게 마이크를 건네줬다. 우리는 만약 우리가 월드컵 본선에 진출한다면 그것은 곧 코트디부아르 국민들의 즐거움이며 우리가 코트디부아르에 평화를 요청하는 방법일 것이라고 말했다. 그리고 그 순간이야말로 바로 그렇게 할 수 있는 기회였다.

나는 즉흥적으로 미리 준비한 말 한마디 없이 모든 동료들에게 모여달라고 부탁했다.

"쉿. 다들 내 말 들어봐."

드레싱룸은 곧 조용해졌다. 침묵만이 흐르는 가운데 모두 나를 바라보고 있었고 나는 그 자리에서 나와 같은 나라에 사는 모든 사람에게 간절한 부탁을 하기 시작했다.

"북부에 사는, 남부에 사는, 중부에 사는, 서부에 사는 나와 같은 코트디부아르의 모든 국민 여러분. 우리는 오늘 여러분에게 코트디부아르가 함께 같은 목표를 위해 뛰고 나아갈 수 있다는 것을 증명했습니다. 월드컵 진출이라는 목표 말입니다. 우리는 여러분께 그 목표를 달성하는 것이 나라에 평화를 가져다줄 것이라고 말씀드렸죠. 그래서 우리는 지금 여러분께 부탁합니다."

나는 내 주변에 있는 모든 동료들에게 무릎을 꿇어달라고 요청하고 나 역시 그렇게 한 뒤 말을 이었다.

"여러분께 부탁합니다. 아프리카의 가장 풍족한 나라인 우리가 이렇게 전쟁으로 갈라질 수는 없습니다. 제발 무기를 내려놓으십시오. 투표를 해주십시오. 그러면 모든 것이 점점 더 나아질 것입니다."

나는 내가 한 말이 그날 혹은 미래에 누군가에게 전달될지 말지 여부도 알지 못했다. 나는 나의 말을 얼마나 많은 사람이 보고 들을 지도 알지 못했다. 그때 나의 그 말은 그저 내 마음속 깊은 곳에서 우러나온 완전히 본능적인 것이었다. 그것은 나의 나라에 대한 사랑과 내 나라의 상황에 대한 슬픔에서 나온 말이었다.

다음 날 우리는 아비장으로 돌아갔다. 비행기에서 나는 그 전날 24시간 동안 일어난 모든 일과 그 일들로 인한 피로로 몹시 지친 상태였다. 나는 지난 5년간 내게 있었던 일들과 내가 다섯 살의 나이에 코트디부아르를 떠난 이후로 얼마나 많은 일이 있었는지를 생각했다. 나는 나의 가족과 그들에 대한 사랑, 특히 내가 아주 사랑했지만 세상을 떠난 할머니 제에에 대해 생각했다. 나는 할머니가 이 순간을 함께할 수 없다는 생각에 가슴이 아팠다. 할머니가 나의 그런 모습을 볼 수 있었다면 할머니는 분명히 나를 자랑스러워했을 것이다. 나는 그날의 내가 되기 위해 정말 무던히도 노력했다. 그 비행기 안에서 나는 그 모든 생각을 하다가 결국 울음을 터뜨리고 말았다.

아비장에 도착하자 엄청난 인파의 사람들이 우리를 기다리고 있었다. 가장 먼저 나의 부모님들께서 달려와서 나를 안아주셨다. 며칠 전에도 뵀지만 월드컵 진출을 확정 짓고 보모님을 뵙는 것은 감격적인 순간이었다. 부모님은 내가 코트디부아르 팀과 함께 월드컵 진출을 확정했던 것보다도 그날 경기 후에 내가 평화를 위해 한 말을 자랑스러워 하셨다. 그날 내가 했던 짧은 연설을 담은 영상이 몇 주 동안이나 TV 뉴스를 통해 끝없이 방송됐다. 나는 그런 큰 효과를 기대하지 못했지만, 결과적으로 나의 말은 아주 큰 영향을 만들어냈다.

시내 중심부로 접어들자, 공항에서 우리를 환영하기 위해 모인 사람들보다 더한 광경이 우리 앞에 펼쳐졌다. 그것은 내가 평생 본 어떤 장면보다도 더 열광적인 것이었다. 눈으로 확인할 수 있는 시야의 끝까지 사람들이 모여 있었다. 그들은 뜨거운 날씨 속에서도 나무 위에 앉아서, 빌딩 끝자락에 모여서 코트디부아르 국기를 흔들며 우리를 몇 시간 동안이나 기다리고 있었다. 우리가 탄 퍼레이드용 버스가 대통령궁을 향해 지나갈 때 사람들은 모두 손을 뻗어서 우리를 환영했다. 그 모든 것이 정말로 믿기 힘든 광경이었다. 우리는 월드컵에 진출했고, 그 후로 한동안 내전도 중단됐다. 코트디부아르에 진정한 평화가 찾아오는 데까지는 아직도 많은 시간이 필요했지만, 그것은 하나의 시작이었다.

18

월드컵과
아프리카 네이션스컵

| DIDIER DROGBA |

내가 코트디부아르 국가대표팀을 통해 가장 원했던 것은 그들과 함께 중요한 업적을 이뤄내는 것이었다. 콜로 투레와 야야 투레, 엠마누엘 에부에와 아루나 코네 등이 뛰고 있는 우리는 충분히 강한 팀이었다. 그래서 우리는 2006년 1월에 열린 아프리카 네이션스컵에도 강한 자신감을 갖고 참가했다. 우리와 같은 조에는 개최국인 이집트, 그리고 모로코와 리비아가 소속됐고 우리는 3경기에서 2승을 거두면서 8강에 진출했다. 8강에서 우리는 우리의 오랜 라이벌이자 그 대회에서 이집트, 우리와 함께 가장 강력한 우승 후보였던 카메룬을 만났다.

카이로에서 열린 카메룬전은 아주 극적인 승부였다. 두 팀은 정규 시간에 0 대 0으로 승부를 가리지 못했고, 연장전에 돌입한 지 2분 만에 우리가 선제골을 터뜨렸다. 그러나 우리가 4강 진출의 꿈을 품기도 전 카메룬은 3분 만에 동점골을 터뜨리며 쫓아왔다. 결국 연장전에서도 두 팀은 1 대 1로 승부를 가리지 못했고 결국 승부차기에 돌입하게 됐다.

그날의 승부차기는 평범이라는 말과는 거리가 먼, 국제대회 기록에 남을 만한 대단한 것이었다. 골키퍼까지 포함해서 양 팀의 모든 선수가 모두 골을 성공시키면서 11 대 11이 된 것이다. 결국 양 팀의 첫 번째 키커였던 나와 카메룬의 사무엘 에투(당시 바르셀로나에서 뛰고 있던)가 다시 키커로 나서게 됐다.

그 압박감은 정말 엄청난 것이었고 선수들은 물론 감독에게까지 전해졌다. 나의 가족은 물론 친구, 모든 지인이 고국에서 TV 앞에 앉아 지켜보고 있다는 것을 알면서 침착함과 집중을 유지하는 것은 쉬운 일이 아니었다. 나는 실수를 하고 싶지 않았고, 특히 팀의 주장으로서 동료들을 실망시키고 싶지 않았다. 이미 첫 번째 킥에서 시도했던 방향과 같은 방향으로 차야 할까? 아니면 반대편 방향으로 차야 할까?

불운하게도 사무엘 에투는 후자를 선택해서 시도하다가 크로스바를 넘겨버렸다. 이제 나의 차례였다. 나는 시간을 충분히 들여 평정심을 유지하기 위해 애썼다. 나는 고개를 숙여 피치를 바라봤다가 상대 골키퍼를 마지막으로 한 번 본 후 내가 첫 번째 킥을 찼던 반대방향으로 강한 슈팅을 날렸다. 골! 우리는 그렇게 준결승전에 진출했다. 그날의 결과는 한동안 우리에게 카메룬에 대한 심리적인 이점을 안겨줬다.

그전에 우리는 언제나 우리가 그들에 비해 약자라고 느꼈다. 그들에겐 경험 많은 선수들이 많았고 그들은 또한 직전의 대회에서 우승을 차지한 팀이기도 했다. 그러나 그날의 승리로 우리는 큰 자신감을 얻게 됐다.

4강전에서 우리는 나이지리아를 만났다. 그 경기에서 나는 한 골을 터뜨렸고, 드디어 우리는 사상 처음으로 국제대회의 결승전에 진출했다. 상대 팀은 주최국인 이집트였다. 우리는 이길 수 있다는 자신감이 있었지만, 지금 돌아보면 그때 우리는 심리적으로도 신체적으로도 지쳐 있었다. 결승전 당일, 우리는 도로에서 발생한 사고로 1시간 반이 걸려서 경기장에 도착했다. 그중 절반인 45분은 경기장 바로 앞에 모여 있는 이집트 홈팬들 때문에 전진하지 못하며 보냈다. 현장에는 경찰들도 나와 있었지만 그들은 홈팬들을 저지하지 못했거나 그렇게 할 의지가 없어 보였다. 그것은 이해할 수 없는 일이었지만 어쩌면 그렇게 중요한 경기를 앞두고 그들이 원정을 떠나온 팀보다는 홈팀을 도와주려고 했던 것이 아닐까 싶기도 하다. 그 대답이 무엇이든 간에 드레싱룸에 도착했을 때 우리는 이미 많은 스트레스를 받고 피곤한 상태였다.

경기 중에 나는 제 컨디션이 아니었다. 평소보다 기운도 나지 않았다. 그날의 경험은 내겐 정말 힘든 것이었다. 우리에겐 몇 번 기회가 있었지만 아무도 득점하지 못했다. 이집트는 경기 도중 페널티킥을 실축하기도 했다. 그래서 결국 우리는 또 한 번 승부차기를 하게 됐다. 주장으로서 나는 우리 팀의 첫 번째 키커로 나섰지만 실축을 하고 말았다. 나는 킥을 많이 놓치지 않았지만 그럴 때면 내 실수를 인정한다. 인생에는 그런 일도 있는 법이다. 스스로 위험한 순간에 나서다 보면 어떨 때는 성공하지 못할 때도 있다. 그것도 축구의 일부다. 그러나 적어도 나는 내가 그런 순간에 나설 수 있는 용기가 있었고 그 행동에 대해 후회하지 않았다.

이집트의 첫 번째 키커는 골을 성공시켰고 두 번째 키커도 마찬가지였다. 우리 팀에서는 두 번째 키커였던 콜로 투레가 골을 성공시켰다. 1 대 2. 그리고 그들의 세 번째 키커가 실축을 했다. 우리로서는 다음 키커가 골을 성공시킬 경우 2 대 2 동점을 만들 수 있는 기회였다. 그러나 아루나 코네가 실축을 했고 다음 번 키커였던 엠마누엘 에부에가 성공시켰지만 결국 그 결승전에서의 승부차기는 이집트의 4 대 2 승리로 끝났다.

그 패배는 나에겐 아주 뼈아픈 것이었다. 단지 내가 골을 놓쳤기 때문이 아니라 우리가 우승 일보 직전에 있었기 때문이었다. 우리는 조별 예선에서 이미 이집트를 겪은 적이 있었다. 그래서 우리는 결승전에서 같은 결과를 얻어서 우승할 수 있을 것이라고 믿었다.

2006년에 독일에서 열린 월드컵은 달랐다. 나는 월드컵에서 뛰는 것을 몇 년간 학수고대했고 종종 월드컵 본선에 오른 것이 사실이 아닌 꿈이 아닐까 하고 생각했다. 나는 그보다 더 믿기 어려운 일(내가 나의 영웅이었던 마라도나가 뛰었던 아르헨티나를 상대로 코트디부아르 축구 역사상 처음으로 월드컵에서 골을 넣은 선수가 된 일)은 상상도 해보지 못했다. 그러나 결국 그것은 현실이 됐고, 우리는 1차전에서 아르헨티나에 패했지만 그 경기는 여전히 내겐 꿈 같은 일이었다.

우리는 월드컵 본선에서 아르헨티나, 네덜란드, 세르비아와 같은 조에 편성됐다. 그 조는 아주 어려운 조였다. 세르비아와의 마지막 경기에서 승리하긴 했지만, 우리는 네덜란드와의 두 번째 경기에서도 패했고 결국 1승 2패로 16강 진출에 실패했다. 만약 16강에 진출했다면, 그것은 우리에겐 아주 큰 성과였을 것이지만 그것은 처음부터 쉽지 않았다.

내게 2006 독일 월드컵에서 실망스러웠던 또 한 가지는 당시 우리 팀 내부적으로도 문제가 생겼고 그 점이 우리의 경기력에도 부정적인 영향을 미쳤다는 것이었다. 나는 팀의 주장이었고 클럽에서도, 국가대표팀에서도 점점 더 큰 영향력을 갖게 됐다. 또 나는 전에 국가의 평화를 위해 했던 행동으로 인해 코트디부아르에서는 일종의 아이콘이 되기도 했다. 그 결과 우리 팀이 어디를 가더라도 팬들이 나를 둘러싸서 사인을 요청하고 나와 함께 사진을 찍곤 했다. 나는 그렇게 해달라고 요청을 한 적이 없었지만 중요한 것은 그것이 아니었다. 나는 곧 그 점을 불편하게 생각하는 동료들이 있다는 것을 알게 됐다.

나는 그 기간 중에 나 역시 실수를 한 적이 있다는 것을 알고 있다. 그러나 실수를 하지 않는 사람이 있는가? 나는 언제나 내 가슴에 손을 얹고 내가 몇몇 상황에 적절하게 대처하지 못한 것은 맞지만 나는 적어도 좋은 의도를 갖고 그 일을 했다고 말할 수 있다. 나는 코트디부아르라는 나라와 우리의 축구를 더 많은 사람에게 알리기 위해 나서서 팀을 대표해 목소리를 냈던 것이다. 그러나 불행히도 나의 그런 행동이 때로는 부작용을 낳기도 했다.

한편 코트디부아르의 내전은 계속 이어졌고 나의 나라는 사실상 둘로 나뉜 상태였다. 그런 상황 속에서 나는 2007년 3월에 가나의 수도 아크라에서 열린 2006 아프리카 올해의 선수상 시상식에 참가했다. 나는 당시 나의 첼시 동료였고 역시 같은 상의 후보자였던 마이클 에시앙과 함께 시상식장으로 이동했다.

그날은 내게 아주 자랑스러운 날이었다. 나의 어머니가 나를 환영하기 위해 직접 행사장에 와 계셨고 어머니는 내가 코트디부아르 전통의상을 입도록 도와주시기도 했다. 그리고 마침내 수상자로 내 이름이 호명됐을 때(나는 결과를 미리 알지 못했다) 나는 정말 큰 감동을 받았고 그것을 영광이라고 생각했다. 나는 그 상을 받은 최초의 코트디부아르 선수였다. 과거에 그 상을 받았던 선수들로는 조지 웨아, 사무엘 에투 등이 있었다. 에시앙은 그날 후보자들 가운데 3위에 올랐다. 나는 그와 내가, 또 다른 선수들이 전 세계에 아프리카의 긍정적인 이미지를 전달하고 있다는 사실이 기뻤다.

3월 4일, 내가 그 상을 받은 지 며칠 뒤에 코트디부아르 정부군과 북부를 중심으로 활동하던 포스 누벨 반란군 사이에 휴전이 선언됐다. 우리의 다음 대회는 3월 24일에 열린 아프리카 네이션스컵 예선전이었다. 상대 팀은 마다가스카르. 3 대 0으로 승리하고 코트디부아르로 돌아오는 비행기에서 나는 갑자기 좋은 생각이 났다. 현재 우리나라가 휴전 상태이니 내가 대통령을 찾아가서 나의 아프리카 올해의 선수 트로피를 북부에 주둔하고 있는 저항군의 본거지 부아케에 찾아가서 선물하겠다는 생각이었다. 그것은 몇 주 전만 해도 코트디부아르 남부 지방에 지내는 사람이 차마 근처라도 갈 엄두를 못 낼 곳이었다. 그러나 만약 가능하다면, 우리가 마다가스카르와의 홈경기를 그곳에서 여는 것은 어떨까? 그들과의 경기는 6월 3일로 예정되어 있었고, 그 계획을 현실로 만들 시간은 충분했다. 나는 며칠 후에 로랑 그바브보 대통령과 만나기로 약속이 되어 있었고 그 자리에서 트로피를 보여주기로 했다. 그에게 그 일에 대해 논의하기엔 이상적인 자리였다.

비행기 안에서 나는 코트디부아르 축구협회 회장인 자크 아누마에게 나의 아이디어에 대한 의견을 물었다. 그는 내 아이디어에 크게 동의했고 나는 결국 그로부터 이틀 후에 대통령에게 트로피를 보여준 후 조금 긴장하며 앞의 두 가지 아이디어에 대해 물었다.

그는 나의 아이디어를 아주 마음에 들어 했고 내가 그곳에 무사히 다녀올 수 있도록 조치를 취해주겠다고 말했다. 그리고 바로 이틀 후인 3월 28일에 나는 군인들의 호위를 받으며 저항군의 한복판인

부아케로 향했다. 그곳에서 나는 포스 누벨의 리더였던 길롬 소로 (다음 달에 평화를 위한 조치로 장관에 임명된)를 만났다.

그 길을 가면서 나는 이 트로피가 상징적인 가치를 지니고 있다고 생각했다. 코트디부아르의 자존심과 미래에 대한 희망. 나는 저항군의 본부로 향하는 도중에 무장한 병사들을 보면서 나 자신의 신변이 위험에 빠질 수 있다는 것을 알면서도 이상하게 침착했고 전혀 두렵지 않았다.

오히려 가는 도중에 마주친 수천 명의 사람이 나를 환영해주고 격려해줬다. 그들 중 일부는 내게 눈물을 보이기도 했다. 한 나이가 많은 여성은 나를 따라서 먼 길을 달려오기도 했다. 말 그대로 내가 타고 있는 차에 거의 몸을 던지다시피하며 나를 반기는 사람들도 있었다. 무서운 더위에도 불구하고 그 많은 사람이 그렇게 나를 반기면서 화해의 메시지를 던지고 있는 것이었다. 나는 단지 한 명의 축구선수이자 별 볼일 없는 집안에서 태어난 사람이다. 그러나 나는 인생을 통해 많은 믿기 어려운 순간들을 경험하며 살아왔다.

나를 향한 사람들의 열렬한 지지를 통해 나는 그들이 다시 통합되기를 원한다는 것을 느꼈고 그것은 아주 희망적인 것이었다. 그것은 곧 우리가 다시 한 번 하나 된 나라를 만들어갈 수 있다는 것을 뜻했다.

6월 3일, 우리는 내가 제안한 대로 마다가스카르와의 경기를 부아케에서 치렀다.

"왜 그곳에서 경기를 하지? 위험한 거 아닌가?"라며 걱정하는 선수들도 더러 있었다.

"친구들, 우리는 꼭 그곳으로 가야 해. 내가 직접 그곳에 가서 그들을 만나봤어. 그들도 축구를 사랑하고 우리 대표팀과 선수들을 사랑해. 그리고 우리가 지고 있을 때에도 언제나 우리를 응원해왔어. 우리는 꼭 그곳에 가야 해."

경기 전, 경기 중, 경기 후의 모습은 3월에 가진 경기와 마찬가지로 척박했다. 높은 온도와 습기는 견디기 어려울 정도였다. 그럼에도 팬들은 경기장에 들어오기 위해 엄청난 줄을 섰다. 경기 중에 그들의 응원은 정말 대단했고 우리는 결국 5 대 0 대승을 거뒀다. 그중에서도 내가 터뜨린 마지막 골은 정말 흡족한 것이었다. 그 골은 내가 그 경기를 부아케에서 치르기 위해 노력한 모든 것에 대한 응답이었다. 그 경기는 과거에 있었던 그 모든 일에도 불구하고, 코트디부아르가 여전히 하나의 나라이며 하나의 팀을 응원하는 하나의 공동체라는 것을 보여줬다.

그 경기는 이후에도 평화의 상징이 됐다. 나는 정부군의 병사와 저항군의 병사가 나란히 서서 그 경기를 보는 모습을 목격했다. 그후에 나는 내전으로 인해 남부로 이주했던 사람들이 고향으로 돌아갈 수 있겠다고 말하는 것을 봤다. 사람들은 '드록바가 부아케에 갔다면 그건 우리도 안전하게 돌아갈 수 있다는 거야'라고 생각했다. 축구 선수가 사람들의 삶에 그렇게 큰 영향을 끼칠 수 있다는 것을 지켜보는 것은 행복한 일이었다.

그 경기가 끝난 지 3일 후에 나는 15세 이후 처음으로 나의 조부모님께서 사셨던 코트디부아르 서부 지역을 방문했다. 나는 그 지역 사람들의 방언을 쓸 줄 몰랐고 그들과의 소통에 약간 문제가 있었지만 그곳은 나의 부모님이나 장모님이 지냈던 곳이기도 했다. 나의 장모님 엘렌은 작고 아름다운, 행동 하나하나가 나를 대하는 모습에서 품위를 느낄 수 있는 분이었다. 나는 나의 부모님이나 가족들이 태어난 곳에 가보는 일을 좋아한다. 그렇게 함으로써 그들을 더 잘 이해할 수 있기 때문이다.

그곳의 경치와 냄새는 단숨에 나를 사로잡았다. 넓고 아름다운 풍경, 친절한 사람들. 모든 것이 나를 더욱 내가 태어난 코트디부아르를 사랑하게 만들었다. 그곳에서 지내는 동안 나는 어딜 가나 많은 사람의 따뜻한 환영을 받았다. 차로 이동하는 것도 평소보다 다섯 배는 더 시간이 많이 걸렸다. 나를 보기 위해 몰려든 사람들이 인산인해를 이뤄서 행복의 눈물을 흘리고 내 이름을 부르며 나를 맞이해 줬기 때문이다.

그 여행은 나로 하여금 나와 나의 나라, 그리고 나와 나의 뿌리를 다시 한 번 깊이 연결시켜 줬다. 나는 그 인연을 절대로 잃어버린 적이 없지만 그때의 경험으로 그 인연은 더 강해졌고 앞으로도 늘 그럴 것이다. 나는 내가 코트디부아르인이라는 것이 가슴 깊은 곳으로부터 자랑스럽다. 그리고 오늘 나의 모습이 자랑스럽다. 그러나 내가 무엇보다도 자랑스러운 것은 내가 많은 사람에게 기쁨과 희망을 줄 수 있었다는 것이다.

가슴 아픈 만남들

| DIDIER DROGBA |

2010 남아프리카공화국 월드컵은 처음으로 아프리카 대륙에서 열리는 월드컵이었고 코트디부아르 대표팀의 입장에서도 아주 큰 기대가 되는 대회였다. 또 2009-2010시즌 나는 첼시에서 처음으로 리그와 FA컵 우승을 동시에 차지했고 개인적으로 가장 좋은 시즌을 보냈다. 나는 그 시즌 프리미어리그 득점왕을 차지했고, 또 한 번 아프리카 올해의 선수(2009년)에 선정됐다. 두 가지 모두 나의 두 번째 수상이었다. 또 그 무렵 나는 미국 잡지 〈베니티 페어〉 표지에 소개됐는데, 아프리카인 중에 그 잡지의 표지에 소개된 것은 넬슨 만델라 이후 내가 두 번째라는 사실을 알게 됐다. 그러니 내가 단순히 월드컵을 위해 준비가 됐다고 말하는 것은 당시 내 상황을 제대로 보여주지 못하는 표현이다. 나는 월드컵에서 뭔가 특별한 성과를 내고 싶었다.

　6월 초에 우리는 월드컵을 앞두고 스위스로 이동해서 몇 차례 친선경기를 가졌다. 스위스로 이동한 것은 일정 수준 고도가 있는 환경에서 실전 대비를 하기 위해서였다. 모든 것이 순조롭게 흘러갔다. 일본과의 친선경기에서 나는 전반 초반에 선제골을 터뜨렸다. 그리고 잠시 후에 볼을 컨트롤하려던 찰나에 나는 일본의 중앙 수비수(나의 선제골은 그의 몸을 맞고 굴절되어 들어갔다)가 나를 향해 몸을 날

리며 태클을 시도하려는 모습을 봤다. 축구계에서 흔히 말하는 '살인 태클'이었다. 나는 본능적으로 오른팔을 들어서 내 가슴을 보호했다. 만약 내가 미리 그 모습을 못 보고 그가 내 가슴을 가격했다면, 나는 도대체 어떤 일이 벌어졌을지 상상조차 하고 싶지 않다. 그건 정말 너무도 심한 태클이었다.

그와 충돌하자마자 그것이 큰 부상이라는 것을 알았다. 팔뚝이 너무 아팠다. 드레싱룸으로 들어가서 나는 고통과 슬픔의 눈물을 흘렸다. 그날은 우리의 월드컵 본선 1차전을 11일 앞두고 치른 경기였는데 나는 그 순간 최초의 아프리카 월드컵에서 뛰고 싶다는 나의 꿈이 이미 끝난 것이나 다름없다는 것을 직감했다.

나의 부상 소식은 곧 사방으로 퍼졌다. 경기가 끝나자마자 많은 사람이 나에게 연락을 해서 위로를 전했다. 카메룬의 공격수이자 나의 친구인 사무엘 에투는 나에게 전화를 해서 위로의 말을 전하며 자신이 알고 있는 뛰어난 외과의사를 소개해주겠다고 말했다. 그는 자신이 할 수 있는 모든 방법을 찾아보겠다고 했다.

결국 나는 다음 날 스위스 베른에서 가장 뛰어난 외과의사를 만나 진찰을 받았다. 그는 엑스레이 검사와 스캔 검사를 통해 나의 팔꿈치 부분이 부러졌다고 진단했고 뼈에 플레이트를 심을 수는 있지만 제대로 뛰려면 두세 달 정도는 걸릴 것이라고 말했다.

"잠시만요, 잠시만요!" 내가 머리를 저으며 그의 책상 위에 있는 달력을 가리키며 말했다.

"이 달력을 좀 보세요. 10일 후에 이날이 우리의 첫 월드컵 경기가 있는 날입니다. 저는 반드시 저 경기에 뛰어야 해요. 방법이 없을까요?"

의사는 크게 한숨을 쉬며 대답했다.

"글쎄요. 그런 치료는 한 적이 없습니다."

"제 말은 그런 말이 아닙니다. 혹시라도 50%라도 제가 경기에 뛸 가능성은 전혀 없을까요?"

"뛰는 게 아주 불가능하진 않습니다. 그러나 보호조치를 하고 뛰어야 하고, 만약 경기를 하다가 그 부위가 다시 다치기라도 하면 그대로 끝입니다. 8~9개월 혹은 그 이상 축구를 못 할 수도 있습니다."

"그럼 됐습니다. 그 방법대로 하죠."

결국 그날 그는 내가 요청한 방법대로 수술을 했다. 그는 나의 부러진 뼈 사이에 8인치 금속 플레이트를 심었고, 그 플레이트 부근에는 8개의 긴 금속 나사를 사용했다. 그 후에 나는 특수 제작된 보호장치를 착용했다. 내 팔 안에 꽤 많은 금속이 심어진 셈이었다. 그 금속들은 내가 2015년 여름에 수술을 해서 제거할 때까지 5년 동안 내 팔 안에 있었다. 나는 그 금속들을 일종의 기념품처럼 지금도 보관하고 있다. 유쾌함과는 아주 거리가 멀었던 경험에 대한 유쾌한 기념품으로서.

팀 호텔로 돌아온 다음 날 혹은 그다음 날에 누군가에게서 전화가 왔다. 넬슨 만델라로부터의 전화였다. 그는 남아프리카 특유의 차분한 목소리로 말했다.

"드록바, 이 월드컵은 우리들의 월드컵이야. 경기에 나서지 못하더라도 꼭 지켜보러 와주게. 기다리고 있겠네."

나는 그의 말을 듣자마자 곧바로 대답했다.

"반드시 가겠습니다. 꼭 갈 겁니다!"

나는 넬슨 만델라와 1년 전 컨페더레이션컵에서 처음 만났다. 나는 그의 집을 방문해서 그의 가족과 만나고 대화를 나눴다. 그는 지

헤로운 사람이고 아주 친절한, 그리고 평화로운 사람이다. 그와 함께 시간을 보내면서 나는 그처럼 위대한 사람과 함께 시간을 보낼 수 있다는 것이 엄청난 특권이라고 생각했다. 그 후로부터 나는 그의 딸인 진지와 계속 연락을 주고받고 있다.

그 후로 나와 만델라 사이의 연락은 늘 진지가 대신 전해줬다. 내가 부상을 당했다는 소식에 그들이 스위스에 있는 나에게 연락을 해온 것은 참으로 놀라우면서도 감사한 일이었다.

제프 블라터 FIFA 전 회장 역시 나를 위로하기 위해 전화를 걸어왔다. 그것은 최근 그와 FIFA 사이에 있었던 일들을 생각해보면 조금 모순적이기도 했다.

"자네가 없는 아프리카 월드컵은 월드컵이 아니네."

그가 직접 나에게 전화를 걸어 격려의 말을 전해준 것은 물론 아주 고마운 일이지만, 내가 정말 큰 감동을 받은 것은 만델라의 전화였다. 나는 그의 그 말을 영원히 잊지 못할 것이다.

그 후로 매일같이 나는 내가 월드컵 일정에 문제 없이 출전할 수 있도록 기도했다. 나는 남아프리카공화국에 도착했을 때도 여전히 통증을 느꼈다. 그러나 나는 무슨 수를 써서라도 우리의 첫 번째 경기에 출전하겠다는 굳은 결심을 했고 첫 번째 훈련에 참가했다. 나는 여전히 보호장비를 착용한 채 공개 훈련을 지켜보기 위해 모인 팬들 앞에서 훈련을 받았다.

"해내야만 해. 할 수 있어."

나는 계속 나 자신에게 말했다.

일주일 후 나는 다시 팔에 통증을 느꼈다. 그때까지는 한동안 거의 아무런 감각이 없었다. 내 팔이 괜찮은지 테스트해보기 위해 나는 몇 차례 푸쉬업을 해봤다.

"드록바, 뭐 해! 너 미쳤어?" 내 모습을 본 코치들이 소리를 질러댔다.

"아니에요. 괜찮아요. 전 괜찮습니다." 내가 몇 차례 더 푸쉬업을 하면서 말했다. 그리고 난 내가 첫 번째 경기를 뛰어도 괜찮다는 확신을 받았다. 그저 팀의 사기를 올리기 위해 경기에 나서는 게 아니라 정말 제대로 뛰어도 된다는 확신을.

우리의 첫 경기 상대는 포르투갈이었고, 나는 후반전 21분에 교체 투입됐다. 불행히도 나는 내 팔이 과연 격렬한 경기를 견뎌낼 수 있을지에 대한 100% 확신이 없었고, 경기 종반에 좋은 찬스를 놓치고 말았다. 볼이 나에게 왔을 때 나는 몸의 균형이 틀어진 상태였는데, 내가 슈팅을 시도할 경우 내가 분명히 넘어질 것이라는 것을 알았고, 과연 내 팔이 괜찮을지에 대한 확신이 없었다. 나는 무의식적으로 슈팅을 하기보다는 볼을 컨트롤하는 데 그쳤고 결국 슈팅을 시도하지 못했다. 결국 우리는 0 대 0 무승부를 거뒀고 그것은 우리의 상황을 고려할 때 아주 나쁜 상황은 아니었다.

우리의 다음 경기는 브라질전이었는데 나는 팔의 상태가 호전됨에 따라 선발 출전했다. 감독 역시 내가 90분을 뛰어도 된다고 판단했다. 그러나 그 경기는 우리의 뜻대로 흘러가지 않았고 우리는 후반전 초반에 이미 0 대 3으로 끌려가기 시작했다. 그러나 한 가지 긍정적이었던 점은 내가 브라질을 상대로 골을 터뜨렸다는 점이었다. 그 골로 인해 나는 브라질을 상대로 골을 넣은 최초의 아프리카인이 됐고 그것은 내겐 자랑스러운 순간이었다. 그러나 나의 골은 그 경기의 결과를 바꾸기엔 역부족이었다.

우리의 마지막 조별 라운드 3차전 경기는 북한을 상대로 한 경기였다. 그 경기에서 우리는 북한을 3 대 0으로 꺾었고 나의 친구이자 첼시 동료였던 살로몬 칼루가 세 번째 골을 터뜨렸다. 칼루는 2007년에 대표팀에 합류해서 그 후로 20골이 넘는 골을 터뜨리면서 대표팀의 성공에 큰 기여를 했다. 그러나 그 승리에도 불구하고 우리는 조별 라운드에서 탈락하고 말았다. 16강 진출 실패는 정말 실망스러운 결과였지만 브라질, 포르투갈과 한 조에서 그 둘을 꺾고 16강에 오르는 것은 처음부터 쉽지 않은 일이었다. 나는 나의 부상으로 인해 그 결과가 바뀌었다고는 생각하지 않는다.

나에게 그 월드컵의 가장 긍정적인 점은 내가 태어나고 자란 아프리카 대륙에서 월드컵이 개최됐다는 점이다. 그건 정말 특별한 일이었다. 나는 아프리카에서 월드컵이 개최됐다는 사실에, 전 세계의 사람들이 이 놀라운 대륙에서 진행되는 월드컵을 지켜보고 있다는 사실에 자랑스러움을 느꼈다. 또 세계 최고의 축구팀을 상대로 골을 넣은 첫 번째 아프리카인이 됐다는 사실 또한 뿌듯했다.

2012 아프리카 네이션스컵은 내게 아쉬움이 아주 많았던 대회였다. 그해 우리는 선수들의 자존심이나 모든 것을 내려놓고 한 팀으로서 대회를 치렀다. 우리는 우리가 하나의 대표팀으로서 아주 성숙했다고 느꼈고 팀으로서의 단결력도 절정의 수준이라고 느꼈다. 우리는 어떤 것도 두려워하지 않았고 계속해서 상대방을 압박하며 멋진, 아주 긍정적인 축구를 했다. 그것은 코트디부아르라는 나라가 마침내 아주 오랜 시간 만에 전보다 더 하나로 뭉쳤다는 사실에 의해 가능했던 일이기도 하다. 나라의 상태가 선수들의 마음가짐에도 그렇듯 영향을 주는 것이다.

우리는 결국 결승전에 진출했고 그 대회의 결승전은 가봉의 수도 리브르빌에서 열렸다. 우리의 상대 팀은 잠비아. 잠비아의 프랑스인 감독 에르베 레나르는 팀을 조직력이 강하고 사기가 충만한 상태로 키워냈지만 나는 이 결승전이야말로 내가 코트디부아르 대표팀에서 뛴 이후 처음으로 우승을 차지할 수 있는 최고의 기회라고 생각했다.

결승전에서 양 팀은 모두 득점을 올리지 못했다. 후반전에 우리는 페널티킥 기회를 얻었고 그 기회는 그 경기에서 가장 중요한 순간이었다. 코트디부아르의 주장으로서 나는 그 페널티킥을 차기 위해 나섰다. 몇몇 이유로 인해 나는 크로스바를 넘기는 슈팅을 하고 말았다. 나는 지금도 도대체 내가 그때 왜 그런 슈팅을 했는지 이해할 수가 없다. 나는 단 한 번도 그렇게 페널티킥을 처리한 적이 없었다. 그 결과 결국 경기는 연장전에 돌입했고 결국 승부차기까지 이어지게 됐다.

승부차기가 시작되는 순간 잠비아의 경기장에는 꽤 심한 비가 내렸고 승부차기가 늘 그렇듯 견디기 어려운 수준의 긴장감이 감돌았다. 승부차기는 우리의 선축으로 시작됐다. 1 대 0. 잠비아도 첫 번째 골을 성공시켰다. 1 대 1. 양 팀의 선수들이 모두 나와서 골을 성공시켰다. 골키퍼는 볼에 손도 대지 못했다. 이번에 나는 다섯 번째 키커로 나섰다. 이런 경기에서는 다섯 번째 키커가 결정적일 때가 많기 때문이었다. 그리고 이번에는 골을 성공시켰다. 5 대 5, 6 대 6, 7 대 7. 승부차기가 길어지면서 길어질수록 양 팀의 긴장감도 점점 더 높아졌다.

우리의 다음 키커는 우리 팀에서도 가장 경험이 많은 선수 중 한 명인 콜로 투레였다. 그는 도움닫기를 멀리서 시작해서 한참을 달렸는데 아마도 그것이 골키퍼로 하여금 그의 슈팅 방향을 읽어낼 수 있게 했던 것 같다. 그의 슈팅은 결국 상대 골키퍼가 막아냈다. 이제 잠비아가 골을 성공시키면 그들의 우승이 확정되는 상황이 됐다. 키커는 레인포드 칼라바였다. 그는 결정적인 기회를 살리지 못하고 크로스바를 넘겨버렸다. 우리에겐 절체절명의 위기에서 해방되는 안도의 순간이었다.

다음 우리 키커는 아스널에서 뛰고 있던 제르비뉴였다. 그러나 그는 방금 잠비아가 했던 것과 똑같은 실수를 했다. 그의 슈팅은 크로스바를 넘겨버렸다. 우리는 모두 충격에 빠졌고 잠비아의 중앙 수비수 스토피야 순주의 킥을 제대로 쳐다보기도 어려웠다. 그는 침착하게 골을 성공시켰고 그렇게 결승전은 종료됐다. 승부차기 스코어 8 대 7, 잠비아의 우승. 우리는 또 한 번 결승전에서 무릎을 꿇고 말았다.

그 패배는 우리에게 정말 쓰라린 것이었다. 우리는 그 대회 내내 단 한 골도 실점하지 않고도(결승전 포함해서) 우승을 차지하지 못했다. 우리는 가장 많은 골을 넣은 팀이었고, 나는 그 대회 득점왕을 차지했다. 나는 계속해서 '어떻게 이런 일이 가능한가'라고 되뇌었다. 이렇게 훌륭한 선수들이 많은 팀이 마침내 팀으로서 성숙하고 발전했음에도 불구하고 어떻게 빈손으로 돌아갈 수 있을까? 우리는 우승을 위해 모든 것을 다 바쳤지만 결국 목적을 달성하지 못했다. 나의 모든 동료들이 눈물을 흘렸고 나 역시 그들과 함께 슬퍼했다.

내가 그 결과를 이해할 수 있는 유일한 방법은 나의 페널티킥 실축을 포함해서 우리가 우승할 운명이 아니었다는 것뿐이었다. 10시간을 더 뛰었더라도 그들이 우승할 운명이었던 것이다. 마치 19년 전에 잠비아의 선수단 중 감독을 포함한 18명이 가봉과 멀지 않은 곳에서 비행기 사고로 사망했던 일이 영향을 끼친 것 같기까지 했다. 어떤 일들은 그렇듯 미리 정해진 운명인지도 모른다.

나는 절망에 빠져서 잉글랜드로 돌아왔다. 돌아오는 중에 나는 내 가족에 관한 아주 힘든 뉴스를 접하게 됐다. 그 소식으로 인해 나는 더 감정적이 됐다. 그날 밤 나의 아내와 아이들이 잠자리에 든 후에 나는 친구에게 전화를 걸어서 지난 며칠 동안 있었던 힘든 일들에 대해 털어놨다. 갑자기 나는 설명하기 어려운, 아주 이상한 기분에 휩쓸렸다. 나는 친구에게 인사를 하고 전화를 끊은 후에 울음을 터뜨리기 시작했다. 멈출 수가 없었다. 그 결승전, 나의 가족의 문제, 내 인생의 전반적인 모든 문제와 그에 대한 감정들이 한꺼번에 밀려왔다. 나는 그 전까지 한 번도 그렇게 많이 울어본 적이 없었기에 사람이 그렇게 울 수 있다는 생각도 하지 못했다. 아마도 그것은 나의 인생에 힘들었던 순간에 그동안 쌓였던 모든 일이 폭발한 것이었을 것이고 그 기간 중 나는 첼시에서도 별로 좋은 시간을 보내지 못했다.

다음 한 달 동안 나는 정서적으로 불안한 시간을 보냈다. 어느 날은 기분이 좋았다가 다른 날은 어떤 감정이나 걱정에 사로잡혀서 보냈다. 나는 내 일상생활과 피치 위에서의 경기력을 완전히 분리할 수 있는 선수가 아니다. 첼시에서의 경기력도 분명히 그 때문에 영향을 받았다. 그러나 그로부터 한 달 후에 첼시는 새 감독을 맞이했고 우리는 결국 그 시즌을 환상적으로 마무리했다. 그러나 여전히 내게 그해 아프리카 네이션스컵 결승전은 아주 슬픈 기억으로 남아 있다.

2014 브라질 월드컵은 내가 코트디부아르 대표팀에서 뛸 수 있는

마지막 월드컵이었다. 브라질은 축구의 나라이자 축구를 종교처럼 여기는 나라이고 나 역시 개인적으로 언젠가 꼭 한 번 뛰어보고 싶은 나라였다. 나는 그 대회를 끝으로 대표팀에서 은퇴하는 것이 적절할 것이라고 생각했다.

월드컵 본선을 앞두고 잉글랜드 시즌이 끝난 후 나는 카타르로 가서 개인적으로 대회를 준비했다. 나는 그 개인 훈련 중에 3kg을 감량했고 그중 절반은 지방이었다. 내가 이미 체중이 많은 상태가 아니었다는 점을 감안하면, 그것은 곧 내가 최고의 상태로 브라질 월드컵에서 뛸 수 있게 됐다는 것을 의미했다.

브라질에 도착했을 때 우리는 브라질에도 우리를 좋아하는 팬들이 많다는 것을 알게 됐다. 우리를 환영하기 위해 나온 사람들이 아주 많았기 때문이다. 비록 마라카낭 스타디움에서 뛰지 못한 것은 아쉽지만(그건 내 평생의 목표 중 하나였다), 나는 축구의 나라 브라질에서 축구를 했다는 사실에 만족한다.

우리는 아프리카 대륙 최초로 3회 연속 월드컵 본선에 진출한 나라였다. 우리는 그 사실이 아주 자랑스러웠다. 만약 우리가 사상 최초로 16강에 진출할 수 있다면 더 그랬을 것이다. 우리 팀에는 여전히 야야 투레, 콜로 투레가 있었고 제르비뉴를 포함해 많은 젊은 선수들이 있었다. 우리는 일본, 콜롬비아, 그리스와 한 조에 편성됐고 16강에 진출할 수 있다는 희망이 있었다.

불행히도 우리 감독은 나를 믿지 못하고(내가 주장이었음에도 불구하고) 나를 일본과의 선발 명단에서 제외했다. 물론 나는 그 결정이 만족스럽지 않았다. 특히 그는 그 사실에 대해 내게 경기가 시작되기 몇 시간 전까지도 알려주지 않았다. 나는 늘 감독과 선수들 사이에 의사소통을 중요하게 생각하는 사람이며 왜 그가 나에게 그런 사실에 대해 미리 어떤 말도 하지 않았는지 이해할 수가 없었다. 나는 우리가 0 대 1로 뒤지고 있을 때 경기에 투입됐고 경기 결과를 바꿨다. 우리는 결국 2 대 1 역전승을 거뒀고 그 결과는 내가 감독에게 보낼 수 있는 최고의 응답이었다.

2차전에서도 같은 일이 벌어졌다. 나는 선발로 출전하지 못하고 벤치에서 경기를 시작했고 후반전 15분에 투입됐다. 그 경기에서 우리는 결국 콜롬비아에 1 대 2로 패했다. 나는 또 한 번 그 경기 결과와 나를 교체로 투입한 것에 만족할 수 없었다. 이제 우리의 운명은 마지막 경기인 그리스전에 달려 있었다. 우리는 16강에 진출하기 위해 최소한 무승부가 필요했다. 그리고 그리스전에서 나는 선발로 출전했다. 그리스는 전반전 직전에 선제골을 터뜨렸고 우리는 후반전 29분에 역습 상황에서 동점골을 터뜨렸다. 우리는 15분만 버티면 16강에 진출할 수 있었다. 그리고 몇 분 후 감독은 나를 교체 아웃시켰는데, 나는 교체되어 나오면서 나도 모르게 그들이 득점을 할 것 같은 이상한 예감이 들었다. 나는 2009년 바르셀로나와의 챔피언스 리그 준결승전에서도 그런 예감이 든 적이 있었다.

시간은 계속 흘렀고 정규시간이 마감됐다. 나는 그런 경험을 전에도 수없이 해봤다. 추가시간이 됐다. 나는 무슨 일이 일어날지를 알았다. 그냥 알았다. 그리고 추가시간 3분, 거의 그 경기의 마지막 순간에 주심은 그리스에 페널티킥을 선언했고 사마라스가 페널티킥을 차기 위해 나섰다. 그 페널티킥은 아주 논쟁적인 것이었고 나는 지금도 그 결정에 동의할 수 없다.

나는 그 모습을 벤치에서 아무것도 할 수 없는 상태에서 지켜봤다. 나는 감정을 억누를 수가 없었다. 그래서 나는 터치라인 부근에서 무릎을 꿇고 기도를 했다. 그게 내가 유일하게 할 수 있는 일이었다. 슬프게도 그날 나의 기도는 이뤄지지 않았다. 사마라스가 골을 성공시킨 것이다. 그리스는 사상 처음으로 월드컵 16강에 진출했다. 그것은 같은 꿈을 꿨던 우리에겐 절망적인 순간이었다.

그 대회에서 내게 가장 실망스러웠던 것은 토너먼트의 첫 경기부터 내가 늘 팀에서 배제된 것처럼 느껴졌다는 것이었다. 내가 여전히 팀의 주장이었는데도 불구하고 말이다. 나는 우리의 감독 사브리 라무쉬가 나에 대해 자신이 마음대로 다룰 수 없는 존재라고 느꼈다고 생각한다. 내가 그의 지위를 위협한다고 느꼈고, 나를 주변에 두고 싶지 않았던 것이다. 코트디부아르 FA 회장은 나에 대한 감독의 처사에 대해 어떤 말도 하지 않았다. 나는 그로부터 한 달 후에(감독이 이미 사임한 후였음에도 불구하고) 국가대표팀으로부터 은퇴하겠다는 의사를 밝혔다. 나는 36세였고 이제 막 첼시와 다시 계약한 상태였다. 나는 국가대표팀에서 물러나는 것이 나와 나의 가족, 그리고 장기적인 나의 건강, 그리고 나의 클럽 축구 활동에 좋을 것이라고 생각했다. 나는 코트디부아르의 팬들이 내 결정을 존중해줄 것이라고 생각했고 나의 결정에 대해 후회하지 않는다.

그로부터 6개월 후인 2015년 2월, 코트디부아르는 마침내 오랫동안 꿈꿨던 아프리카 네이션스컵 우승을 차지했다. 그들이 우승을 차지하던 날, 나는 만감이 교차했다. 그 결승전에서 코트디부아르와 가나는 또 한 번 승부차기를 가졌고 이번에는 9 대 8로 코트디부아르가 우승을 차지했다. 그 결승전은 정말 보기가 어려웠다. 나는 그 경기를 나의 가족, 친구들과 함께 봤는데 코트디부아르의 우승을 확정 짓는 골이 성공되자마자 펄쩍펄쩍 뛰며 기쁨의 소리를 질렀다. 나는 나의 나라가 우승을 차지한 것이 진심으로 기뻤고 그렇게 오랫동안 꿈꾼 우승을 이뤄낸 동료들을 위해 기뻐했다. 물론 나도 한 명의 사람으로서, 그 순간 그들과 함께 경기를 하지 못한 것이 조금은 슬펐던 것도 사실이다. 비록 6개월 전에 대표팀을 떠났지만 여전히 그들 중 일부라고 믿는 사람으로서 내가 그곳에서 그들과 함께 즐길 수 있었다면 좋았을 것이라고 생각했다.

그러나 그 우승은 내겐 개인적인 의미보다 훨씬 더 큰 의미가 있었다. 그것은 코트디부아르라는 나라의 우승이었다. 이제 코트디부아르는 평화를 되찾았다. 나는 그 우승이 코트디부아르라는 나라로 하여금 앞으로 더욱 평화를 지키고 결속력을 다질 수 있는 계기가 되기를 바랐다. 또 그 우승을 통해 모든 사람이 제각기 다른 선수들로 구성된 축구팀을 응원할 수 있다면, 사회적인 문제점들 역시 하나가 되어 극복해낼 수 있고 국가 전체의 목표를 향해 나갈 수 있다는 점을 깨달을 수 있기를 바랐다.

20

나의 가족, 나의 사람들

| DIDIER DROGBA |

나는 나의 가족에 대해 별로 말하지 않는 편이다. 특히 나의 아내의 경우엔 더욱 그렇다. 그러나 가족들 없이는 나는 결코 오늘의 내가 될 수 없었을 것이며 지금까지 이룬 모든 일들도 이룰 수 없었을 것이다. 그러나 나와 아내, 특히 우리 아이들에 대해서는 되도록 대중에게 공개되지 않길 바라는 편이다. 우리는 절대 집에서 인터뷰를 하거나 사진 촬영을 하지 않는다. 그러나 가족들에 대한 이야기를 하지 않고 내 인생을 책으로 소개하는 것은 불가능한 일이다. 가족들이 나에게 가장 소중한 존재이기 때문이다.

나의 아내 랄라 디아키테를 처음 만난 순간 나는 마치 번개를 맞은 것 같은 느낌을 받았다. 다르게 말하자면 '첫눈에 반했다'는 바로 그런 느낌이었다. 1995년, 내가 17세였던 해에 그녀를 처음 만났다. 나는 프랑스 서북부에 있는 반느의 삼촌 댁에 머물고 있었다. 나의 삼촌은 축구 선수로서 은퇴한 후 식료품 가게를 차렸는데 나는 학교가 방학 중이었고 르발루아에서 훈련이 없을 때면 삼촌을 찾아가서 시간을 보내곤 했다.

그날 나는 삼촌이 운영하는 가게에서 삼촌을 도와주다가 피곤해서 가게 뒤쪽에 있는 삼촌의 소파에 누워 잠시 쉬고 있었다. 나의 사촌 비비안 역시 나와 함께 있었다. 비비안은 당시 반느에 살고 있던

나의 숙모 중 한 분의 딸이었다. 그리고 비비안의 가장 친한 친구가
바로 미래에 나의 아내가 되는 랄라였다. 삼촌의 가게로 랄라가 걸
어 들어오는 순간 나는 그 즉시 그녀에게 마음이 갔다. 나는 그전에
한 번도 그녀를 본 적이 없었지만 그녀에겐 다른 소녀들과는 아주
다른 그녀만의 매력이 있었다. 물론 아주 아름답기도 했다. 그녀와
나는 대화를 나누게 됐고 그로부터 몇 년 동안 연락을 주고받았다.
나는 아주 어렸지만, 그녀와 사랑에 빠지게 됐다. 나는 그녀에게 러
브레터를 써서 그 위에 내가 사용하던 향수를 뿌린 후에 보내곤 했
다. 그녀가 답장을 보내주길 기대하면서. 그 시절은 아직 사람들이
러브레터를 주고받던 시기였다.

우리는 그렇게 한동안 연락을 주고받았고 나는 시간이 있을 때마
다, 또 내게 돈이 있을 때마다 그녀를 보기 위해 반느로 갔다. 그러나
결국 우리는 어느 순간에 소식이 끊기게 됐다.

랄라는 나보다 몇 살이 더 많았고, 그녀는 아마도 나에 대해 너무
어리고, 성숙하지 못하고, 불규칙한 삶을 사는 사람이라고 생각했던
것 같다. 그건 모두 사실이었다. 그 무렵 나는 르망으로 이사를 했고
그녀는 간호학교에 다니면서 바쁜 시간을 보냈다. 그리고 3년 후에
그녀의 첫 아이인 케빈이 태어났다. 한편 나는 비슷한 시기에 처음
으로 돈을 벌기 시작했다. 그러나 내가 버는 돈은 받자마자 곧 사라
졌다. 나는 옷을 사고, 외출해서 시간을 보내고, 음식을 사면서 돈을
다 써버렸다. 어느 하루는 친구들에게 저녁 식사를 대접하기 위해
집으로 초대했는데, 하필이면 그날 집에서 전기를 쓸 수 없다는 걸
뒤늦게 알게 됐다. 전기료를 한동안 내지 못했기 때문에 전기가 끊
어져버린 것이다.

그러나 나는 언젠가 랄라와 만나고 싶다는 꿈을 여전히 품고 있었다. 어느 날 그녀는 케빈, 비비안과 함께 나를 찾아왔다. 바로 그날부터 그녀와 나의 관계는 다시 시작됐고 우리는 전보다 더 가까워졌다. 나는 쉬는 날마다 단지 그녀를 만나기 위해 반느로 가는 기차를 탔다(왕복 530km). 그것은 젊은 시절 사랑에 빠진 사람이기에 가능한 일이었다. 나는 오후 훈련을 마치자마자 반느로 가서 다음 날 아침 첫 기차를 타고 돌아와 훈련을 받기도 했다. 당시 나는 르망과 반느를 오가는 기차시간을 줄줄 외우고 있었다. 내가 그 기차를 너무 자주 타자 표를 검사하는 사람들조차 내 얼굴을 외워버렸고 나의 티켓을 따로 검사하지 않았다.

어느 발렌타인데이에 나는 랄라에게 다음 날 경기가 있어 반느에 갈 수 없다고 말했다. 그녀는 축구 선수로서의 내 생활을 존중했기 때문에 알겠다고 말하고 다른 계획을 세웠다. 그러나 발렌타인데이 밤에 나는 그녀의 집 앞으로 찾아가 그녀를 근사한 레스토랑으로 데리고 갔다. 그곳에서 나는 모든 사람이 보는 가운데 미리 준비한 선물을 그녀에게 선물했다. 쑥스러움을 많이 타는 그녀는 즉시 내 선물을 가방에 넣고 나중에 열어보겠다고 했다. 그러나 나는 그녀에게 꼭 지금 열어보라고 말했다. 그것은 나름대로 낭만적인 순간이었다.

2000년 1월, 그녀는 르망으로 이주해서 나와 함께 지내기 시작했다. 그 전까지 친구들이 언제나 드나드는 완벽한 총각처럼 지내던 나는 완전히 다른 삶을 살기 시작했다. 랄라는 내가 얼마나 돈을 함부로 쓰는지를 알고는 내게 한 달에 쓸 수 있는 돈을 정해주고 얼마만큼을 저축해야 하는지도 알려줬다. 그녀는 내가 훨씬 더 정돈된 삶을 살 수 있도록 도와줬다. 나는 그녀의 아들인 케빈을 갓난아기 때부터 알고 있었기 때문에 아이를 더 쉽게 받아들였고 마치 아이가 나의 아들인 것처럼 키웠다.

그해 3월, 랄라는 나의 아이를 임신했다. 난 정말 행복했다. 모든 것들이 한 번에 일어났다. 나는 바로 1년 전에 나의 첫 프로 계약을 체결했고 르망에 정착해서 생활하고 있었으며 이제 개인적으로도 안정된 삶을 살게 됐다. 인생이 그렇게 즐거운 적이 없었다. 아주 어릴 때부터 어딘가에 정착해서 살길 꿈꿨던 나에겐 22살에 아빠가 되는 것은 완벽한 일이었다.

나의 아들 이삭이 태어나던 2000년 12월 15일은 내 인생 최고의 날이었다. 첫 아이가 태어나는 것은 누구에게나 특별한 일이다. 이삭의 경우는 탯줄이 아이의 목을 감고 있어서 아이의 출산을 위해 의사들이 탯줄을 제거하고 산소를 공급하기 위해 더 많은 고생을 했다.

이삭의 탄생으로 인해 내 인생은 완전히 바뀌었다. 이삭이 태어난 지 몇 주 후의 어느 날, 나는 아이가 갑자기 아파하는 모습을 보고 황급하게 약을 살 돈을 찾기 위해 현금지급기를 찾았다. 나는 랄라를 만난 후로 전보다는 경제적으로 좀 더 나은 생활을 하고 있었지만 그때도 여전히 아주 정돈된 생활을 하지는 못했다. 결국 나는 현금을 찾을 수 없었다. 내 카드에 남은 돈이 없었던 것이다. 결국 나는 친구에게 돈을 빌려서 약을 사게 됐다. 그때의 그 황당함과 굴욕감은 잊을 수 없는 것이다. 나는 그 일을 계기로 다시는 그런 일이 발생하게 하지 않겠다고 결심했고, 그날로부터 진정한 아빠, 가족을 책임질 수 있는 아빠가 됐다.

그로부터 1년 후, 2002년 1월에 나는 갱강으로 이적했고 홈구장 근처에 예쁜 집을 구했다. 우리는 행복한 4인 가족이었고 특히 랄라는 또 한 번 임신을 했다. 그해 3월 12일, 우리는 딸 아이만을 맞이했다. 그날은 나의 생일 바로 다음 날이었다. 나에게 가족이 한 명 더 늘어나는 것보다 더 좋은 생일선물은 없었다. 연봉도 늘어난 나는 나의 첫 차 오펠 자피라를 구입했다. 나는 뿌듯했다. 그 차는 7개의 좌석이 있는 아주 편안한 차로, 우리 아이들을 위해 필요한 다양한 물건들을 실을 수 있었다. 나는 그 차를 아주 좋아했다.

그로부터 또 오래 지나지 않아서 우리는 또 한 번 이사를 했다. 이번에는 마르세유였다. 처음에 우리는 마르세유 교외의 아름다운 도시 라 트헤이에서 지냈다. 그러나 잠시 후에 우리는 시내로부터 20km 정도 거리에 있는 라 시오타로 이주해서 지냈다. 새집에서의 생활은 전보다 더 좋았다. 우리의 새집은 바닷가에 있는 언덕 위에 있었다. 우리는 테라스를 통해 지중해의 아름다운 경치를 볼 수 있었고 5분, 10분 만에 해변으로 나갈 수 있었다. 그 테라스에서 나와 아내는 티셔츠 차림으로 커피를 마셨고 아름다운 바다를 보면서 감탄하곤 했다. 아이들은 "다음 휴가에 해변에서 놀아요"라고 말하기보다는 "오늘 해변에서 놀아요"라고 말했다. 그해 우리는 마르세유의 바다와 햇볕을 즐기며 정말 행복한 일상을 보냈다. 나 역시 내가 마르세유에서 오래 남아서 뛸 거라고 생각했다.

런던으로의 이적은 나에게도, 내 가족에게도 뜻밖의 일이었다. 우리는 코범 훈련장 근처에 집을 구했고 그 후에는 어느새 12세가 된 케빈의 학교를 구해야 했다. 우리는 케빈을 국제학교가 아닌 잉글랜드의 공립학교에 보내길 원했다. 케빈이 제대로 영어를 배우길 원했기 때문이다. 결국 케빈은 영어를 한마디도 할 줄 모르는 상태에서 잉글랜드의 학교에 다니기 시작했다. 운 좋게도 케빈은 머리가 좋아서 몇 달 만에 학교 수업을 따라가고 영어를 쓰기 시작했다. 케빈은 오히려 나나 랄라보다도 더 쉽게 잉글랜드 생활에 적응했다. 나는 종종 케빈보다도 내가 영어에 미숙하다는 점이 부끄럽기도 했다. 케빈에게 영어를 물어보기도 했고 케빈이 나의 영어 공부를 도와주기도 했다.

랄라는 잉글랜드 생활에 쉽게 적응하지 못했다. 그녀는 프랑스에 가족과 친구들이 있었고 말이 잘 통하지 않는 나라로 이사하기 위해 그들을 떠나야 했다. 새 도시에 갔을 때 그곳의 언어를 쓸 줄 모르는 것은 아주 힘든 일이다. 당시 나의 여동생이 잉글랜드에서 살고 있어서 우리를 도와주기는 했지만 랄라는 언어뿐 아니라 런던의 기후나 생활환경에 적응하기 위해 고생을 했다. 프랑스와 잉글랜드는 아주 가까운 나라지만 두 나라는 여러 가지 면에서 아주 다르다. 새 문화에 적응하기, 정착하고 지낼 집을 구하기, 아이들의 학교를 구하기 모두가 쉽지 않은 일이었다.

당시 세 살이었던 이삭 역시 런던에 처음 도착했을 때 아주 힘들어했다. 이삭은 어느 날 내게 직접 와서 "아빠, 마르세유로 돌아가고 싶어요"라고 말하기도 했다. 그건 아빠로서 아주 힘든 순간이었다. 물론 지금 내가 이삭에게 같은 질문을 한다면 아이는 "무슨 소리예요? 안 가요!"라고 하겠지만. 나는 자신이 마르세유에서 산 적이 있다는 것조차 기억하지 못할 거라고 생각한다.

결국 꽤 오랜 시간이 걸려서 우리는 런던에 정착했다. 첼시에서 보낸 초반기에 나조차 팀에 완전히 적응하지 못한 상태였지만 2006년 여름을 기점으로 모든 것이 좋아지기 시작했다. 아이들도 학교생활을 즐거워했고 프랑스어와 영어를 모두 능숙하게 구사하게 됐다.

아이들은 학교에서나 다른 아이들과 함께 있을 때 영어로 말하고, 집에 와서 우리 가족끼리 있을 때는 프랑스어로 말한다. 아이들이 그러는 걸 보면서 나와 랄라는 웃곤 한다. 우리는 여전히 그 아이들처럼 영어를 편하게 하지 못하기 때문이다. 아이들은 프랑스나 코트디부아르에 갈 때면 전보다 더 프랑스어를 쓴다. 아이들은 잉글랜드, 프랑스, 코트디부아르 세 나라를 모두 자연스럽게 여기고 그 나라에서 쓰는 언어를 편하게 사용하며 나와 랄라는 그것을 자랑스럽게, 또 행복하게 여긴다.

2009년 5월, 우리의 또 다른 아들 케이런이 태어났다. 우리는 런던으로 이사한 후 런던에서의 생활이 정말 편해질 때까지 다른 아이를 갖지 않기로 했는데 케이런이 태어났을 때 정말 행복했다.

우리의 막내 엠마는 2013년 12월에 태어났다. 우리는 건강한 다섯 명의 아이와 함께 살 수 있다는 것을 진정한 행운이자 행복이라고 생각한다. 아이만이 우리의 첫 번째 공주라면, 엠마는 아기 공주다. 엠마는 아주 밝게 웃으며 영리한 아이로, 나는 엠마가 자신의 언니처럼 훌륭한 아이로 자라길 기대하고 있다.

2011년 6월, 랄라와 나는 뒤늦게 결혼식을 올리고 법적인 부부가 됐다. 많은 사람이 우리가 그때까지 결혼을 하지 않은 것에 대해 놀라곤 하지만, 솔직히 말해 우리는 그럴 필요를 느끼지 못했다. 우리에겐 결혼식이나 법적인 신고는 중요하지 않았다. 그러나 결혼식을 올리는 것은 나에게 있어서 아내에게 고맙다는 말을 전하는 하나의 방법이었다. 그녀가 오래 기억할, 또 나의 아이들과 양가의 가족들을 위한 일이었다. 그녀는 나의 아이들의 엄마이고 내 인생의 파트너이며 나의 모든 것을 아는 나의 사람이다. 그녀는 내가 아무것도 없을 때 나를 경제적으로, 정신적으로 모든 면에서 도와준 사람이다. 그녀는 한 번도 불평하지 않았다. 내가 어떤 결정을 내리든, 내가 축구를 위해 세상의 어느 곳으로 이사를 하든 그녀는 늘 "우리는 늘 당신의 곁에 있고 당신을 응원할 거예요"라고 말해준 사람이다. 그녀는 내가 내 꿈을 실현할 수 있도록 도와준 사람이다. 종종 그런 결정들로 인해 의견 충돌을 갖는 선수 부부도 있지만 그녀와 나 사이엔 한 번도 그런 일이 없었다. 나는 내가 정말 행운아라고 생각한다. 그러므로 나에게는 그녀를 위해 나 역시 헌신하는 것이 당연하고 중요한 일이다.

우리는 몬테 카를로 베이 호텔에서 결혼식을 올렸고 우리의 모든 가족과 친구들을 초대해서 3일간 파티를 열었다. 그중 두 번째 날 우리는 결혼식을 올렸다. 우리의 결혼식장에는 많은 음식과 음료, 그리고 음악과 춤이 있었다. 물론 나는 그녀의 남편으로서 공정한 시각을 갖지 못하는 사람이지만 그녀는 결혼식 날 평소보다 더 아름다워 보였다. 아이들도 하나같이 더 예뻐 보였다. 우리 가족의 큰 아이들 케빈, 이삭, 아이만 모두 그 결혼식을 기억해서 아이들은 종종 결혼식 사진을 보며 "아, 이때 이랬는데"라고 말하곤 한다. 우리의 결혼식은 정말 행복하고 다정한, 오래 기다렸다가 뒤늦게 한 보람이 있는 결혼식이었다.

우리는 우리의 아이들에게 우리가 생각하는 중요한 가치들을 열심히 가르쳐왔다. 다른 사람들에 대해서 생각하는 것, 그들과 공유하는 것 등등. 그중에서 우리가 가장 중요하게 생각하는 것은 다른 사람을 대하는 태도다. 우리는 항상 아이들이 학교에서 돌아오면 우선 숙제를 끝낸 후에 쉴 수 있도록 한다. 아직 어리지만 케이런은 특히 우리의 말을 잘 따르며 부엌의 테이블에 앉아서도 우리가 시키지 않아도 책을 읽곤 한다. 우리는 인생에서 교육이 아주 중요하다고 생각하며 아이들이 어린 나이부터 좋은 습관을 가질 수 있도록 가르치고 있다. 나는 내가 어린 시절 아버지께서 나를 교육시키기 위해 얼마나 엄격하게 하셨는지를 잘 알고 있다. 나는 아버지의 그런 노력에 감사하고 있고 나의 아이들에게도 같은 것을 가르치고 싶다.

나의 아이들은 다섯 명이나 되는 형제를 가진 큰 가족의 일원이며, 양가의 조부모님 등을 포함하면 더 많은 사람과 가족이라는 인연으로 연결되어 있다. 그들에게 다른 사람과 나누지 않는다거나, 다른 사람을 생각하지 않고 행동하는 것은 금기시되는 행동이다. 내가 이 책의 서두에서도 설명했듯, 그것이 바로 아프리카의 문화이며 아프리카에서는 가족끼리 함께 나누는 것이 당연한 일이다. 집에 손님이 찾아올 때면 아이들은 자신들이 하고 있던 일을 모두 멈추고 언제나 그들을 따뜻하게 맞이하고 인사를 한다. 그게 우리의 기본적인 다른 사람에 대한 태도다.

물질적인 면에서 나의 아이들은 큰 욕심이 없는 편이다. 그러나 우리는 아이들이 원하는 모든 것을 사주지는 않기 위해 노력하고 있다. 아이들에게 그들이 가질 수 있는 한계를 설정하는 것은 모든 부모에게 매우 어려운 일이다. 아이들이 어렸을 때는 장난감이 많았다. 그러나 우리는 아이들이 점점 자라는 걸 보면서 아이들에게 사고 싶은 것을 살 수 있는 자격이 있어야만 그것을 살 수 있도록 허락하고 있다. 예를 들어 집안일을 돕는다든지 하는.

우리는 아이들을 위해 은행계좌를 열어주고 어떻게 해야 돈을 모을 수 있는지, 어떻게 해야 은행 안에 넣어둔 돈이 더 늘어날 수 있는지를 설명해줬다. 그런 작은 것들 하나하나가 아이들로 하여금 돈의 소중함을 알 수 있게 할 것이라고 생각했기 때문이다. 그래서 종종 아이들의 친구들이 "왜 돈을 아껴? 너희 아빠는 돈을 많이 벌잖아"라고 말할 때도 그 아이들이 옳은 판단을 할 수 있도록. 그런 교육은 부모로서 끊임없이 해야 하는 것이다.

아이들의 교우관계 역시 우리가 늘 주의 깊게 지켜보는 것이다. 케빈이 마르세유의 학교에 다닐 때도 케빈에게는 진정한 친구가 누구인지, 케빈의 아빠가 축구 선수이기 때문에 접근하는 친구가 누구인지를 알기 어려운 문제가 있었다. 나의 모든 아이가 비슷한 문제를 겪었고, 그 아이들은 경험을 통해 가장 믿을 수 있는 친구란 그들 곁에 가장 오래 머무는 친구라는 사실을 배웠다. 가끔 몇몇 아이들은 나의 아이들에게 "너희 아빠가 드록바라며? 이런 거 해보면 어때?"라며 접근하기도 한다. 그럴 때 부모로서 주의하지 않으면 아이들이 다른 아이들에 의해 이용당하는 상황을 초래할 수도 있다. 우리는 아이들에게 '너희가 세상의 꼭대기에 있을 땐 언제나 주변에 사람이 많은 법이다. 그러나 그곳에서 내려왔을 때 주변에 아무도 없을 수도 있다'라는 점을 가르친다. 그것은 잔인한 일이지만 그것이 인생이며 그것을 배워야 할 필요가 있다.

안타깝게도 나의 부모님 역시 아이들과 비슷한 고민을 안고 살고 계신다. 부모님이 현재 살고 있는 파리에서, 또 과거에 살았던 코트디부아르에서 많은 사람이 부모님께 접근하고 가까워지고자 했다. 대부분의 경우는 순수한 마음으로 그렇게 하지만 종종 돈을 빌려달라고 하거나 어려운 부탁을 하는 사람들도 있었다. "우리가 이번에 이런 이벤트를 하는데 좀…." 그건 슬픈 일이지만, 동시에 대중들에게 잘 알려진 사람들에겐 흔히 벌어지는 일이기도 하다. 나 역시 내가 믿었던 사람들 때문에 돈을 잃은 적이 있다. 나의 가족들도 마찬가지다. 이제 나의 부모님께서는 그런 경험을 통해 나쁜 사람들에게 이용당하는 일이 없도록 주의하고 계신다.

나는 또 아이들에게 자신들이 어린 나이에 접할 수 있는 위험한 다른 한 가지에 대해 주기적으로 주의를 주고 있다. 소셜미디어 말이다. 나는 그것이 좋은 기능을 하기도 한다는 것을 알지만 동시에 아주 해로운 것이 될 수도 있다는 것을 안다. 나는 아이들에게 말한다. "그 모든 사람이 너의 친구일 수는 없다. 조심해라. 세상에는 나쁜 사람들이 있고 너희의 이름 때문에 너희에게 접근하는 것이지 진짜 친구가 되고 싶어서 그러는 것이 아닌 사람들도 있다." 그건 슬픈 일이지만 어쩔 수 없는 그들의 인생의 일부이며 그들은 늘 주의할 필요가 있다.

나의 아이들은, 특히 축구를 할 때마다 아빠 이름의 영향을 받는다. 예를 들어 이삭은 축구를 아주 좋아하지만 득점을 하지 못할 때마다 놀림을 당하곤 한다. "하하하, 이삭! 너희 아버지처럼 되려면 골을 넣어야지!" 물론 처음에는 이삭이 그런 반응에 화를 냈고 포지션을 바꾸거나 다시는 훈련을 하고 싶지 않아 했다.

나는 이삭에게 말했다.

"아들아, 아빠도 뛸 때 많은 찬스를 놓친다. 그렇다고 축구를 그만두진 않지. 포지션을 바꿔서 수비를 하지도 않아. 다시 기회를 만들어서 골을 넣기 위해 노력하지. 그러다가 또 찬스를 놓치면 다음엔 2골을 넣지. 너도 그렇게 노력해야 해. 최고의 선수들도 기회를 놓칠 때가 있다. 그러니 너도 포기하지 말고 계속 노력해봐."

이따금 이삭의 경기를 보러 갈 때마다 나는 늘 내 정체를 숨기고 조용히 보러 간다. 그렇지 않으면 모든 아이가 나를 알아보고 "이삭, 너희 아빠가 오셨어!"라고 말하기 때문이다. 또 다른 학부모들도 나를 알아보고 경기를 보기보다 나와 사진을 찍기 위해 시간을 쓰기 때문이다. 나는 아이들이 나를 보거나 나와 사진을 찍기보다 자신의 아이를 지켜보길 바란다. 그래서 나는 이삭의 플레이를 보러 자주 가지 않는다. 그건 분명히 안타까운 일이지만 선수로서, 사람으로서 이삭의 성장을 위해서는 그편이 더 좋을 수 있을 거라고 생각한다.

그러나 우리 아이들은 대부분 나보다 아내의 영향을 받으며 자랐다. 나는 축구로 인해 집을 떠나 있을 때가 많기에 그녀가 자녀들을 책임지는 역할을 했다. 우리가 원하는 방향으로 아이들이 성장할 수 있도록. 그녀는 힘든 삶을 살아왔다. 말리에서 태어났지만 아주 어린 나이에 어머니와 함께 프랑스에 왔고, 어머니를 잃은 후에는 자신과 케빈의 생활을 책임지기 위해 열심히 공부했다. 그래서 그녀는 인생의 중요한 것들, 즉 가족, 사랑, 교육, 안정적인 환경 등에 대해 아주 현실적인 생각을 갖고 있다.

믿기 어려울지도 모르지만, 나는 그녀를 만난 직후부터 그녀가 나의 완벽한 배우자감이라는 것을 알았다. 그녀가 케빈을 키우는 모습을 보면서 나는 그녀가 내 아이들의 어머니가 되길 원했다. 내가 그녀와 함께 살기 시작했을 때 나는 겨우 21세였고 22세에 이삭이 태어났다. 그러나 난 아빠가 될 준비가 되어 있었다. 그 어린 나이에도 나는 나의 가족을 갖고 싶었다. 그리고 그때에도 나는 만약 내게 무슨 일이 생겨서 세상을 떠난다면 그래도 그녀가 아이들을 잘 보살필 수 있는 사람이라고 생각했다. 그녀가 우리의 아이들에게 지금까지 보여준 사랑과 보살핌은 그녀가 내게 해줄 수 있는 최고의 선물이었다.

나와 아내는 자주 아이들에게 코트디부아르와 아프리카에 대해 애정과 관심을 갖도록 가르치고 있다. 그것은 우리에겐 아주 중요한 것이다. 프랑스와 잉글랜드에서 태어난 아이들에겐 아프리카에서 태어난 아이들과 행동하고 생각하는 방식이 다르기 때문이다. 나는 아이들이 생기자마자 내가 태어난 나라가 전보다 더 중요하다고 느꼈고 사람이란 자신의 뿌리와의 연결을 잃어버리는 순간 자신의 정체성이나 자신이 어디서 왔는지에 대해 제대로 깨달을 수 없다고 생각하고 있다.

여전히 코트디부아르와 끈끈한 인연을 이어오고 있는 삼촌과 함께 자랄 수 있었던 것은 내겐 아주 큰 행운이었다. 그 덕분에 나는 어린 시절에 코트디부아르를 떠났음에도 그 문화, 음식, 음악을 계속 접할 수 있었다. 성인이 된 후 코트디부아르에서 더 많은 시간을 보내면서 나는 나의 나라를 더 잘 이해하게 됐고 그것이 나에게도 아주 큰 도움이 됐다. 나의 아이들 역시 자신들의 아빠가 어디서 왔는지를 잘 알고 있고 아빠뿐 아니라 아이들의 조상이 어떤 사람들인지를 알고 있다. 아이들은 코트디부아르를 방문하는 것을 좋아한다. 휴가 때마다 그곳에 갈 때면 그곳에는 우리의 가족들과 수많은 친구가 우리를 기다리고 있다.

집에서 식사를 할 때 나는 늘 코트디부아르 음식을 먹는 것을 좋아한다. 내가 가장 좋아하는 음식은 마른 바나나와 아로마 소스로 만든 음식인데, 어머니가 만들어주는 그 음식이 늘 최고다. 나는 또 음악을 아주 좋아하며 특히 내가 코트디부아르의 음악에 맞춰 춤을 추는 것보다 좋아하는 것은 그리 많지 않다.

나의 이름은 (비공식적으로) 코트디부아르의 큰 맥주회사에 의해 사용됐다. "드록바 마시고 싶어요?" 코트디부아르에만 있는 독특한 레스토랑에 가면 많은 사람이 내 이름을 딴 맥주를 마시고 있다. 그곳에 가면 음악이 있고 많은 사람들이 먹고 마시며 시간을 즐긴다. 그 맥주는 나에 맞춰서 제작된 것이다. 그들은 흔히 내가 크고 힘이 세다고 말하는데 그 맥주 역시 그 이미지를 참고해서 만들어졌다(보통의 맥주보다 크고, 도수가 높게). 그래서 그 맥주는 다 마시기가 어려운 것인데 꽤나 많은 사람이 어떻게든 다 마시곤 한다.

코트디부아르의 사람들은 즐기고 파티를 하는 것을 좋아하는데 나 역시 그렇다. 아마도 그것은 그곳의 많은 사람이 힘든 일상을 보내기 때문에 미래에 대해 걱정하기보다는 그 순간순간을 즐기고 싶어 하기 때문일 것이다. 나는 불평하기보다는 인생을 따라서 즐기면서 사는 것을 좋아한다. 나와 같은 나라에서 태어나고 사는 사람들이 대부분 비슷하다.

물론 나는 유럽에서 오래 지내며 유럽의 문화에 적응했지만(특히 내가 내 인생의 대부분을 보낸 프랑스와 잉글랜드의) 나는 나를 늘 코트디부아르의 사람이라고 생각한다. 그리고 내 나라와 고향에 대한 나의 애정은 시간이 갈수록 더 커질 것이다.

21

나의 자선사업

| DIDIER DROGBA |

아마도 그것은 내가 어릴 적부터 받은 가정교육의 영향일 것이다. 나는 아주 작은 어린이였을 때부터 늘 부모님으로부터 다른 사람들 (우리 집에서 함께 살던 삼촌, 고모, 사촌, 형제, 자매들)과 무엇이든 나눠 써야 한다는 말씀을 들었다. 아버지와 마찬가지로 나 역시 집안의 장남으로서 늘 다른 형제들에게 모범을 보이고 그들을 보호하는 것을 당연하게 여기며 자라기도 했다.

나이가 들면서 나는 다른 사람들을 돕고자 하는 나의 마음이 내가 어린 시절 일찍 가족과 태어난 나라를 떠나서 생활했다는 점과도 깊은 연관이 있다는 것을 느낀다. 부모님이나 동생들과 떨어져 프랑스에서 10여 년을 살면서도 나는 늘 삼촌이나 고모 등 다른 가족들과 함께 지내면서 코트디부아르에 있는 가족들과 유대관계를 이어왔다.

모든 사람이 그렇게 운이 좋은 것은 아니다. 부모님을 그리워한 것은 물론 나는 또한 내가 태어난 나라에서 자랄 기회를 잃어버렸고 나는 그것 역시 내가 코트디부아르를 위해 무언가를 해주고 싶은 마음을 갖게 된 큰 계기라고 생각한다.

나는 2002년 9월 처음으로 국가대표팀에 소집되어 코트디부아르를 방문했다. 내가 개인적인 일이 아닌 국가대표팀 일정으로 나의 나라를 방문한 것은 그때가 처음이었다. 나는 그때 우리의 경기를 보기 위해 국가대표팀이 경기를 치르는 홈구장에 모여서 열광적인 응원을 보내던 코트디부아르인들이 불과 10일 후에 내전을 시작하는 것을 보고 충격을 받았다. 그때 나는 나의 나라가 정치적으로 얼마나 불안한지를 여실히 깨달았다.

국가대표팀에서 데뷔한 후에 나는 아프리카 네이션스컵이나 월드컵 등의 예선전을 치르기 위해 정기적으로 코트디부아르를 방문했다. 그러면서 나는 점점 나의 나라에 대해 깊이 있게 다른 시각에서 알게 됐다. 혹은 단지 나의 나라뿐 아니라 아프리카 전체의 문제에 대해 슬퍼하고 고민하게 됐다. 다른 나라를 방문하게 되면서 나는 점점 더 내가 그들을 위해 할 수 있는 일에 연관되기 시작했다.

그로부터 얼마 지나지 않아서 나는 곧 많은 골을 터뜨리면서 코트디부아르 대표팀에서 성공적인 시간을 보내기 시작했다. 그 결과 나는 팀 내부적으로도, 코트디부아르라는 국가적으로도 점점 더 많은 팬에게 인정을 받기 시작했다. 나는 2005년에 코트디부아르 대표팀 주장에 임명됐고 그로부터 얼마 지나지 않아 국영방송사 카메라 앞에서 내전을 멈춰달라는 요청을 했다. 그 방송을 통해 코트디부아르라는 나라에서 나의 존재는 완전히 바뀌었다. 나는 코트디부아르라는 나라 전체의 아이콘이 됐고(내가 전혀 기대하지 않았던 결과이지만) 갑자기 나라 전체의 리더 중 한 명과 같은 존재가 됐다. 나는 사람들이 나에게 도움을 원하는 것을 느낄 수 있었고 그 순간부터 나는 더 이상 내 가족의 가장일 뿐 아니라 국민 전체를 이끄는 사람이 됐다. 그것은 내가 원했다기보다 코트디부아르의 사람들이 나에게서 도움을 원했다고 하는 것이 더 옳은 표현일 것이다.

코트디부아르가 아닌 외국에서도 나는 전혀 다른 사람이 됐다. 나는 종종 이런 말을 듣곤 했다.

"코트디부아르라는 나라에 대해 말하면 그에 대해 아는 사람들이 별로 없지만, 디디에 드록바가 코트디부아르 출신이라고 하면 사람들이 모두 알더라."

나는 그런 식의 나라를 대표한다는 이미지가 큰 책임감을 갖는다는 것을 알고 있었고 또 아주 행복하기도 했다. 나는 그것을 부담으로 여기지 않았다. 오히려 그런 역할을 기꺼이 맡아서 나의 힘을 이용해 나의 나라나 아프리카 대륙 전체를 도울 수 있는 일이 없는지 생각하기 시작했다.

처음에 나는 고아원이나 병원 등을 방문해서 그들에게 음식, 침구류, 의류 등을 제공하고 내가 도울 수 있는 모든 것을 했다. 나는 지금도 그렇게 하고 있고 나의 아내는 나보다 더 열정적으로 그렇게 하고 있다. 우리는 그저 그렇게 하는 것이 옳다고 느꼈다. 가난으로 고생하는 가족과 그 가족의 아이들을 보고 나면 무언가를 하고 싶어진다. 나와 나의 가족은 아주 운이 좋은 생활을 하고 있었다. 우리는 우리보다 어려운 형편의 사람들을 보면서 못 본 척 지나칠 수는 없었다. 우리는 모두 깊은 신앙심을 지닌 사람으로서 그런 일들을 볼 때는 돕는 것이 우리의 의무라고 생각했다. 그렇게 하지 않는 것은 우리의 양심이 허락하지 않는 일이었다. 특히 그 무렵 있었던 두 가지의 일로 인해서 다른 사람들을 돕고자 하는 나의 마음은 더 높은 차원으로 발전될 수 있었다.

두 가지 중 첫 번째 일은 프랑스에서 내가 가장 친하게 지냈던 친구의 남동생인 스테판에 관한 일이었다. 스테판은 아비장에서 살고 있었고 그는 나의 국가대표팀 데뷔 경기에 '디디에 드록바 팬클럽'

이라는 글자를 쓴 아주 큰 배너를 들고 경기장에 나왔다. 그 시절에 코트디부아르에는 나에 대해 아는 사람들이 많지 않았다. 내가 어릴 때부터 프랑스에서 자랐기 때문이었다. 스테판의 행동은 정말 친절하고 고마운 것이었고 나는 실제로 경기 중에 그 배너를 볼 때마다 힘이 나곤 했다. 그 후로 경기장에는 나에 대한 더 많은 배너가 등장하기 시작했고 스테판은 그때의 일에 대해 지금도 나에게 농담을 하며 말한다.

"그래, 맞아. 하지만 내가 처음이었다고! 그땐 내가 드록바를 아는 유일한 사람이었어!"

그리고 2005년 초에 나는 그의 형으로부터 스테판이 백혈병에 걸려서 제대로 된 치료도 받지 못한 채 아비장에 있다는 소식을 듣게 됐다. 나는 그 소식을 듣자마자 사방으로 연락을 취해서 그가 프랑스로 와서 제대로 된 치료를 받을 수 있도록 해주고 싶었지만 당시 코트디부아르와 프랑스는 관계가 아주 안 좋아서 비자를 받기가 불가능에 가까운 상황이었다. 나는 코트디부아르에 있는 프랑스 대사관에도 전화를 걸어봤지만, 당시에는 내가 첼시에 입단한 지도 얼마 되지 않은 상태였고, 나에 대해 아는 사람도 많지 않았다. 스테판을 도와줄 수 있을 만한 영향력을 가진 사람도 알지 못했다. 천신만고 끝에 간신히 비자를 발급받았지만, 그때는 이미 너무 늦은 뒤였다. 그는 이미 프랑스로 이동하기에는 너무 몸이 쇠약해진 후였고 결국 2주 후에 16세의 나이로 세상을 떠났다. 그의 가족은 모두 절망에 빠졌고 나 역시 내가 할 수 있는 모든 것을 했지만 그를 더 도울 수 없었다는 사실에 가슴이 아팠다. 그것은 내가 개인적으로 잘 아는 사람의 죽음을 겪은 첫 번째 일이었다. 나는 앞으로 밝은 미래를 앞에 둔 너무 어린 친구의 죽음과 치료시설이 부족해서 그를 살리지 못했다는 사실에 충격을 받았다.

나는 그 일로 인해서 단순히 내가 '더 많이' 무언가를 하는 것이 아니라, 내가 사람들을 돕는 방법 자체를 바꾸어야 한다는 것을 깨닫게 됐다. 코트디부아르의 환경을 바꿀 수 있는 힘과 돈을 가진 더 많은 사람과 알아야 한다는 것을 알았고 그들의 도움을 얻는다면 언젠가 내가 그들이 필요할 때 더 빠르게 조치를 취할 수 있다는 것도 알게 됐다. 나는 나 자신이 행복하기 위해(나는 내 가족을 통해 행복을 느낀다), 내가 거물이 되기 위해 그들을 필요로 했던 것이 아니다. 나는 그들을 통해 다른 사람을 돕기 위해 그들이 필요했다.

다행히도 나는 시간이 지나면서 점점 더 많은 사람에게 알려졌고 나를 만나고 싶어 하는 사람들도 많아졌다. 자연스럽게 앞에서 말한 영향력을 가진 사람들과 가까워질 기회도 더 많아졌다. 그전까지 나는 그런 사람들과 접촉하는 것을 경계하고 나 홀로 독립적으로 활동하는 것을 좋아했으나 결국 나는 내가 그 사람들의 도움을 받지 못한다면, 내가 추구하고자 하는 것 역시 성사시키기 어렵다는 것을 깨달았다.

그래서 나는 내 이름을 건 자선단체 '디디에 드록바 파운데이션'을 설립했다. 그것은 나의 이름을 통해 자선활동을 널리 알리기 위해서이기도 했고, 나 스스로 내가 하는 활동을 관리하기 위해서이기도 했다. 다른 사람들을 돕기 위한 자선단체를 위해 시간과 돈을 쓰는 것은 행복한 일이었고, 나는 2007년에 이후로 내가 벌어들이는 모든 광고 및 상업적인 수익을 내 자선단체에 기부하기로 결정했다. 그리고 나는 그 후로 지금까지 늘 그렇게 해오고 있다.

내가 결코 원하지 않았던 것은(나는 그런 일이 벌어지는 것을 수없이 목격했다) 명성이 높은 스타들이 자신의 자선단체를 위한 자선금 모금 이벤트를 열고(저녁 식사 겸 파티 등등) 많은 돈을 받은 후에 아무것도 하지 않는 것이다. 그 돈이 어떻게 사용되었는지는 아무도 모른다. 다음 해에 누군가 그들에게 "자선단체는 잘돼가?"라고 물어보면 그들은 "너무 안 되어서 그만둬야 할 것 같아"라거나 그와 비슷하게 답변한다. 그리고 그 모든 좋은 취지, 꿈과 돈이 어딘가로 사라지는 것이다. 나는 정말 그런 일은 경험하고 싶지 않다(나는 처음부터 무엇이든 실패하는 것을 좋아하지 않는다). 그래서 나는 2010년에 구체적인 계획을 발표할 때가지 내 수입을 자선단체에 기부하면서도 나의 자선단체에 대해 공식적으로 알리지 않았다.

나에게 자선활동에 대한 또 다른 큰 동기부여가 됐던 다른 하나의 일은 2009년 3월에 벌어졌다. 우리는 아비장의 홈구장에서 말라위를 상대로 월드컵 지역예선전을 가졌다. 그 경기에 앞서 경기장의 한쪽 벽이 무너져서 19명이 죽고 100명이 넘는 사람들이 부상을 입었다. 그리고 그들 중에는 어린이들도 있었다. 놀랍게 들릴지도 모르겠지만 그 경기는 그대로 진행됐고, 우리는 앰뷸런스가 경기장을 오고 가는 모습을 볼 수 있었다. 그런 상황에서는 아주 많은 사람이 의료진의 도움을 필요로 한다.

경기가 끝난 후에 우리는 모두 병원으로 이동해서 부상자들을 방문했다. 그곳에 있는 동안 나는 프랑스의 뮤지션, 디암이라는 친구가 경제적으로 돕고 있던 노벨이라는 작은 소년을 만났다. 디암은 이전에 나에게 돈을 기부하고 싶다며 고아원이나 사람들이 필요로 하는 곳에 식량을 제공하는 데 써달라고 했고 직접 코트디부아르를 방문했을 때 노벨을 만났다. 노벨은 백혈병을 앓고 있었고 디암은 노벨을 아주 아끼게 됐다. 그녀는 그 자리에서 노벨을 위해 1년 동안의 치료비를 기부하겠다고 결정했다. 나는 그녀의 너그러운 마음씨에 정말 큰 감동을 받았다. 그리고 그 1년의 기간이 끝났을 때 그녀에게 이후의 치료비는 내가 지원하겠다고 말했다.

그날 경기장에서 부상당한 사람들을 방문하기 위해 경기장을 찾은 나는 노벨이 어떻게 지내고 있는지를 보러 그를 찾아갔다. 그러나 내가 보게 된 것은 정말 가슴 아프고 화나는 모습이었다. 작은 치료실 하나에 암이라는 치명적인 병을 가진 아홉 명의 소년들이 좁게 모여서 지내고 있었던 것이다.

그 아이들의 부모는 바닥 위에 매트리스를 펴고 그 위에서 지내고 있었고 나를 보자마자 제발 그 아이들을 도와달라며 애원하기 시작했다. 그들은 아이들에게 다른 조치를 취하지 않는다면 무슨 일이 벌어질지를 이미 알고 있었다. 나 역시 아이들이 있는 아빠로서 그런 그들의 모습을 보는 것이 정말 고통스러웠다. 그것은 정말 가슴이 찢어지는 듯한, 충격적인 모습이었다.

다음 날 나는 노벨을 돕기 위해 모든 방법을 동원했다. 그리고 그날이 바로 내가 나의 자선단체를 공식적으로 발표해서 더 구체적인 활동을 전개해야겠다고 결심한 날이었다. 이번에는 비자를 발급받는 데 전처럼 오랜 시간이 걸리지 않았다. 이전에 생각했던 이런 상황에서 도움을 줄 수 있는 사람들과의 관계를 만들어냈고 나 역시도 과거보다 훨씬 더 알려지고 영향력이 있는 사람이 된 것이다. 나는 노벨이 제네바로 이동해서 3개월 동안 지내면서 치료를 받을 수 있도록, 그곳에서 최고의 치료를 받을 수 있도록 모든 비용을 지불했다. 나는 직접 그를 보러 갔고 그 아이는 첼시의 열렬한 팬이 됐다.

"스탬포드 브릿지에 가면 램파드도 보고 싶고, 칼루도 보고 싶어요. 모든 선수하고 인사를 나누고 싶어요."

아이는 기대에 가득 찬 얼굴로 내게 말하곤 했다. 나는 희망을 잃지 않도록 노벨을 도우면서 속으로 생각했다.

"그래, 네가 낫기만 하면 언제든지 볼 수 있어."

노벨은 병을 이기기 위해 싸우고 또 싸웠다. 그러나 어느 날 나는 의사들로부터 노벨이 아주 희귀하고 치료하기 어려운 백혈병을 갖고 있어서 치료되기가 어려울 것이라는 소견을 들었다. 나는 그 의사의 말에 그 아이 이상으로 더 가슴이 아팠다. 그 아이는 자신에게 벌어질 일을 전혀 알지 못하고 있었기 때문이다. 그뿐 아니라 아이의 부모들도 과연 의사의 말을 납득할 수 있을지 알 수 없었다. 어쩌면 그들의 처지에서는 그 의사의 소견을 모르는 것이 나을 수도 있었다. 마지막까지 희망을 놓지 않기 위해서.

곧 노벨의 상태는 점점 악화되기 시작했고 어느 날 병원에서는 내게 전화를 걸어 노벨이 며칠 후면 세상을 떠날 거라고 말했다. 나는 그 전화를 마치 어제 일처럼 기억하고 있다. 그 소식을 들었을 때 내가 집의 어디에 앉아 있었는지도 기억이 난다. 나는 그 통화를 마친 후에 그 자리에 그대로 한참을 멍하니 앉아 있었다. 믿을 수가 없어서. 혹은 믿고 싶지 않아서. 여전히 그 아이를 구할 수 있는 작은 희망이 남아 있지 않을까 싶어서. 노벨은 이제 겨우 아홉 살 소년이었고 나의 삶의 일부가 된 소년이었으며 내 가슴속에 영원히 남을 소년이었다.

그 후로 며칠 동안 나는 전화가 올 때마다 받지 않았다. 내가 결코 듣고 싶지 않은 그 소식을 듣게 될 것 같아서였다. 그러나 마침내 내가 전화를 받았을 때 의사는 말했다.

"이해하기가 어렵습니다. 이 아이가 여전히 병과 싸우고 예상을 극복하고 여전히 살아 있습니다. 어쩌면 이 아이가 살아남을 수 있을지도 모르겠습니다."

나는 그 전화를 받자마자 비행기를 타고 노벨을 직접 보러 갔다. 그리고 그곳에서 그 아이와 나는 마지막으로 정말 행복한 시간을 보냈다. 믿을 수 없게도 아이는 그로부터 한 달을 더 살았다. 그 후에 나는 아이가 곧 세상을 떠날 것 같다는 전화를 다시 받았고 다음 날 그 아이는 눈을 감았다. 나는 그 소년을 영원히 잊지 못할 것이다. 나는 스테판의 경우와 마찬가지로 내가 할 수 있는 모든 것을 다 했지만, 그럼에도 내가 아이를 살려내지 못한 것을 자책했다. 그 일은 정말 가슴 아픈 일로 내 마음속에 남아 있다.

노벨을 떠나보내면서 그래도 나에게 한 가지 긍정적인 점이 있었다면, 아이의 죽음을 계기로 내가 나의 자선단체를 공식적으로 시작하는 일에 더 박차를 가하게 됐다는 것이었다. 나는 병원을 짓기로 했다.

"병원을 짓고 싶습니다. 그래서 병으로 고통받는 아이들이 코트디부아르에서 치료를 받을 수 있게 하고 싶습니다. 그렇게 될 때까지 얼마나 오랜 시간이 걸릴지는 모르겠습니다. 그러나 꼭 그렇게 하고 싶습니다."

그 일을 성사시키기 위해 가장 중요했던 것은 코트디부아르와 잉글랜드에서 그 프로젝트를 함께 추진할 만한 사람들을 모으는 일이었다. 그리고 내가 함께 나의 자선단체를 이끌기 위해 모은 사람들은 모두 내가 전적으로 믿을 수 있고 나와 같은 비전을 공유하며 비즈니스적으로도 충분한 경험을 가진 사람들이었다.

내가 처음으로 부딪힌 문제는 어떻게 사람들로 하여금 자선활동을 위한 기부를 하게 만들 것이냐 하는 점이었다. 나는 사람들이 "당신은 돈을 많이 버는 축구 선수이니 당신 돈으로 직접 해결하지 그럽니까?"라고 말하지나 않을까 두려웠다. 사실 2007년부터 나는 펩시, 나이키, 삼성 등의 회사들과 계약을 맺을 때마다 그 모든 돈을 나의 자선단체에 기부해왔다. 나 스스로가 먼저 행동으로 옮겼던 것이다. 그들 중 펩시와 터키 항공 같은 회사들은 나의 자선단체를 지원하기 위해 추가적인 다른 스폰서십을 체결해주기도 했다.

나의 자선단체의 기본적인 두 가지 목표는 건강과 교육이었다. 나는 그 두 가지가 사람들의 인생을 더 낫게 만들어주는 가장 중요한 것이라고 생각했다. 특히 건강 문제에서 우리는 어린이들과 엄마들의 건강에 더 집중했다. 교육에 대해서는 학교에 책을 공급하기 시작했다. 한 번에 하나씩. 너무 서두르지 않으면서. 모든 것을 한 번에 다 이뤄낼 수는 없는 것이었다.

우리의 첫 번째 구체적인 실행 계획은 어린이들을 치료할 수 있는 진료시설을 갖추면서 그들의 부모 또한 내가 노벨이 입원해 있던 방에서 본 것보다는 나은 환경에서 아이들을 간호할 수 있도록 하는 것이었다. 우리는 암과 같은 심각한 병을 가진 어린이들을 치료하기 위한 시설을 갖춰가면서 기본적인 약도 점점 더 많이 제공하기 시작했다. 코트디부아르에는 당뇨병으로도 사망하는 사람들이 있었다. 당뇨병을 치료할 인슐린이 없기 때문이다. 우리는 또한 어린이들 병원 외에 성인들도 기본적인 치료를 받고 생을 유지할 수 있도록 하는 시설을 갖추고 싶었다.

마지막으로 나는 코트디부아르에 제대로 교육을 받지 못하는 어린이들을 위한 학교를 세우고 싶다. 나는 그것이 코트디부아르는 물론 아프리카 전체가 발전할 수 있는 유일한 길이라고 생각한다. 교육이야말로 어려운 환경에 놓인 국가들이 현재의 상황을 극복할 수 있는 유일한 방법이다. 사람들이 더 많이 교육을 받을수록 그들이 더 많은 지식과 정보를 갖게 되고 그들 사이에 갈등이 줄어들 것이기 때문이다. 그러다 보면 어느 순간 그들은 "그만 싸우고 차분하게 이야기를 해보자. 다른 방법을 찾아보자"라고 말할 수 있을 것이다.

또한 읽거나 쓰기를 할 줄 모르는 사람들은 주변 사람들이나 리더에게 제대로 알지도 못하면서 속을 수 있다. 글을 읽을 줄 아는 사람들이라면 그런 상황에서도 "잠깐 기다려봐. 나는 그 생각에 동의하지 않아. 다른 방법이 있을 거야"라고 말할 수 있다. 그리고 교육을 받음으로써 자신의 인생을 바꾸고 운명을 바꿀 수도 있다.

코트디부아르는 2002년부터 내전을 겪었고 그것은 분명 누구도 원하지 않는 상황이었다. 많은 사람이 무분별하게 죽어나갔다. 코트디부아르를 여행하면서 사람들을 만나고, 또 르완다처럼 우리와 비슷한 고통을 겪은 아프리카의 다른 나라들에 대해 찾아볼 때마다 내가 느끼는 것은 그 나라들의 경우 문맹률이 지나치게 높다는 것이다. 받아들이기 어려운 수준으로. 그러므로 다시 한 번 교육은 가난과 민주주의를 위한 싸움을 위해 필수적인 것이다. 그렇지 않다면, 사람들에게 어떤 희망이 있겠는가?

내가 사람들에게 나의 자선단체에 대해 이야기를 할 때마다 아주 많은 사람들이 믿기 어려울 만큼 우호적인 반응을 보내줬다. 지금도 마찬가지다. 많은 사람이 도움을 주고 싶다고 말했다. 아비장의 시장이 나의 자선단체가 병원을 지을 수 있는 부지를 준비해줬고 로만 아브라모비치 구단주 역시 내가 요청하기도 전에 먼저 나의 자선단체에 많은 돈을 기부해줬다. 그의 그런 모습은 정말 감동적인 것이었다. 그리고 바로 그런 이유들이 내가 첼시라는 구단을 존중하는 것이 단순히 팀의 성적 때문이라거나, 내가 아브라모비치 구단주를 존중하는 것이 그가 첼시에 성공을 불러온 인물이라고 말하는 것이 틀린 이유다. 내가 그에 대해 품고 있는 것은 단순한 존중 그 이상이며 그것을 제대로 이해하기 위해서는 실제로 있었던 일들에 대해 알아야만 한다. 내게 첼시는 하나의 축구 클럽 이상인, 하나의 가족이었다.

결국 나는 대형 병원 하나를 짓는 것 자체로는 큰 의미가 없다는 것을 깨닫게 됐다. 중요한 것은 그 병원을 유지하는 것이었다. 그 병원을 유지하는 돈은 어떻게 한단 말인가? 대형 병원을 운영하는 데는 아주 많은 돈이 필요하다. 나는 그 대안으로 나라 곳곳에 작은 병원들을 세우는 것도 생각해봤지만 과연 그곳에 있는 사람들이 각각 소형 병원을 운영할 만한 경험과 지식을 가지고 있을까? 내겐 그런 확신이 없었다.

런던에서 나는 심장 전문의사로 일하고 있는 친구와 그 점에 대해 상의를 했다. 그는 아이티, 니제르 등의 나라에서 이동식 병원을 운영하면서 사람들을 치료해본 경험이 있는 사람이었다. 그는 그 방법이 더 좋을 것 같다는 의견을 줬다. 버스를 타고 한 도시로 이동해서 그곳에서 1~2개월 정도 치료를 한 후에 또 다른 곳으로 이동하는 방식이다. 그렇게 할 경우 필요한 시기에만 외국에서 의사를 초빙하면

되기 때문에 병원의 운영비를 훨씬 더 줄일 수 있었다.

그래서 우리는 그렇게 하기로 했다. 아비장에는 충분한 크기의 병원이 건립됐고 우리는 그 병원에 장비가 설치되고 필요한 스태프들이 모집되자마자 병원의 운영을 시작할 계획이다. 그것은 정말 흥미롭고 기대되는 프로젝트다. 그리고 우리는 아비장 이외의 지역에 이동식 병원을 운영하면서 사람들을 치료할 계획이다. 나는 지금까지 우리가 수많은 사람의 도움을 통해 이뤄낸 성과를 정말 자랑스럽게 생각하며 앞으로 계속해서 그 일을 진행할 계획이다.

교육의 경우 우리는 지금까지 코트디부아르 전국에 있는 학교에 수천 개의 책 및 용품을 보냈다. 우리는 모든 아이가 도움을 받을 수 있도록 매년 각각 다른 학교를 지원하고 있다. 우리가 보내는 책과 용품에는 연필, 공책 등 아이들이 공부를 하는 데 꼭 필요한 것들이 포함되어 있다. 우리는 현재 단계에서는 너무 무리를 하기보다 꾸준히 지원을 이어갈 수 있도록 하는 것에 더 주안점을 두고 있다.

우리는 지금까지 코트디부아르 외 다른 아프리카 지역에도 지원을 해왔다. 세네갈과 부르키나파소에서 있었던 홍수로 피해를 본 사람들에게 지원을 한 것이 하나의 예다. 우리는 코트디부아르에만 신경을 쓰고 있는 것이 아니다.

2007년에 나는 병원을 짓고 운영하는 것이 쉬울 것이라고 생각했다. 1년이면 병원을 짓고 운영할 수 있을 것이라고 생각했다. 나는 그것이 얼마나 힘들고 오래 걸리는 일인지를 미처 알지 못했다. 만약 내가 그것을 미리 알았다면 나는 차마 그 일에 도전하지 못했을지도 모른다. 코트디부아르 내부의 정치적인 대립과 내전은 거의 10년 동안 이어졌고 그것 역시 나의 계획을 실행하는 데 큰 어려움을 줬다. 또한 나는 자선단체를 운영하는 것이 얼마나 복잡한 것인지도 알게 됐다. 우리는 내가 직접 기부하는 돈 이외에도 정기적으로 기부금을 모금하기 위한 이벤트를 열고 있다.

지금까지 우리는 런던에서 네 차례 이벤트를 열었고 그 자리를 통해 우리의 자선단체가 목표로 하는 일을 추진하는 데 큰 도움이 될 기부금을 모금했다. 가장 최근에 열렸던 것은 2015년 4월에 런던에서 열린 이벤트로 그 행사를 준비하는 데는 아주 많은 시간이 들었지만 덕분에 많은 기부금을 모금하기도 했다. 그 이벤트는 보통 나와 나의 PR 담당자인 캐롤린, 그리고 그녀가 이끌고 있는 스포츠 PR에서 준비한다.

그 이벤트를 준비하고 개최하는 것은 쉬운 일이 아니어서 매년 개최하기는 어렵지만 우리는 지금까지 많은 선수, 뮤지션들과 기업 관계자들로부터 도움을 받았다. 나의 첼시 동료 중에는 테리, 램파드, 에시앙, 말루다, 칼루, 라미레스, 이바노비치, 게리 케이힐이 모두 가장 최근에 열렸던 이벤트에 참가했다. 그리고 티에리 앙리, 지브릴 시세 역시 그 행사에 참가했고 시세는 그날 이벤트에서 자신의 디제잉 실력을 보여주기도 했다. 그 모든 사람이 놀랄 만큼 많은 기부를 해줬다.

나의 장기적인 목표는 각각의 병원마다 어떻게 병원을 운영하는지 아는 전문가들이 직접 병원을 맡아서 치료를 하고 병원을 운영하게끔 하는 것이다. 나의 전문 분야는 축구이지 약을 만드는 것이나 병원을 운영하는 것이 아니다. 나는 그 진행 상황을 매일 확인하고 있진 않지만, 늘 어떻게 진행되고 있는지 확인하고 관여하고 있다.

언젠가는 나의 자선단체가 비정부기구NGO나 인권단체들과 함께 일할 수 있으면 좋겠다. 그 방법을 통해 나의 자선단체는 개인적인 기부금에 의존하기보다 더 큰 차원에서 자선활동을 진행할 수 있을 것이다. 그것이 내가 현재 갖고 있는 큰 목표이며 나는 내가 목표로 정한 것을 쉽게 포기하지 않는 사람이다. 믿어보라. 나는 이미 그 목표를 위해 움직이는 중이다.

22
___

하나의 세계

| DIDIER DROGBA |

2006년, 나는 UN으로부터 친선대사로 활동할 의사가 없느냐는 질문을 받았다. 그들은 이미 유럽 친선대사로 지네딘 지단을, 남미 친선대사로 호나우두를 임명한 상태였고 아프리카 대륙을 대표해서 나를 친선대사로 임명하고 싶어 했다. 지단과 호나우두는 모두 나에겐 우상과 같은 존재였고 그들과 함께 친선대사가 된다는 것은 나에겐 아주 큰 영광이었다. 그러나 그보다 더 중요했던 것은 UN이 나에 대해 내가 가난, 질병 등의 문제를 해결하는 데 도움을 줄 수 있는 사람이라고 생각했다는 것이었다. 나에겐 고민할 여지가 없었다. 나는 그들에게 도움을 주고 싶었다. 내가 걱정했던 단 한 가지는 혹시라도 나를 그렇게 믿어주는 사람들을 실망시키지는 않을까 하는 것이었다.

　나는 또한 내가 그 역할을 수행하는 데 필요한 시간을 낼 수 있을지도 걱정됐다. 그 무렵 나는 첼시에서, 또 국가대표팀에서 점점 더 중요한 역할을 부여받고 있었고 자선단체와 관련된 일도 계속 추진하면서 아프리카의 다른 나라에 방문할 시간이 점점 줄어들고 있다. 그러나 UN 측에서는 내게 그런 점에 대해 걱정할 필요가 없다고 말했다. 결국 나는 2007년부터 UN 개발계획UNDP과 함께 그들의 메시지를 전 세계에 전하는 스포츠 선수 중 한 명이 됐다.

친선대사로서 나의 역할 중 하나는 UN '밀레니엄 개발목표'의 메시지를 세계에 전파하는 것이었다. 그 내용은 세계의 빈곤을 줄이자는 것에서부터 에이즈 환자를 감소시키는 것, 유아 사망률을 줄이자는 것 등등이 포함되어 있다. 예를 들면 나의 경우에는 아프리카가 직면하고 있는 문제들에 따라 매년 다른 캠페인을 진행하게 됐다. 나는 진심으로 UNDP가 추진하고 있는 목표를 지지하며 그들이 사람들의 삶에 긍정적인 영향을 미칠 수 있다고 생각한다. 나는 지금도 그들과 함께 일하고 그들을 위해 시간을 쓸 수 있다는 것을 자랑스럽게 생각하고 있다.

나는 2008년에 UNDP의 레드 리본 어워즈 심사위원 중 한 명으로 위촉되어 세계에서 에이즈 문제를 해결하는 데 큰 기여를 한 NGO를 선정하는 데 일조를 했다. 그와 유사하게 2009년에는 세계 에이즈의 날 하루 전에 나이키, 그리고 세계적인 밴드 U2의 보컬 보노와 함께 새로운 캠페인을 시작하는 과정에 함께했다. 나이키와 보노가 파트너십을 맺고 세계에서 에이즈, 결핵, 말라리아를 줄이자는 캠페인을 시작한 것이다. 구체적으로 그 캠페인은 '신발 끈을 조이고 생명을 살리자'라는 구호 아래 특별하게 제작된 빨간색 신발끈을 판매하는 것이었다. 그 모든 과정은 나이키와 보노와 관계된 두 개의 펀드로부터 진행됐고 나에겐 그런 과정을 함께할 수 있었던 것이 큰 영광이었다. 특히 아프리카 대륙에서 에이즈와 결핵으로 목숨을 잃는 사람들이 많기에 더욱 그랬다. 내가 함께했던 UN의 캠페인들은 크게 다음과 같은 목적을 갖고 진행됐다.

• 폭탄이나 각종 군수품의 사용을 근절하도록 하고

- 무장충돌의 발생이 경제발전과 아프리카의 건강, 교육 문제에 끼치는 악영향을 널리 전파하며
- 말라리아를 극복하기 위한 방법을 전파하고
- 에볼라 바이러스로 인한 피해를 극복하기 위한 도움을 준다.

종종 UN의 캠페인들은 내가 개인적으로도 큰 관심을 갖고 있는 일들이었다. 예를 들어 말라리아에 관한 캠페인은 특히 (놀랍게도) 내가 두 번이나 말라리아에 걸린 적이 있었기 때문에 더욱 공감이 갔다. 십대 시절과 2010년 첼시에서 뛰던 시절에 말이다. 두 차례 모두 내가 아주 피곤해서 나의 면역력이 극도로 떨어져 있을 때 말라리아균을 가진 모기에 물려서 내 몸이 저항하지 못해 걸린 것이었다.

그러나 당시 나는 젊었고, 강했고 또 약을 쉽게 구할 수 있는 환경에서 지냈기 때문에 운 좋게도 말라리아를 이겨낼 수 있었다. 나는 말라리아에 걸린 환자나 그 가족이 치료가 조금 늦었다는 이유로 어떤 재앙을 겪는지를 생생하게 목격한 사람이다. 그 끔찍한 병을 사람들이 극복해낼 수 있도록 더 많은 약을 제공하고 치료법을 개발하는 것이 꼭 필요하다. 우려스럽게도 2014년에 에볼라 바이러스가 창궐했던 서부 아프리카 지역에서 말라리아 감염률이 다시 올라가기 시작했다. 사람들이 치료받기를 피했거나, 에볼라 바이러스로 인해 제대로 된 치료를 받을 수 없었기 때문이다.

국가대표팀에서 은퇴한 이후 나는 전에 비해 내가 UN을 통해 관여하고 있는 문제들을 겪고 있는 나라에 직접 방문할 수 있는 시간이 더 많아졌다.

2010년, 나는 나의 PR을 담당하고 있는 캐롤린으로부터 미국의

〈타임〉지에서 나와 인터뷰를 하고 싶어 한다는 연락을 받았다. 그들은 내게 나를 '세계에서 가장 영향력 있는 100인'에 선정했다며 내가 레이디 가가, 빌 클린턴과 함께 표지에 소개될 것이라고 말했다. 그것 역시 나에겐 정말 자랑스러운 순간이었다. 나는 늘 세계의 사람들이 아프리카를 더 긍정적으로 생각하고 우리가 아프리카에서 하고 있는 평화를 위한 활동이나 건강과 교육을 보급하기 위해 하고 있는 노력을 더 많은 사람들에게 알리고 싶었다.

2011년 12월, 나는 〈비욘드 스포츠〉로부터 내가 코트디부아르에서 평화와 건강, 교육 등의 보급을 위해 노력했던 것에 대해 '스포츠인 인권주의상'을 받았다. 코트디부아르는 내전으로 오랜 고통을 겪었고 의료적인 문제도 심각했다. 그래서 그 상을 받은 것 역시 나의 활동을 더 많은 사람에게 알릴 수 있는 계기가 됐다.

2012년 5월, 나는 제나니 만델라가 진행한 도로 안전을 위한 캠페인에 참여했다. 그 캠페인은 어린이들을 위한 안전을 향상시키기 위해 진행된 것으로 나는 그 캠페인이 특히 개발도상국가들을 위해서는 아주 좋은 캠페인이었다고 생각한다. 아프리카에서는 교통사고로 사망하는 어린이들이 에이즈나 말라리아로 세상을 떠나는 아이들보다 훨씬 더 많다. 사실 통계적으로 보면 그 숫자는 놀랄 만큼 높은 수준이다. 그 캠페인은 넬슨 만델라의 증손녀이자, 2010년 13세의 나이에 교통사고로 세상을 떠난 제나니의 이름을 따서 지어졌다. 그들 가족 모두가 깊은 슬픔에 빠졌고 나는 그들과 계속 관계를 이어오는 사람 중의 한 명으로서 그들을 돕는 것이 당연하다고 생각했다.

2014년 10월, 나는 UN 무역개발회의가 매년 진행하는 세계 투자 포럼 개회식에 초청을 받아 개회식에서 연설을 하게 됐다. 그 자리에서 나는 나의 자선단체를 통해 하고 있는 일에 대해 설명했는데 그것은 나의 자선활동이 점점 더 인정을 받고 있다는 증거였기에 나는 무척 행복했다.

그 행사는 UN 무역개발협의가 탄생한 지 50주년을 기념해서 제네바에서 개최되는 대형 이벤트였다. 그날 행사장에는 스위스의 대통령과 UN 무역개발협의회 의장, 그리고 반기문 UN 사무총장도 참석했다. 나는 그들을 포함해 400여 명의 사람 앞에서 7분 동안의 연설을 한다는 것에 아주 겸허한 기분이 들었다.

나는 직접 그 연설문을 써서 가까운 친구에게 보내서 검토를 부탁했다. 그는 내 연설문에서 일부를 수정해 나에게 다시 보내줬다. 그러나 그 연설문의 핵심적인 내용은 모두 내가 쓴 것이며 내가 정말 중요하게 생각하는 것에 대한 내용이었기에 연설을 하는 것도 그리 힘들지 않았다. 나는 우선 아프리카의 지속적인 발전을 위해 투자와 기업가정신이 필요하다고 강조했다. 그리고 코트디부아르의 예를 들면서 나의 나라에 농업적으로, 산업적으로, 또 서비스 산업과 광업에도 얼마나 많은 잠재력이 있는지를 설명했다. 코트디부아르 인구의 50% 정도는 20세 이하였다. 나는 또한 나의 자선단체가 갖고 있는 두 가지 기본적인 목표인 의료와 교육에 대해 설명하고 우리가 지방에 사는 여성들이 농업을 통해 더 많은 수입을 올릴 수 있도록 노력하고 있는 방법에 대해 설명했다. 우리의 시도는 아직 미약했지만, 달성해야 할 목표가 있었고, 그러기 위해서는 분명 어떤 점으로부터 시작을 해야만 했다.

연설을 하는 동안 나는 아주 긴장했지만, 나는 내가 전하고자 하는 메시지가 청중들에게 분명히 전달됐다고 생각한다. 나는 앞으로도 그렇게 사람들의 인식을 바꿀 수 있는 강연을 더 많이 하고 싶다. 나는 그런 일을 즐기며, 몇 년 동안 코트디부아르 대표팀의 주장을 맡은 경험을 통해 이제는 제법 익숙해지기도 했다. 처음에는 그런 일이 물론 불편했지만 이제 나는 다른 사람들 앞에서 말하는 일을 전보다 훨씬 더 편하게 느끼고 있다.

가장 최근에 나는 내가 아프리카에서 하고 있는 활동에 대해 '바클레이스 스피릿 오브 더 게임상'을 받기도 했다. 그 상은 축구의 진정한 정신을 잘 반영하고 있는 사람에게 주어지는 것으로 나는 내가 그 수상자로 선정됐다는 것에 큰 고마움을 느꼈다. 그러나 내가 아프리카에서 하고 있는 일들은 어린이들을 비롯해서 사람들을 돕고, 그들에게 꿈을 이룰 수 있는 기회를 주기 위한 것이다. 더 건강할수록 꿈을 이루기도 더 쉽기 때문이다. 그것이 내가 나의 자선단체를 통해, 또 UN을 비롯한 다양한 캠페인을 통해 추진하고 있는 일들이다.

이 모든 경험은 나에게 나의 목소리가 다른 사람들을 위한 긍정적인 변화를 이끌어낼 수 있다는 것을 일깨워줬다. 나는 UN 친선대사로서의 역할을 아주 중요하게 생각하고 그 일을 즐겁게 생각하고 있으며 앞으로도 많은 사람들에게 나의 나라와 아프리카의 문제에 대해 이야기할 수 있는 기회가 있길 바란다. 그것은 모두 나의 가슴으로부터 우러나오는 목소리다.

23

이제는 어디로?

| DIDIER DROGBA |

나는 지금도 종종 나의 삶을 돌아보며 놀라곤 한다. 나는 늘 축구 선수가 되길 꿈꿨지만 오늘날 거리에 나갈 때마다 사람들이 나를 알아볼 정도의 선수가 될 거라고는 상상하지 못했다. 나는 단순한 사람이며 사람으로서 달라지지도 않았다. 나는 그저 달라진 몇 가지 상황들에 적응한 것뿐이다. 어떤 사람들은 내가 달라졌다고 말하기도 하지만 그것은 그 사람들이 나를 보는 관점이 달라진 것이다. 사람들 중에는 내가 맞춰줄 수 없는 기대를 갖는 사람들도 있다.

　코트디부아르에서 나는 직접 보지 않고는 이해하기 어려운 정도의 사랑을 받고 있다. 한번은 한 여성이 내게 다가와서 말했다.

　"최근에 아들을 낳았는데 '드록바'라고 이름을 지었어요."

　디디에(이름)가 아니라 드록바(성)를 이름으로 쓰다니. 그건 정말 비정상적인 일이지만 나는 이제 내가 나와 같은 나라의 사람들에게 큰 영향력을 갖고 있다는 사실을 자연스럽게 받아들이게 됐다.

　가끔 나는 생각하곤 한다.

　'왜 나일까? 왜 나에게 이런 일들이 생겼을까?'

　그러나 나는 운명을 믿으며 신을 믿는 사람이다. 나는 진심으로 신께서 나를 세상에 보내셔서 "사람들을 위해 헌신하고 그들에게 무언가를 돌려주어라"라고 말씀하셨다고 생각한다. 축구는 나에게 너무나도 많은 것을 줬다. 나는 이제 축구가 나에게 단지 축구 이상의 더 높은 목표를 줬다고 생각한다. 축구는 내게 내가 가진 영향력을 통해 더 많은 사람을 도와줄 수 있는 방법을 마련해줬다. 그것이 내가 사는 길이다. 내가 평생 해온 스포츠는 나에게 다른 사람들을 도울 수 있는 하나의 방법이었고 미래에도 나는 같은 목적을 위해 나가고 싶다.

나는 더 이상 첼시에서 뛰고 있지 않지만, 언젠가는 첼시에서 다른 역할을 맡고 싶다. 2014-2015시즌 마지막 경기를 며칠 앞두고 나는 무리뉴 감독, 그리고 다른 한 명의 구단 측 대표자와 함께 미팅을 가졌다. 그들은 내게 말했다.

"자네는 앞으로도 반드시 첼시와 인연을 이어가야 해. 첼시를 떠난다고 첼시로부터 사라지는 게 아니야. 자네는 첼시의 역사이고 자네가 선수생활을 더 이어가고 싶은 의사는 존중하지만, 선수생활을 정리하고 나면 곧바로 첼시로 돌아오게." 나는 언젠가 미래에 나와 램파드가 함께 첼시에서 일할 수 있다면 정말 좋을 것이라고 생각한다. 그와 내가 피치에서 보여줬던 호흡을 생각해보면, 그것은 아주 논리적인 예상일 것이라고 생각한다.

수년 동안 나는 아브라모비치 구단주에 대해 더 자세히 알게 됐고 그럴수록 놀라게 됐다. 그는 여전히 아주 단순하고 낯을 가리는 사람이며 축구를 잘 알고 사랑하는 사람이다. 나는 그와 따로 점심 식사를 많이 했는데 그는 자신의 선수들이 어떻게 지내는지, 그의 팀은 문제 없이 돌아가고 있는지 등등에 관심이 많았다. 그는 사적인 생활을 아주 중요하게 생각하는 사람이며 나는 그에 대해서는 의도적으로 많이 이야기하지 않을 생각이다. 우리는 서로에 대해 깊이 이해하고 있으며 나는 그와 아주 좋은 관계를 갖고 있다는 것을 감사하게 생각한다. 그는 명예로운 남자다.

이 책에서 이미 말한 바대로 나는 무리뉴 감독과도 특별한 관계를 갖고 있다. 그가 나를 처음 첼시로 데려온 사람이며, 내가 다시 첼시에 온 것도 그 덕분이었다. 그것은 그저 옛날에 대한 추억이나 감상 때문이 아니라 그가 나에 대해 여전히 첼시에 기여할 수 있는 선수라고 믿었기 때문이었다. 그리고 그는 내가 첼시에 다시 합류한 이후에 늘 내가 나 자신을 믿게끔 도와줬다. 그는 다른 감독들과는 다른 사람이다. 대부분의 감독은 새 팀에 온 후에 "우승하기 위해 최선을 다하겠지만 쉽지는 않을 것이다"라고 말한다. 그러나 무리뉴 감독은 "나는 우승하기 위해 이곳에 왔다"라고 말한다. 그의 그런 정신이 선수들에게도 전해지는 것이다. 그 일은 그와 나 사이에 실제로 일어났던 일이며 나는 그가 감독으로서 나라는 선수에게 해줬던 모든 것에 대해 앞으로도 언제까지나 늘 감사하게 생각할 것이다.

나는 첼시를 떠나서 다른 나라의 리그에 도전했던 것이 옳은 결정이었다고 믿는다. 가능한 오래 축구 선수로서의 생활을 즐기고 싶었기 때문이다. 그리고 나는 축구 선수로서 활동하는 동안 지냈던 모든 곳에서의 생활을 즐겼다. 잉글랜드, 프랑스, 아프리카, 중국, 터키, 그리고 마지막으로 몬트리올. 나는 MLS에서의 도전을 즐기고 있으며 앞으로 내가 또 가게 될 곳에서의 생활도 마찬가지로 즐길 것이다.

나는 현역에서 은퇴하는 대로 첼시로 돌아가고 싶지만, 현재로서는 마지막으로 선수생활을 즐기고 싶다. 나는 2015년 여름에 몬트리올에 입단하며 정말 행복했고 첫 경기에서 해트트릭을 터뜨리고는 더욱 그랬다. 나는 몬트리올에서 처음 가진 10경기에서 9골을 터뜨렸지만, 앞으로도 계속 그런 수준을 유지하기는 쉽지 않을 것이다. 나는 나의 몸 상태가 5년 전과 같지 않다는 것을 안다. 그러나 나는 21세 선수보다 더 경기를 잘 읽을 수 있다.

언젠가 잉글랜드로 돌아가서 첼시를 위해 일하고 싶다는 목표 외에 나는 내 자선단체를 좀 더 크게 키우고 싶다는 꿈도 갖고 있다. 사실 내 자선단체가 작아지면 작아질수록 더 좋을 수도 있다. 그만큼 세상이 살기 좋아져서 자선활동이 필요 없다는 뜻이기 때문이다. 그러나 나는 그런 날이 올 때까지 나의 자선단체를 통해 많은 사람을 돕고 싶다.

나는 스스로 내가 완벽한 사람이 아니라는 것을 알고 있다. 그러나 나는 늘 나의 뿌리를 잃지 않고 겸손하기 위해 노력하고 있다. 나는 아무것도 없이 시작했고 지금 내가 누리고 있는 모든 것은 감사한 일들이다. 나는 삶이 얼마나 힘들 수 있는지를 알고 있고 인생이 얼마나 빠르게 변할 수 있는지도 알며 다른 사람들의 눈에 나의 인생이 어떻게 보이든지, 내가 얼마나 많은 돈과 명성을 쌓았든지 간에 중요한 것은 내가 그것을 어떻게 활용하고 나의 삶을 통해 세상을 더 나은 곳으로 만드는 것이라고 생각한다.

나는 내가 축구에 나의 흔적을 남겼다고 생각한다. 그것은 그 누구도 내게서 빼앗아 갈 수 없는 것이다. 그러나 나는 미래에 사람들이 나에 대해 '드록바는 좋은 선수이기도 했지만 영리해서 축구를 통해 다른 걸 할 줄도 아는 선수였다'고 기억했으면 한다. 보통 나는 내가 하는 일들에 대해 말하는 일을 좋아하지 않지만 지금 나는 세상을 위한 변화를 만들기 위해서는 그렇게 해야만 한다고 생각한다.

나의 아내와 나는 아이들에게 늘 교육을 하고 있으며 아이들 역시 언젠가는 나의 자선단체와 함께 다른 사람들을 돕길 원할 것이다. 그것이 우리의 꿈이다. 아이들은 자신들이 원하는 모든 것을 가질 수 있는 아주 큰 행운을 가진 아이들이다. 그러므로 아이들은 자신들이 누린 행운을 다른 사람들에게 돌려줄 책임을 갖고 있다. 나는 그것이 사람이 세상에 남길 수 있는 가장 큰 유산이라고 생각한다.

언젠가 나도 세상을 떠날 것이다. 그리고 만약 그날, 그 이후 나의 가족이 내가 생전에 했던 일을 계속 이어가게 된다면, 나는 행복하게 눈을 감을 수 있을 것이다.

나의 베스트 5-5-3

아래는 내가 선정한 5-5-3이다(4-3-3이 아니라!). 이 리스트에 선정된 선수들은 주로 나의 첼시에서의 커리어를 통해 내가 만난 최고의 선수들이다. 이 사람들을 선정하는 것은 쉽지 않았고 어쩌면 다른 선수나 순간을 뽑을 수도 있었지만, 내게는 이 사람들이 가장 기억나는 사람들이었다.

베스트 5 첼시 '선수'들

1. 로만 아브라모비치. 그 없이 우리는 결코 우리가 이뤄낸 것들을 해낼 수 없었을 것이기 때문에.

2. 조세 무리뉴 감독. 그 없이는 내가 첼시 선수가 되지 않았을 것이기 때문에. 그는 또 내 가족의 인생을 바꾼 사람이므로.

3. 테리, 램파드, 체흐. 그들은 같은 사람이 아니지만 내게는 '하나'인 존재다.

4. 클로드 마케렐레. 내가 첼시에 입단했을 때부터 곁에 있어준 환상적인 친구. 그리고 위대한 팀플레이어.

5. 첼시 팬들. 간단히 말해서 그들은 절대적이고 필수적인 존재이기 때문에.

첼시 제외 베스트 5 선수들

1. 카를레스 푸욜. 강한 수비수이자 진정한 젠틀맨.

2. 아루나 딘단. 나에게 아주 많은 찬스를 만들어줬던 코트디부아르의 공격수. 그와 나는 함께 아주 좋은 호흡을 보였다.

3. 리오넬 메시. '메시'는 단 한 명뿐이기에.

4. 리오 퍼디난드 & 네마냐 비디치. 상대하기 정말 어려웠던 수비수들. 그들을 상대로 골을 넣기 위해서는… 아침에 아주 일찍 일어나야 했다!

5. 2012년 바이에른 뮌헨의 팀 전체. 그 시즌 그들은 정말 대단했다.

첼시에서 보낸 나의 최고의 순간 베스트 3(정말 고르기 어려웠다!)

1. 물론 2012년 챔피언스리그 우승.

2. 2010년 프리미어리그 우승.

3. 그리고 내가 웸블리에서 터뜨린 모든 골(꽤 된다!).

커리어 마일즈스톤

소속 클럽

르발루아(1993~1997), 르망(1997~2002), 갱강(2002~2003), 마르세유(2003~2004), 첼시(2004~2012), 상하이 선화(2012~2013), 갈라타사라이(2013~2014), 첼시(2014~2015), 몬트리올 임팩트(2015~2016)

코트디부아르 국가대표팀

106경기, 66골.

코트디부아르 역대 최다득점자.

아프리카 네이션스컵 베스트 11 선정: 2006, 2008, 2012

우승 및 주요 기록

첼시

챔피언스리그(1회): 2011-2012

프리미어리그(4회): 2004-2005, 2005-2006, 2009-2010, 2014-2015

FA컵(4회): 2006-2007, 2008-2009, 2009-2010, 2011-2012

리그컵(3회): 2004-2005, 2006-2007, 2014-2015

FA 커뮤니티실드(2회): 2005, 2009

갈라타사라이

쉬페르리그(1회): 2012-2013

TFF 쉬페르 쿠파(1회): 2012-2013

튀르키예 쿠파스(1): 2013-2014

주요 대회 결승전 참가횟수: 22

개인상 수상 경력

아프리카 올해의 선수: 2006, 2009

BBC 선정 아프리카 올해의 선수: 2009

축구선수협회 선정 올해의 팀(베스트 11): 2006-2007, 2009-2010

프랑스 올해의 선수: 2004

터키 올해의 선수: 2013

코트디부아르 올해의 선수: 2006, 2007, 2012

첼시 선수들이 뽑은 올해의 선수: 2007

ESM 올해의 팀: 2006-2007

UEFA 올해의 팀: 2007

FIFA/FIFPro 월드 베스트 11: 2007

온즈도르: 2004

아프리카 컵 득점왕: 2012

UEFA 컵 득점왕: 2003-2004

리그 1 올해의 골: 2003-2004

리그 1 올해의 베스트 11: 2003-2004

리그 1 올해의 선수: 2003-2004

프리미어리그 득점왕: 2007, 2010

프리미어리그 골든 부트 랜드마크 어워드 10(10골을 처음 달성한 선수에게 주는 상): 2006-2007

프리미어리그 골든 부트 랜드마크 어워드 20(20골을 처음 달성한 선수에게 주는 상): 2006-2007

골든풋: 2013

IFFHS 선정 21세기 최고의 공격수

2012 UEFA 챔피언스리그 결승전 맨오브더매치

〈타임〉지 선정 세계에서 가장 영향력 있는 100인: 2010

비욘드 스포츠 선정 스포츠 인권주의상: 2011

영국 GQ 선정 올해의 스포츠맨: 2012

터키 GQ 선정 올해의 남성: 2013

축구기자협회 선정 공로상 수상: 2015

팩트 파일

- 첼시는 디디에 드록바 없이 한 번도 리그 우승을 차지한 적이 없다.

- 2015년, 통계 전문업체 OPTA가 선정한 프리미어리그 역사상 최고의 아프리카 선수에 선정

- 아프리카인 중 처음으로 프리미어리그 득점왕 차지

- 아프리카인 중 처음으로 프리미어리그 100골 득점

- 아프리카인 중 처음으로 유럽 대회에서 50골 득점

- 월드컵 본선에 진출한 코트디부아르의 주장이자 월드컵에서 처음으로 골을 터뜨린 코트디부아르인

- 아스널 상대로 15경기에서 15골 득점. 출전시간은 1175분, 평균 78분 20초마다 1골 기록
- 첼시에서 9번의 결승전에서 득점(FA컵 4회, 리그컵 4회, 챔피언스리그 1회)
- 4번의 FA컵 결승에서 골을 넣은 유일한 선수(모두 첼시에서). 준결승까지 포함할 경우 드록바는 웸블리에서 가진 8번의 경기에서 8골을 기록
- 주요 대회 결승전에서 10골을 터뜨리고 15번 우승을 차지
- 첼시 팬들이 뽑은 첼시 역사상 가장 위대한 선수에 선정(2012년)
- 첼시 역대 최다득점자 4위
- IFFHS 선정 21세기 최고의 공격수로 선정. 그가 2001년부터 2012년까지 국가대표팀과 대륙 간 대회에서 기록한 92골로 이 조사에서 최고의 기록으로 판명

클럽 커리어 레코드

클럽	리그	골	FA 컵	골
르망				
1998–1999	2	0	0	0
1999–2000	30	7	0	0
2000–2001	11	0	3	1
2001–2002	21	5	1	1
총(total)	**64**	**12**	**4**	**2**
갱강				
2001–2002	11	3	0	0
2002–2003	34	17	3	4
총(total)	**45**	**20**	**3**	**4**
마르세유				
2003–2004	35	19	2	1
총(total)	**35**	**19**	**2**	**1**
클럽	리그	골	FA 컵	골
첼시				
2004–2005	26	10	2	0
2005–2006	29	12	3	1
2006–2007	36	20	6	3
2007–2008	19	8	1	0
2008–2009	24	5	6	3
2009–2010	32	29	4	3
2010–2011	36	11	2	0
2011–2012	24	5	3	2
2014–2015	28	4	2	0
총(total)	**254**	**104**	**29**	**12**
클럽	리그	골	FA 컵	골
상하이 선화				
2012	11	8	0	0
총(total)	**11**	**8**	**0**	**0**
갈라타사라이				
2012–2013	13	5	0	0
2013–2014	24	10	3	1
총(total)	**37**	**15**	**3**	**1**
클럽	리그	골	FA 컵	골
몬트리올 임팩트				
2015	14	12	0	0
2016	24	10	0	0
총(total)	**38**	**22**	**0**	**0**
총합	**484**	**200**	**41**	**2(**

리그컵	골	유럽 대회	골	기타 경기	골	총	골
0	0	0	0	0	0	2	0
2	0	0	0	0	0	32	7
0	0	0	0	0	0	14	1
2	1	0	0	0	0	24	7
4	**1**	**0**	**0**	**0**	**0**	**72**	**15**
0	0	0	0	0	0	11	3
2	0	0	0	0	0	39	21
2	**0**	**0**	**0**	**0**	**0**	**50**	**24**
2	1	16	11	0	0	55	32
2	**1**	**16**	**11**	**0**	**0**	**55**	**32**

리그컵	골	유럽 대회	골	기타 경기	골	총	골
4	1	9	5	0	0	41	16
1	0	7	1	1	2	41	16
5	4	12	6	1	0	60	33
1	1	11	6	0	0	32	15
2	1	10	5	0	0	42	14
2	2	5	3	1	0	44	37
0	0	7	2	1	0	46	13
0	0	8	6	0	0	35	13
5	1	5	2	0	0	40	7
20	**10**	**74**	**36**	**4**	**2**	**381**	**164**

	골	대륙 대회	골	기타 경기	골	총	골
		0	0	0	0	11	8
		0	**0**	**0**	**0**	**11**	**8**
		4	1	0	0	17	6
		8	2	1	1	36	14
		12	**3**	**1**	**1**	**53**	**20**

	골	대륙 대회	골	기타 경기	골	총	골
		0	0	0	0	14	12
		0	0	0	0	24	10
		0	**0**	**0**	**0**	**38**	**22**
28	**12**	**102**	**50**	**5**	**3**	**660**	**285**

속표지 사진 크레딧 ⓒ Mitch Gunn / Shutterstock, Inc
049, 071, 089, 103, 121, 137, 159, 175, 189, 203, 221, 237,
257, 271, 295, 315, 339, 355, 367, 383, 399, 417, 425

디디에 드록바 자서전: 헌신

1판 1쇄 발행 | 2017년 2월 20일
1판 2쇄 발행 | 2021년 3월 25일

지은이 디디에 드록바, 데비 베커만
옮긴이 이성모
펴낸이 김기옥

실용본부장 박재성
편집 실용1팀 박인애
영업 김선주
커뮤니케이션 플래너 서지운
지원 고광현, 김형식, 임민진

디자인 제이알컴
인쇄·제본 현문인쇄

펴낸곳 한스미디어(한즈미디어(주))
주소 121-839 서울시 마포구 양화로 11길 13(서교동, 강원빌딩 5층)
전화 02-707-0337 | 팩스 02-707-0198 | 홈페이지 www.hansmedia.com
출판신고번호 제 313-2003-227호 | 신고일자 2003년 6월 25일

ISBN 979-11-6007-113-9 03690